바탕 화면

윈도우 XP와 관련된 기능이나 아이콘이 포함된 화면으로 멋진 배경 화면으로 컴퓨터에 사용자만의 멋을 낼 수 있다.

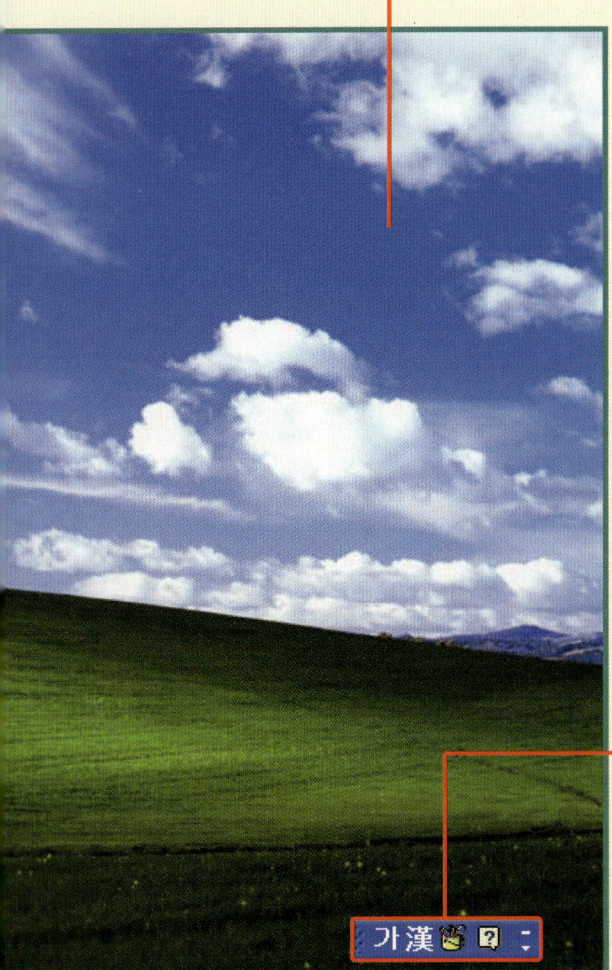

입력 도구 모음

한글/영어/한자를 변환하여 입력할 수 있도록 표시

작업 표시줄

현재 실행되고 있는 프로그램들을 단추로 표시

알림 영역

현재 시각을 보여주며 전자 메일을 받거나 작업 관리자를 실행하는 등 특정 작업이 실행되면 관련된 알림 아이콘이 나타난다.

1판 1쇄 발행｜2010년 3월 30일

지은이 : 에듀멘토르 교육교재팀 · 정선아
펴낸이 : 안동명
펴낸곳 : 에듀멘토르
기획 : 안동명 · 신꽃다미
마케팅 : 김경용
디자인 : 김희정
일러스트 : 박수영

내용문의 : mentorBook@yahoo.co.kr

등록 : 2009년 10월 5일 제2009-16호
주소 : 서울시 용산구 청파동 3가 131 IT연구개발센터 1층
전화 : 02-711-0911
팩스 : 02-711-0920

ISBN : 978-89-94127-33-0 13000

가격 8,000원

컴짱의 타자 실력

 컴짱 이름 :

날짜	타수(진행도)	정확도	날짜	타수(진행도)	정확도
월 일		%	월 일		%
월 일		%	월 일		%
월 일		%	월 일		%
월 일		%	월 일		%
월 일		%	월 일		%
월 일		%	월 일		%
월 일		%	월 일		%
월 일		%	월 일		%
월 일		%	월 일		%
월 일		%	월 일		%
월 일		%	월 일		%
월 일		%	월 일		%
월 일		%	월 일		%
월 일		%	월 일		%
월 일		%	월 일		%
월 일		%	월 일		%
월 일		%	월 일		%
월 일		%	월 일		%

- 이 책의 모든 소스 파일은 멘토르 홈페이지(www.mentorbook.co.kr 또는 www.mentorbook.kr)의 자료실에서 다운로드 받아 사용할 수 있습니다.
- 다운로드 받은 압축 파일을 'C:\내 문서\윈도우-인터넷\' 폴더에 압축 해제한 후, 학습에 필요한 파일을 불러와 사용하기 바랍니다.
- 작업 파일은 특별한 지시사항이 없는 한 〔내 문서〕 폴더에 본인의 이름으로 폴더를 만든 후 저장하기 바랍니다.
  예) 〔내 문서〕-〔홍길동〕 폴더

컴 짱 차 례

컴짱 차례

Part 03 윈도우 XP와 인터넷 전문가 되기

윈도우 XP와 인터넷 기능 익히기 ①

윈도우 XP 호의 일등선원 컴짱

선원만 되면
밥하고, 빨래하고, 고기도 잡고
선실 청소에 갑판 청소, 심부름…
그리고 매일 '선장님 안마'도
해드리려고 했는데…
이런…
밥, 빨래,
청소에
게다가,
후~
안마?
그것도 매일?
이렇게 좋은 일이!
후훗~
좋다!
특별히 이번만 허락하마.
대신 바다는 위험한 곳이니
윈도우 기초 교육을 열심히
받겠다고 약속하거라!
앗싸!!
감사합니다.
선장님!
잘 하겠습니다!
안마도
열심히 하고…
샥!
좋아!
정식 선원이 되면
항해에 입을
선원복도 줄 테니
잘 해보도록!
자, 그럼…
출발이다!!
돛을 올려라~!
GO!
넵!!
컴짱 그런데
안마는 잘 하니?
에? 안마요?
한 번도 해본 적
없는데요.
뭐얏??!!
그런데
매일 한다는 말은
뭐지…??
좌악!
안마도 천천히
배워 보려고 했죠~
히히!
열심히
해보겠습니다~!

01 컴퓨터! 이젠 내 친구

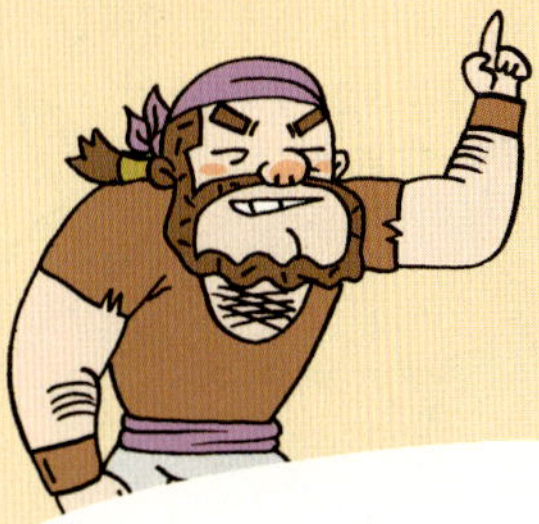

- ▶ 바탕 화면의 구성 요소를 배워 보자.
- ▶ 마우스를 사용해 보자.
- ▶ 창의 크기와 위치를 변경해 보자.

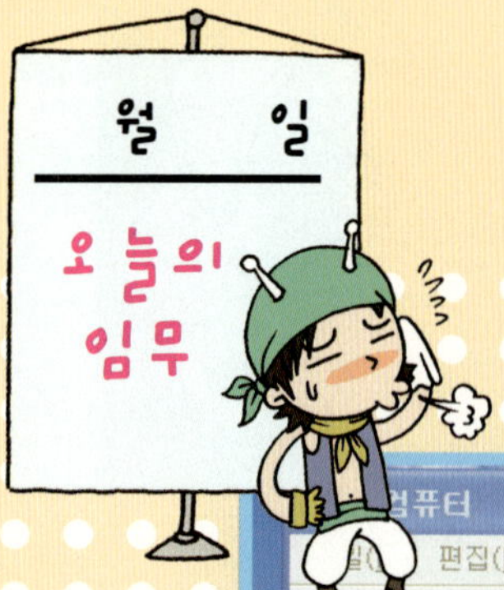

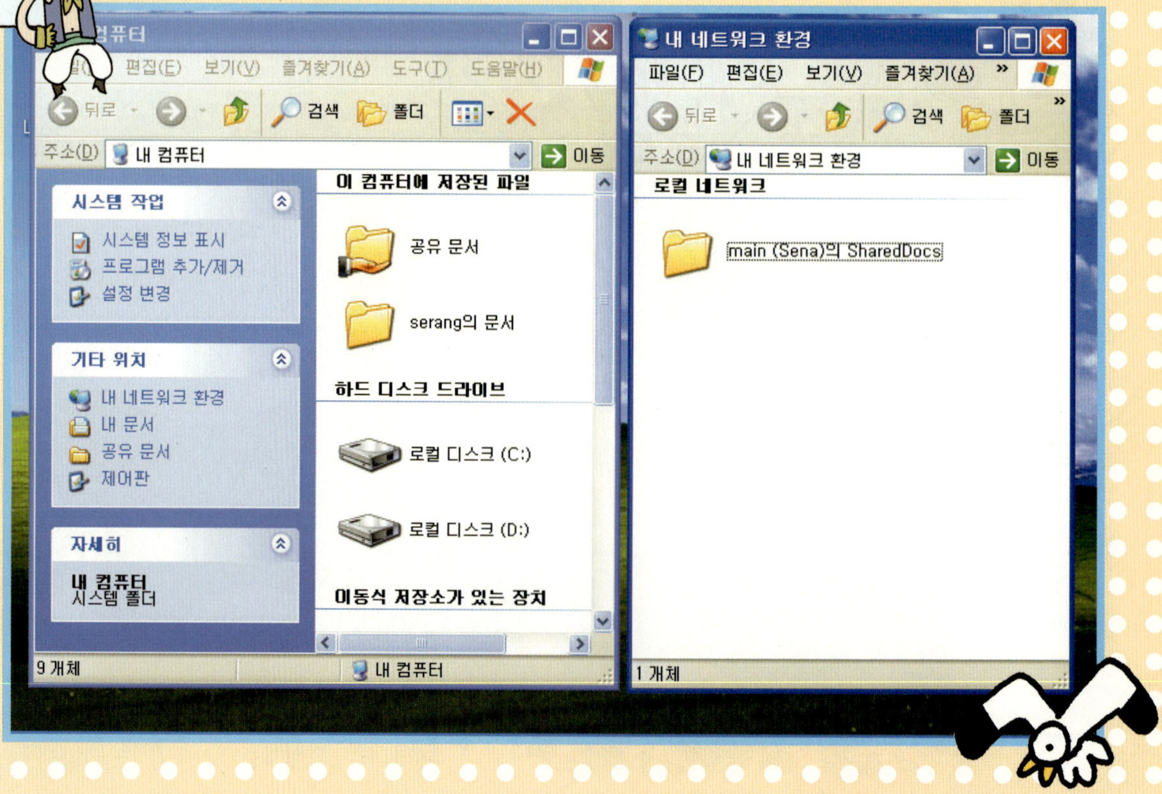

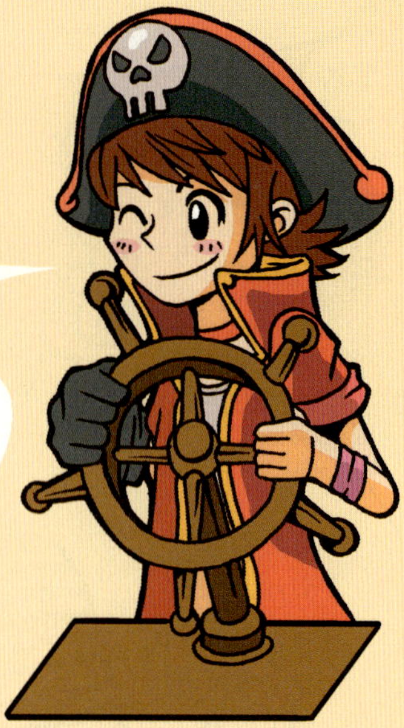

❶ 컴퓨터의 구성에 대해 알아보자

친구들에게 각자의 이름과 특징이 있듯이 컴퓨터에도 저마다 이름과 특징이 있습니다. 컴퓨터의 각 부분에 대해 잘 알고 있다면, 앞으로 컴퓨터라는 새로운 친구와 신나게 놀며 공부할 수 있을 거예요. 그러면 컴퓨터 각 부분의 이름과 하는 일들을 알아볼까요?

컴퓨터 각 부분의 이름과 하는 일

컴퓨터는 크게 일을 직접 처리하는 본체와 결과를 보여주는 모니터, 그리고 우리가 명령을 입력할 수 있는 키보드와 마우스로 구성되어 있습니다.

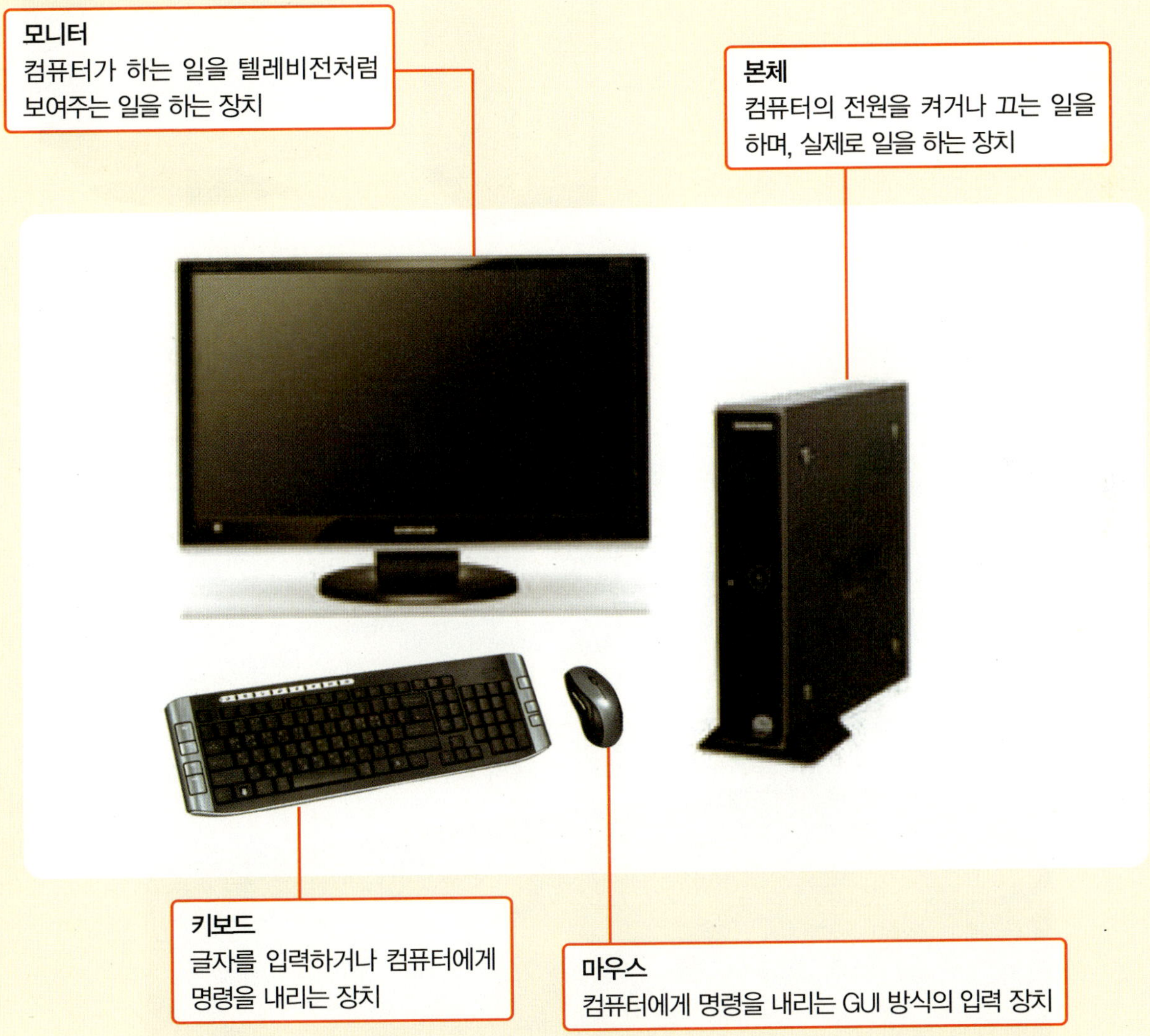

모니터
컴퓨터가 하는 일을 텔레비전처럼 보여주는 일을 하는 장치

본체
컴퓨터의 전원을 켜거나 끄는 일을 하며, 실제로 일을 하는 장치

키보드
글자를 입력하거나 컴퓨터에게 명령을 내리는 장치

마우스
컴퓨터에게 명령을 내리는 GUI 방식의 입력 장치

❷ 잠자는 컴퓨터를 깨울 수 있어요

컴퓨터를 켜고 끄는 것을 '부팅(booting)'이라고 합니다. 컴퓨터를 부팅할 때는 일정한 순서대로 해야만 컴퓨터에 무리가 가지 않습니다.

컴퓨터의 구성과 하는 일에 대해 알아봤으니 이제 부팅 순서에 대해 알아봐야겠지요?

컴퓨터 켜기

01 본체와 모니터의 전원 단추를 누릅니다.

02 잠시 기다리면 컴퓨터를 사용할 수 있다는 것을 보여주는 바탕 화면이 모니터에 나타납니다.

 ## 컴퓨터 끄기

03 화면의 아래쪽에 있는 [시작] 단추를 클릭한 후 시작 메뉴의 가장 아래에 있는 [컴퓨터 끄기] 메뉴를 선택합니다.

04 [시스템 종료] 대화 상자의 두 번째에 있는 [끄기]를 클릭하면 컴퓨터가 꺼집니다.

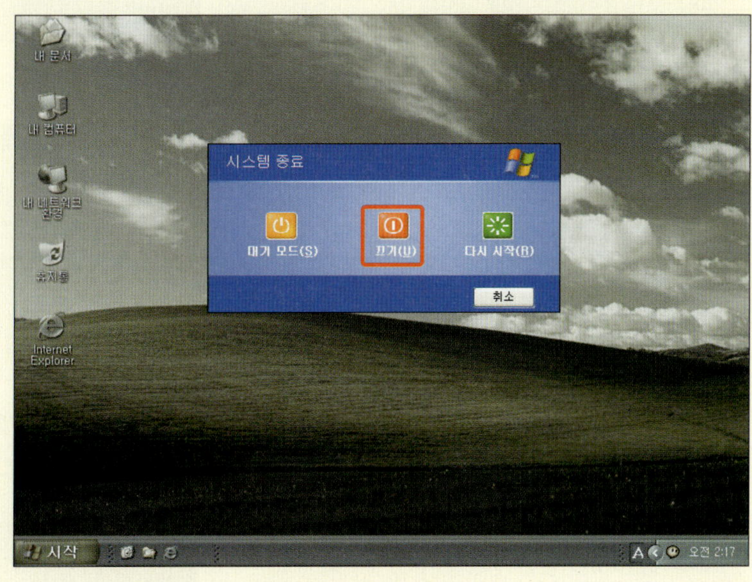

 **[시스템 종료] 대화 상자**

① **대기 모드** : 하드 디스크와 모니터를 끄고 최소의 전원으로 컴퓨터를 다시 사용할 때까지 대기합니다.
② **끄기** : 컴퓨터를 안전하게 종료합니다.
③ **다시 시작** : 윈도우 XP를 종료했다가 다시 부팅합니다.

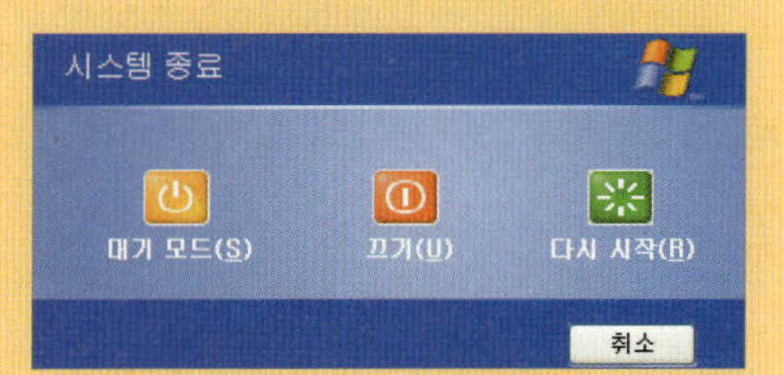

❸ 컴퓨터의 손과 발은 마우스래요

사람은 손을 이용해서 물건을 집기도 하고, 이리저리 옮기기도 하지요?
마우스는 컴퓨터의 손이라고 할 수 있어요. 마우스를 이용해서 컴퓨터에게 여러 가지 일을 시킬 수가 있답니다.

01 컴퓨터를 켜면 바탕 화면이 나타납니다. 바탕 화면의 [내 컴퓨터] 아이콘을 마우스 왼쪽 단추로 한 번 누릅니다.

클릭

마우스 왼쪽 단추를 한 번 눌러 아이콘이나 파일 등을 선택하는 것을 클릭이라고 합니다.

02 이번에는 [휴지통] 아이콘을 마우스 왼쪽 단추로 누른 채 화면의 오른쪽으로 움직여 봅니다.

드래그 앤 드롭

마우스 왼쪽 단추를 누른 채로 다른 곳에 끌어다 놓는 것을 말합니다.

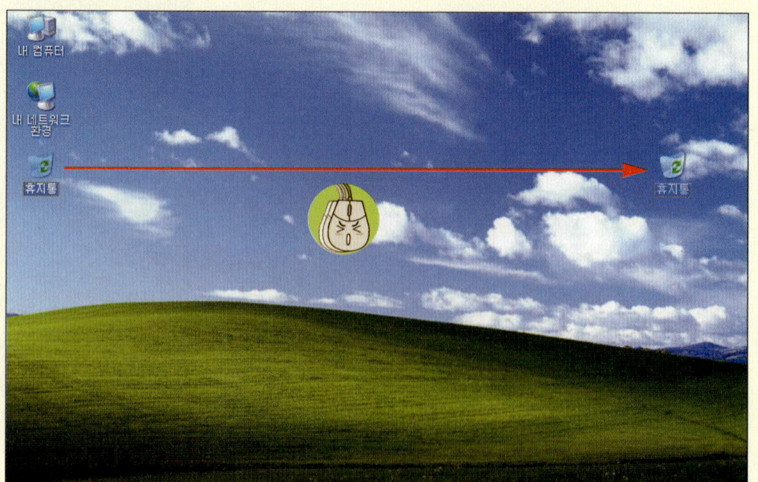

02 [내 네트워크 환경] 아이콘을 마우스 왼쪽 단추로 두 번 빠르게 클릭하면 [내 네트워크 환경] 창이 열립니다.

더블 클릭

마우스 왼쪽 단추를 빠르게 두 번 누르는 것을 말합니다.

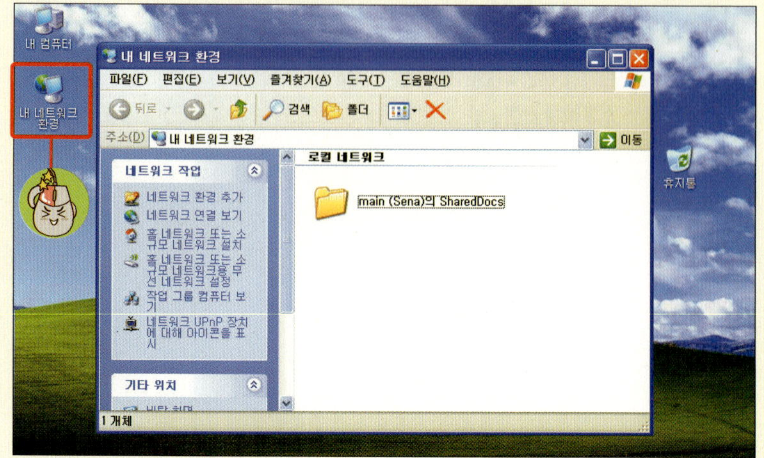

④ 창의 크기와 위치를 조절해 보자

01 [내 네트워크 환경] 창의 모서리로 마우스를 가져가면 마우스 모양이 화살표 모양(↘)으로 변합니다. 이때 마우스 왼쪽 단추를 드래그하여 크기를 조절합니다.

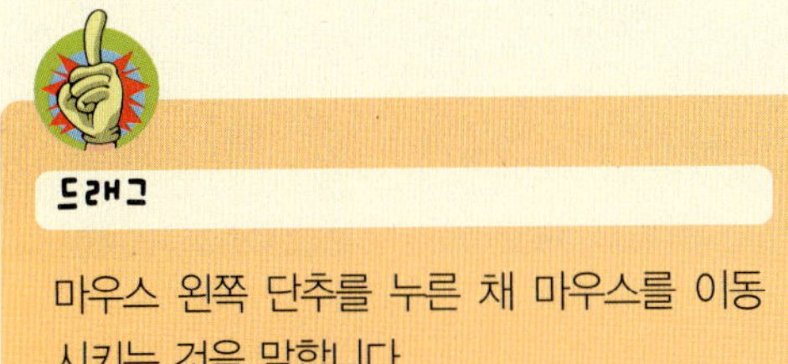

드래그

마우스 왼쪽 단추를 누른 채 마우스를 이동시키는 것을 말합니다.

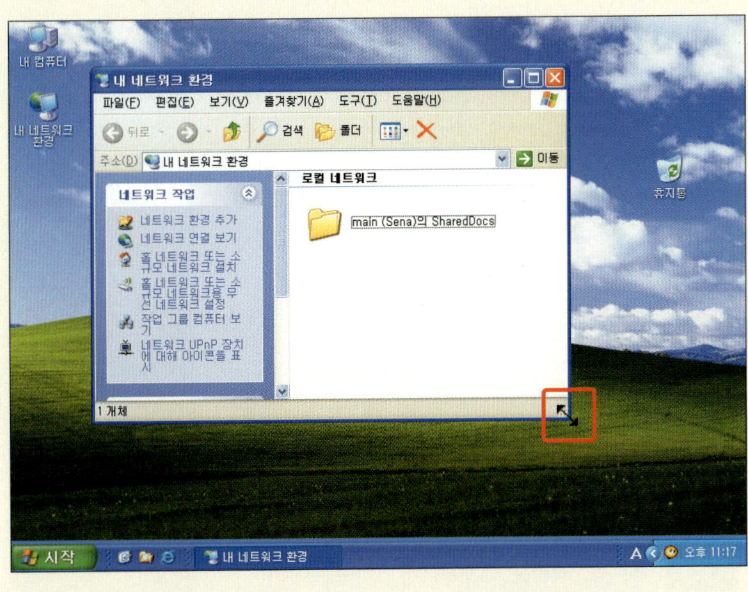

02 [내 네트워크 환경] 창의 제목 표시줄을 드래그 앤 드롭하면 창을 옮길 수 있습니다.

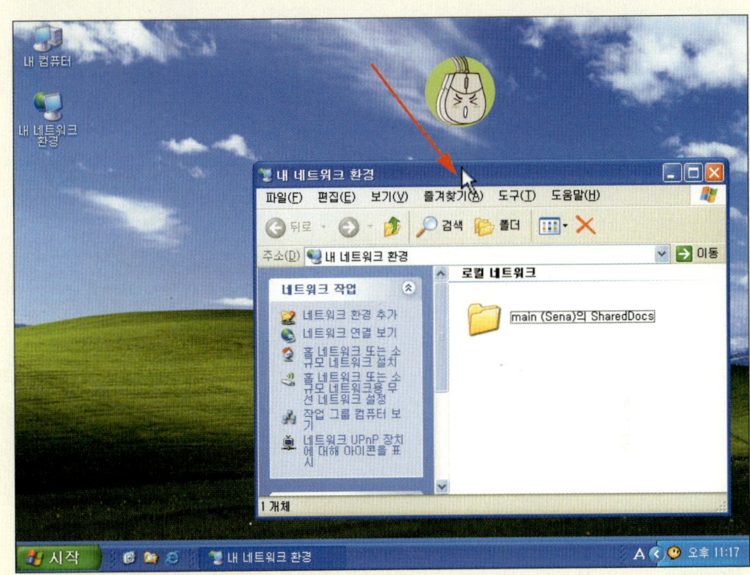

02 제목 표시줄의 오른쪽에 있는 [최소화] 단추(▬)를 클릭하면 바탕 화면에서 창이 사라지고 작업 표시줄에 아이콘 형태로만 표시됩니다.

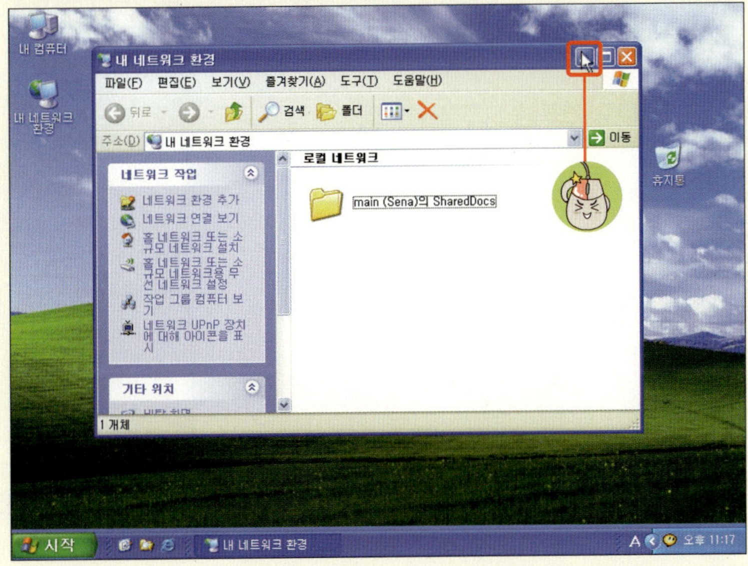

04 작업 표시줄에 있는 [내 네트워크 환경] 아이콘을 클릭하면 다시 바탕 화면에 창이 열립니다.

05 창을 바탕 화면에 가득차게 키우려면 제목 표시줄의 오른쪽에 있는 [최대화] 단추(□)를 클릭합니다.

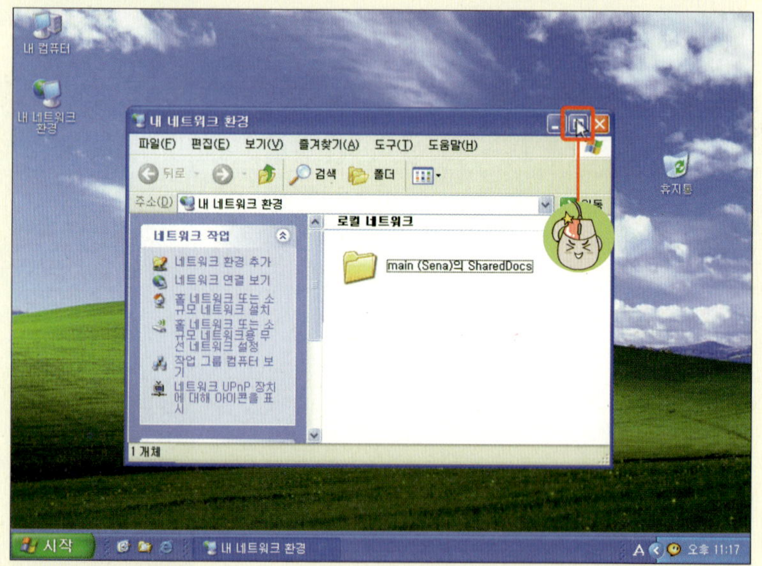

06 창을 닫으려면 제목 표시줄의 오른쪽에 있는 [닫기] 단추(✕)를 클릭합니다.

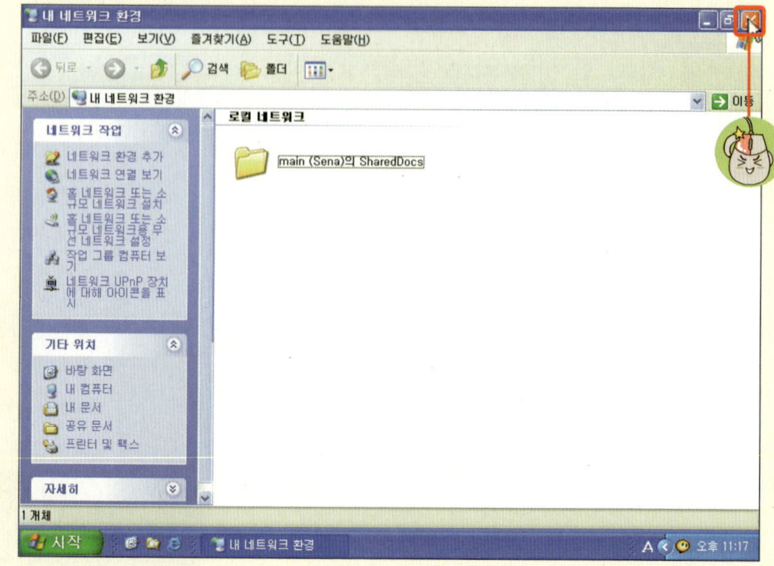

1. [내 컴퓨터] 창과 [내 네트워크 환경] 창을 열고 크기와 위치 조절하기

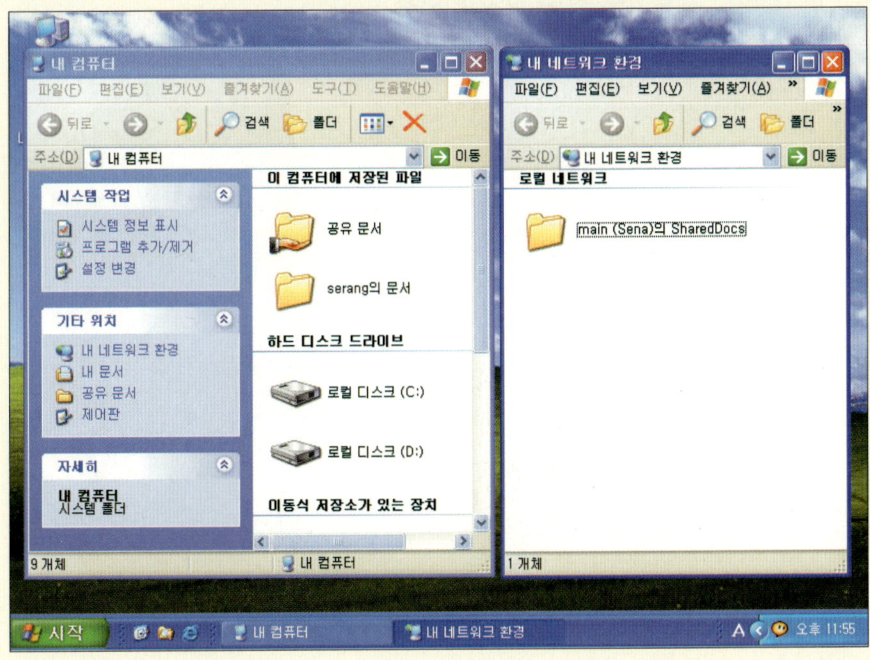

1. 바탕 화면의 [내 컴퓨터] 아이콘을 더블 클릭하여 창 열기
2. 바탕 화면의 [내 네트워크 환경] 아이콘을 더블 클릭하여 창 열기
3. 창의 크기 조절하기
4. 창의 위치 변경하기

2. 지뢰 찾기 게임 즐기기

1. [시작]–[프로그램]–[게임]–[지뢰 찾기]를 차례로 선택하여 게임 실행하기
2. 게임 방법
   - 마우스로 클릭하면 사각형이 열리며, 지뢰를 클릭하면 게임이 끝납니다.
   - 사각형에 표시되는 숫자는 해당 사각형을 둘러싼 사각형 8개 중 지뢰의 수를 나타냅니다.
   - 지뢰라고 생각되는 사각형은 마우스 오른쪽 단추로 클릭하여 깃발을 세웁니다.

02 열려라 참깨

▶ 시작 메뉴를 이용하여 프로그램을 실행해 보자.
▶ 열려진 프로그램 창을 정렬해 보자.
▶ 바로 가기 아이콘을 만들어 보자.

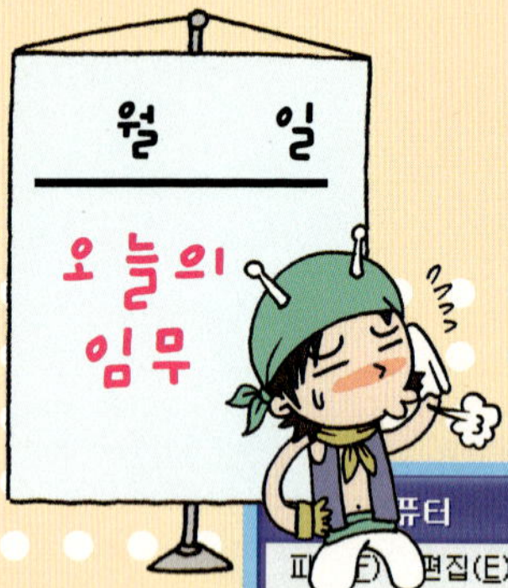

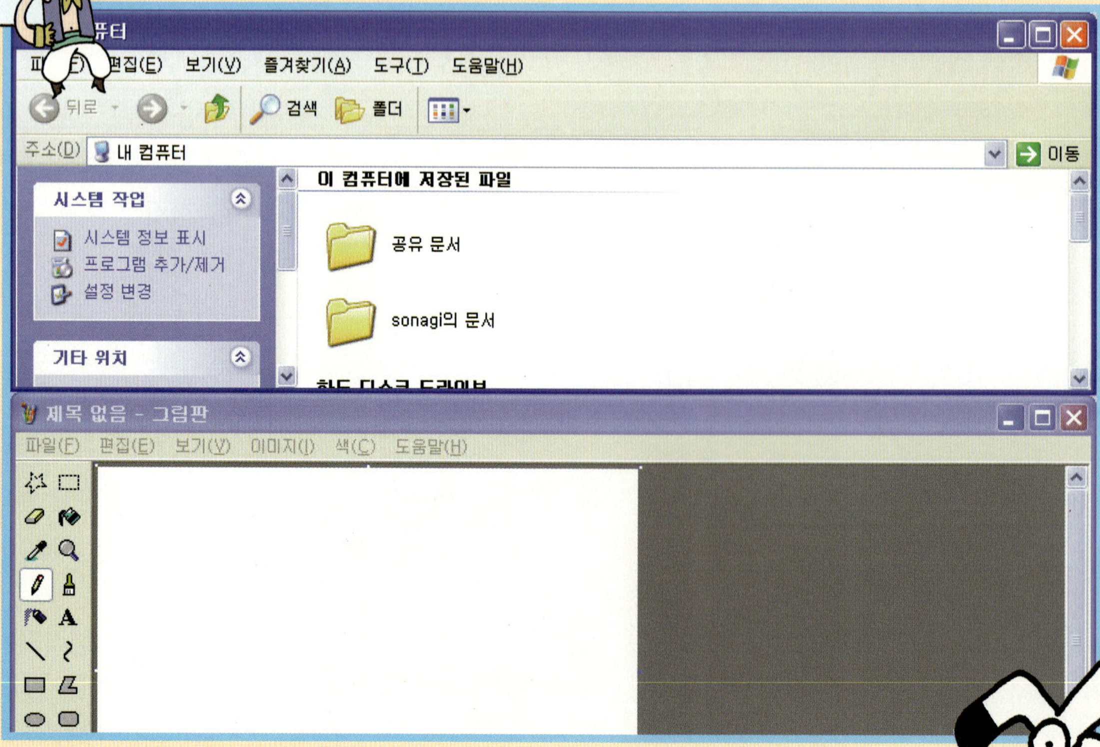

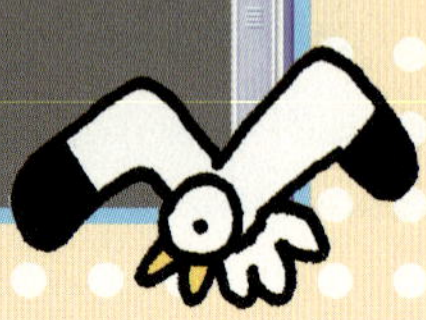

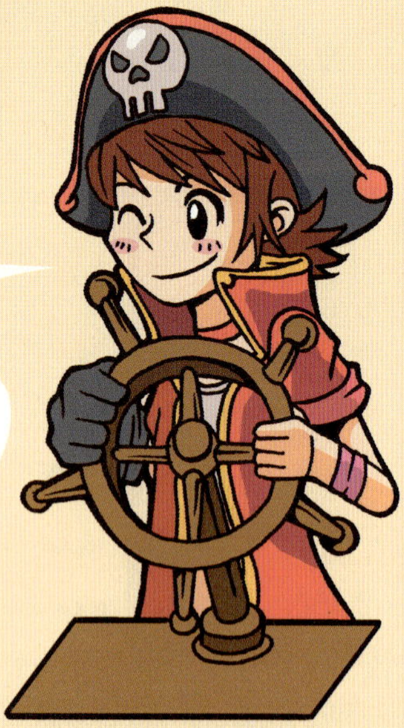

❶ 시작 메뉴를 사용할 수 있어요

01 시작 메뉴를 이용하여 프로그램을 실행하기 위해 바탕 화면 아래 왼쪽에 있는 [시작] 단추를 누릅니다.

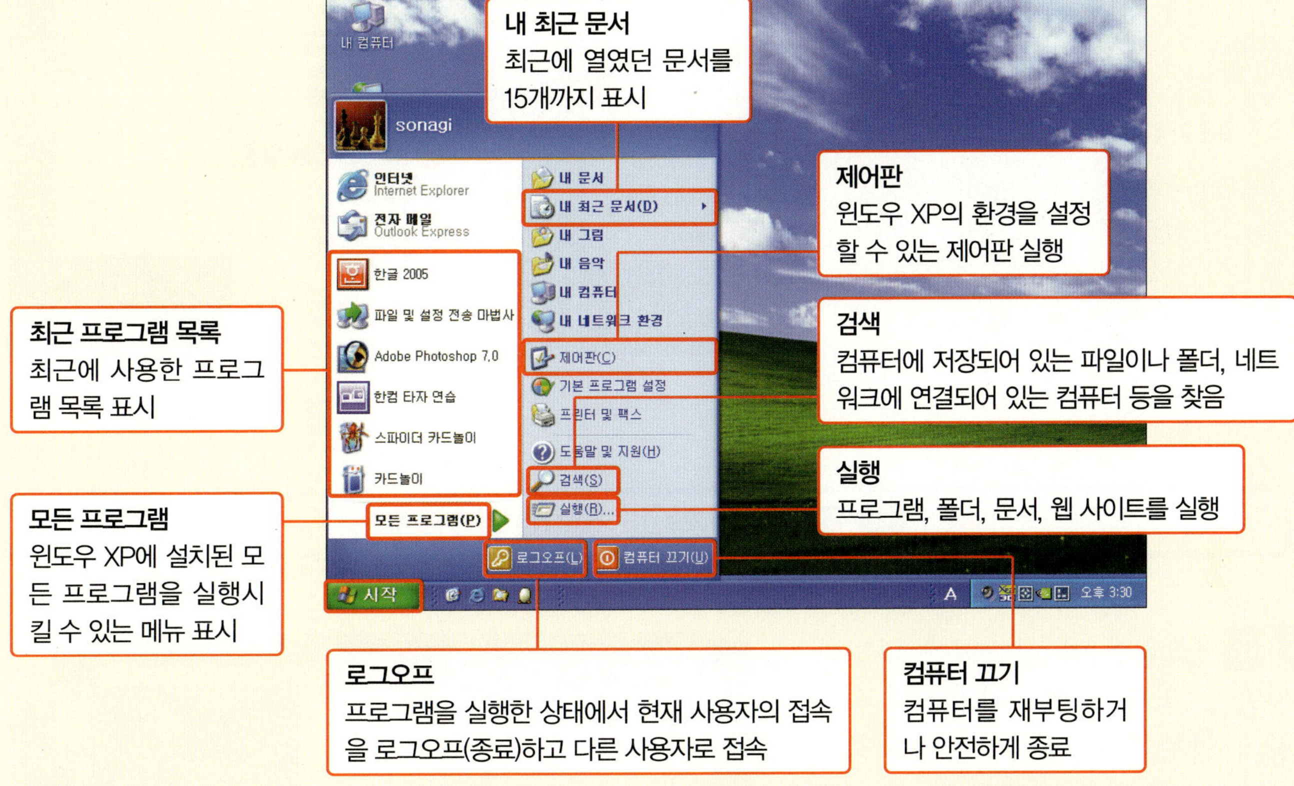

02 여러 가지 메뉴가 나타납니다. 메뉴 중에서 [내 컴퓨터]를 선택하면 [내 컴퓨터] 창이 열립니다.

03 이번에는 [시작]-[모든 프로그램]-[보조프로그램]-[그림판]을 차례로 선택합니다.

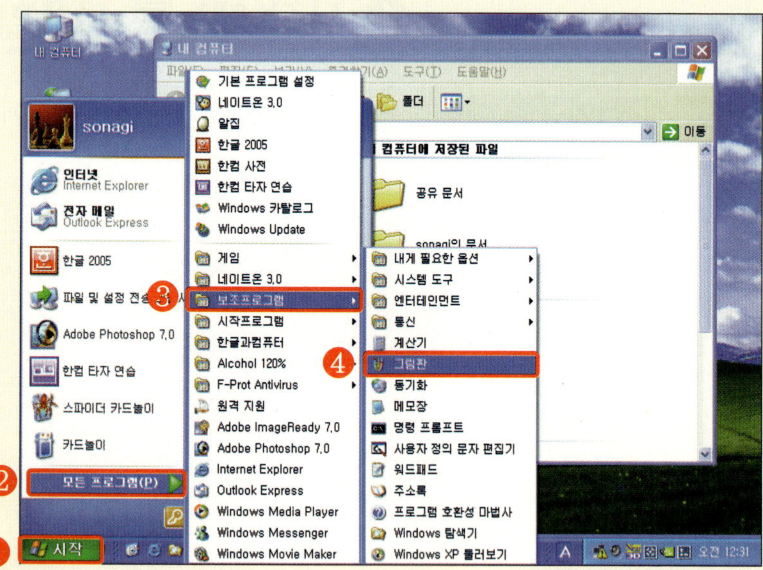

모든 프로그램

컴퓨터에는 여러 가지 프로그램이 설치되어 있습니다. [시작]-[모든 프로그램]을 이용하면 컴퓨터에 설치된 프로그램을 선택하여 실행시킬 수 있습니다.

❷ 작업 전환과 창 배열하기

01 [그림판]이 실행되어 나타나지만 [그림판]에 가려서 [내 컴퓨터] 창이 안보이는군요. 작업 표시줄에서 [내 컴퓨터]를 클릭하면 [내 컴퓨터] 창이 [그림판] 위로 올라오게 됩니다.

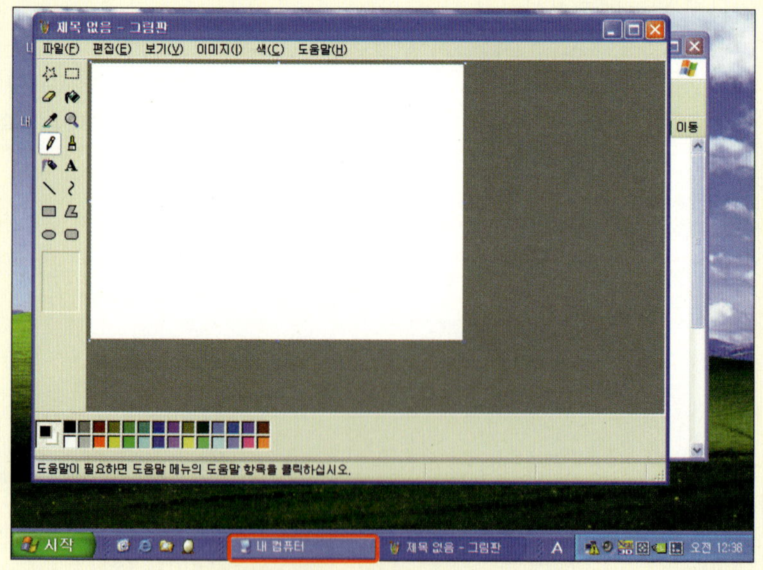

활성 창

여러 개의 프로그램을 실행시켰을 경우 화면의 제일 위로 보이면서 작업 표시줄에서 프로그램 아이콘이 눌러져 있는 상태로 표시되는 창을 활성 창이라고 합니다.

02 두 개의 창을 모두 화면에 보이게 해보겠습니다. 작업 표시줄의 빈 곳을 마우스 오른쪽 단추로 눌러 바로 가기 메뉴를 표시한 후 [가로 바둑판식 창 배열]을 선택합니다.

바로 가기 메뉴

마우스 오른쪽 단추를 클릭하면 화면 상단의 메뉴와 같은 기능을 사용할 수 있는 바로 가기 메뉴가 표시됩니다.

03 열려진 두 개의 창이 위아래로 나란히 정리되면서 화면을 가득 채우는 것을 볼 수 있습니다. 다시 작업 표시줄의 빈곳에서 마우스 오른쪽 단추를 누른 후 [바탕 화면 보기] 메뉴를 선택합니다.

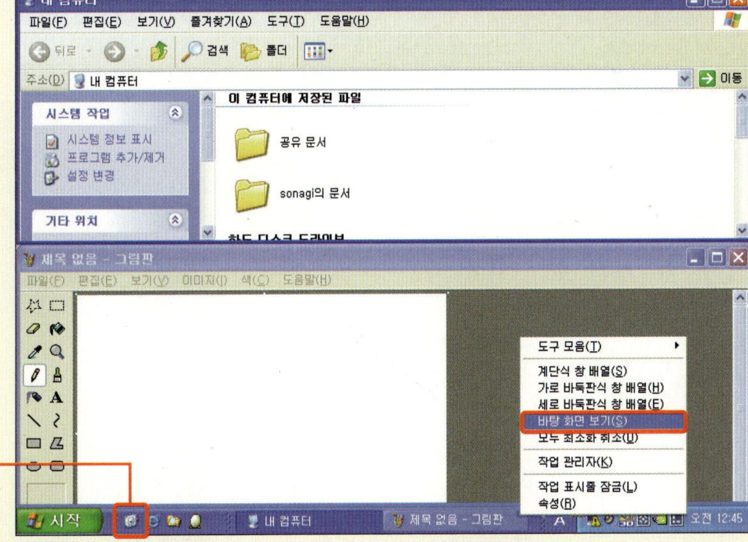

[바탕 화면 보기] 아이콘을 클릭하면 바탕 화면으로 이동

04 화면에 보이던 프로그램 창이 모두 숨겨지면서 바탕 화면이 보이게 됩니다.

사용하지 않는 창 닫기

윈도우 XP에서는 사용자가 여러 개의 프로그램을 동시에 실행시켜 작업할 수 있으나 열려져 있는 프로그램에 비례하여 컴퓨터의 작업 속도가 느려지므로 필요한 프로그램만 실행시켜 작업하는 것이 좋습니다.

❸ 바로 가기 아이콘을 만들어요

자주 실행하는 프로그램을 바탕 화면에 아이콘으로 만들어두면 빠르게 실행할 수 있습니다.

01 [시작]-[모든 프로그램]-[보조프로그램]-[계산기]를 마우스 오른쪽 단추를 클릭한 채 바탕 화면으로 드래그합니다.

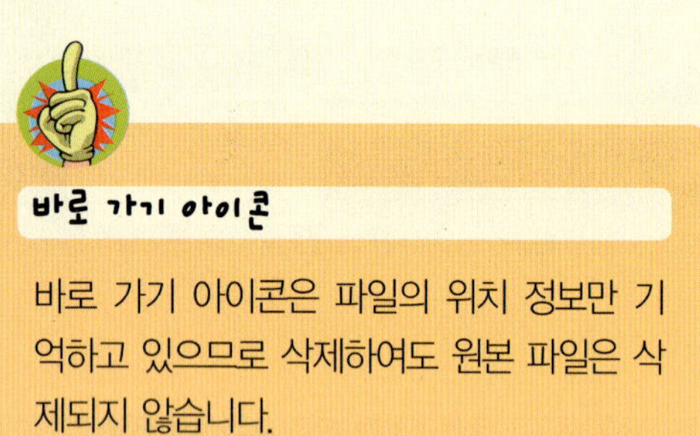

바로 가기 아이콘

바로 가기 아이콘은 파일의 위치 정보만 기억하고 있으므로 삭제하여도 원본 파일은 삭제되지 않습니다.

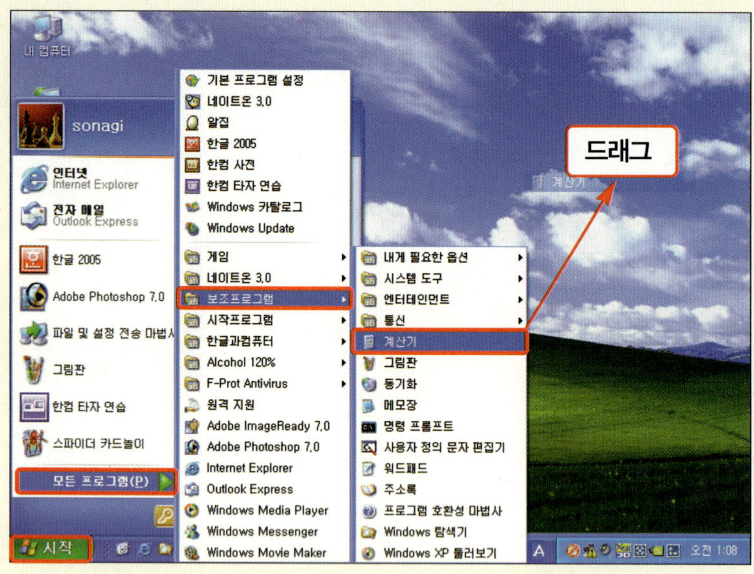

02 바탕 화면으로 드래그한 후 마우스에서 손을 떼면 바로 가기 메뉴가 나타납니다. 메뉴 중에서 [여기에 복사]를 선택합니다.

바로 가기 아이콘 만들기

마우스 오른쪽 단추를 클릭한 후 [보내기]-[바탕 화면에 바로 가기 만들기]를 선택하여 만들 수도 있습니다.

03 바탕 화면에 '계산기'의 바로 가기 아이콘이 만들어졌습니다. [계산기] 바로 가기 아이콘을 더블 클릭하면 계산기가 실행됩니다.

혼자 수련하기

1. 열려 있는 창 배열하기

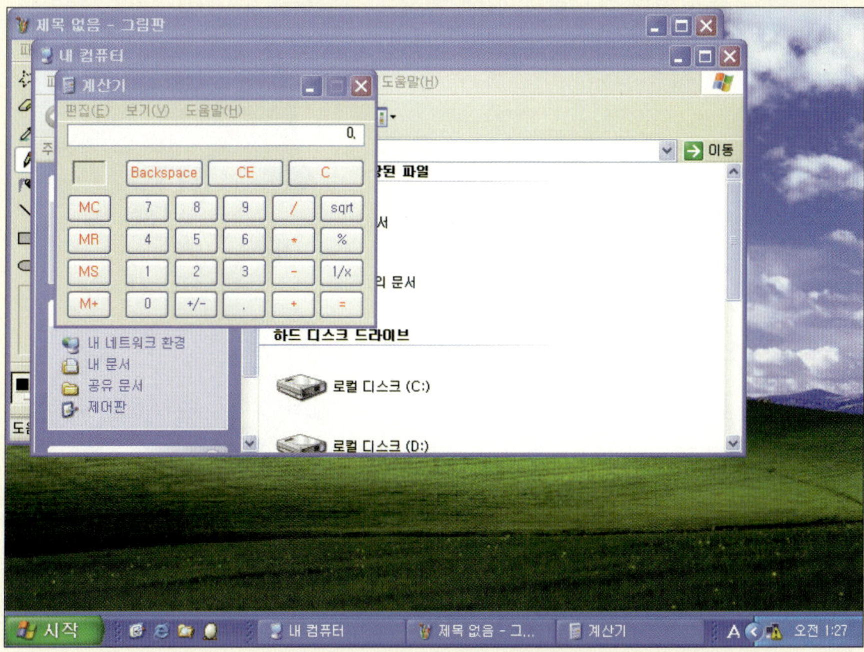

❶ 열려 있는 창을 [계단식 창 배열]로 정렬하기
❷ 열려 있는 창을 [가로 바둑판식 창 배열]로 정렬하기
❸ 열려 있는 창을 [세로 바둑판식 창 배열]로 정렬하기
❹ 작업 표시줄에서 [바탕 화면 보기] 클릭하기
❺ 모든 창을 닫기

2. 바탕 화면에 바로 가기 아이콘 만들기

❶ [시작]-[모든 프로그램]-[게임] 메뉴에서 [지뢰 찾기]를 바탕 화면에 바로 가기 아이콘으로 만들기
❷ [시작]-[모든 프로그램]-[보조 프로그램] 메뉴에서 [그림판]과 [메모장]을 바탕 화면에 바로 가기 아이콘으로 만들기

- ▶ 작업 표시줄의 속성을 이용해 보자.
- ▶ 작업 표시줄의 크기를 변경해 보자.
- ▶ 작업 표시줄의 위치를 바꾸어 보자.

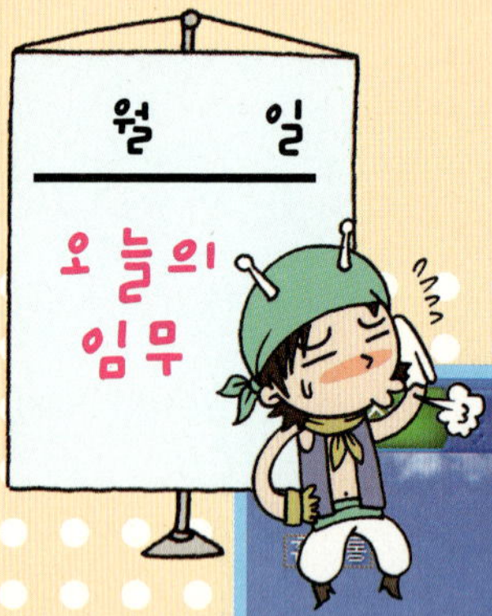

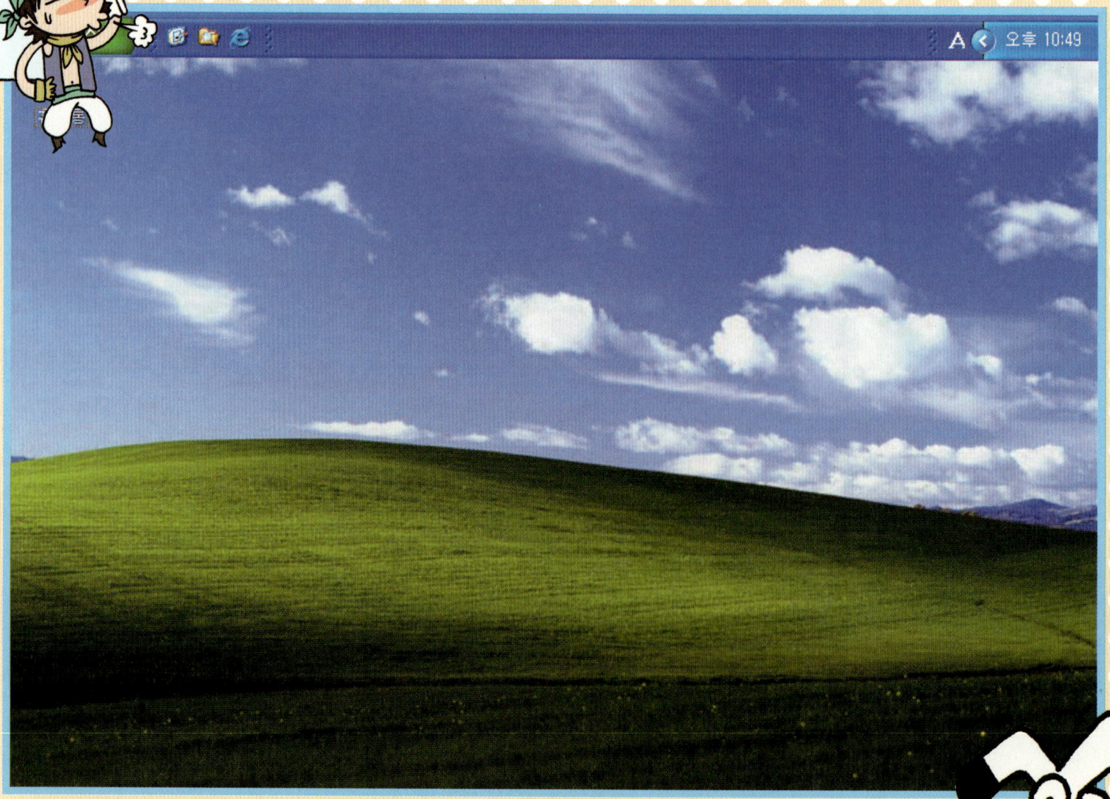

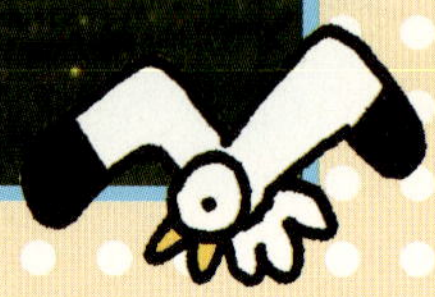

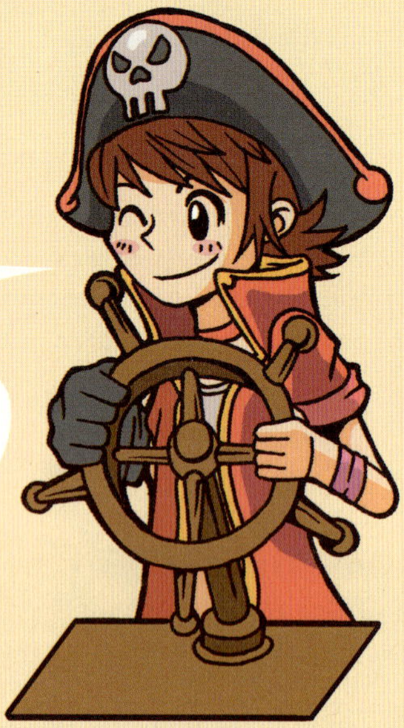

❶ 작업 표시줄의 속성을 이용해 보자

01 작업 표시줄의 빈곳에서 마우스 오른쪽 단추를 클릭한 후 바로 가기 메뉴에서 [속성]을 선택합니다.

02 [작업 표시줄 및 시작 메뉴 속성] 대화 상자가 열리면 [작업 표시줄 자동 숨기기]를 체크한 후 [확인]을 클릭합니다.

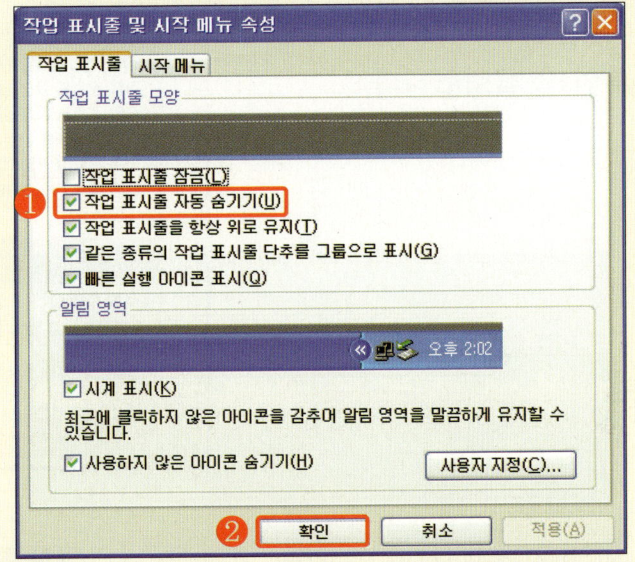

03 작업 표시줄이 화면에서 사라집니다. 작업 표시줄이 있었던 위치에 마우스를 가져가면 다시 나타납니다.

작업 표시줄 원래대로 나타내기

작업 표시줄을 계속 화면에 보이게 하고 싶으면 [작업 표시줄 및 시작 메뉴 속성] 대화 상자에서 [작업 표시줄 자동 숨기기]의 체크 표시를 해제하면 됩니다.

04 작업 표시줄에는 기본적으로 '빠른 실행 아이콘'과 '시계'가 표시됩니다. 빠른 실행 아이콘을 작업 표시줄에서 없애려면 작업 표시줄의 빈곳을 마우스 오른쪽 단추로 클릭한 후 [속성]을 선택합니다.

05 [작업 표시줄 및 시작 메뉴 속성] 대화 상자에서 [빠른 실행 아이콘 표시]를 클릭하여 체크 표시를 없앤 후 [확인]을 클릭합니다.

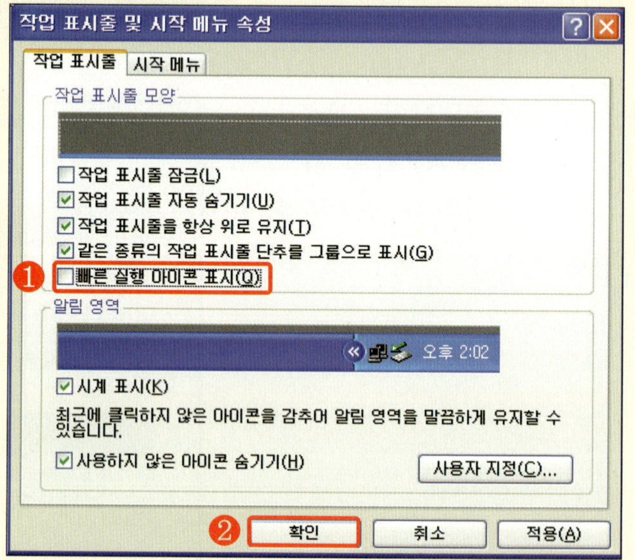

06 작업 표시줄에서 빠른 실행 아이콘 표시가 모두 사라진 것을 확인할 수 있습니다.

빠른 실행 아이콘 다시 나타내기

[작업 표시줄 및 시작 메뉴 속성] 대화 상자에서 [빠른 실행 아이콘 표시]를 클릭하여 체크 표시를 한 후 [확인]을 클릭하면 빠른 실행 아이콘을 다시 나타낼 수 있습니다.

❷ 작업 표시줄을 마음대로 움직여 보자

01 작업 표시줄을 옮기거나 크기를 조절하려면 작업 표시줄의 빈 곳을 마우스 오른쪽 단추로 클릭한 후 [작업 표시줄 잠금]을 클릭하여 체크 표시를 해제합니다.

작업 표시줄 잠금

[작업 표시줄 잠금] 앞에 ✔ 표시가 되어 있으면 작업 표시줄의 위치를 바꿀 수 없습니다.

02 작업 표시줄의 크기를 바꾸기 위해 마우스 포인터를 바탕 화면과 작업 표시줄의 경계선에 위치시키면 마우스 포인터 모양이 ↕ 으로 변합니다.

03 마우스 왼쪽 단추를 누른 채로 위쪽 방향으로 드래그합니다. 드래그한 만큼 작업 표시줄이 넓어집니다.

작업 표시줄의 최대 크기

작업 표시줄은 화면의 절반 크기까지 크게 할 수 있습니다.

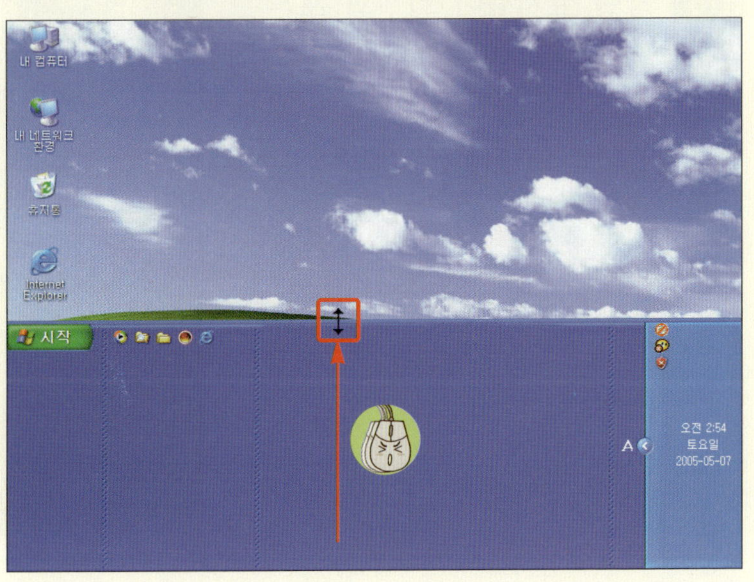

04 마우스 포인터가 ↕ 모양일 때 마우스 왼쪽 단추를 누른 채 아래쪽으로 드래그하면 작업 표시줄의 크기를 줄일 수 있습니다.

05 이번에는 작업 표시줄을 다른 곳으로 옮겨 보겠습니다. 작업 표시줄의 빈곳을 마우스 왼쪽 단추로 클릭한 채로 화면의 오른쪽으로 드래그합니다.

작업 표시줄 이동

마우스 포인터의 모양이 일 때 원하는 곳으로 드래그하여 이동시킵니다.

06 작업 표시줄이 화면의 오른쪽으로 옮겨졌습니다.

혼자 수련하기

1. 작업 표시줄의 위치 바꾸기

❶ 작업 표시줄을 바탕 화면의 왼쪽으로 이동시키기

❷ 작업 표시줄을 바탕 화면의 위쪽으로 이동시키기

❸ 작업 표시줄을 바탕 화면의 아래쪽으로 이동시키기

2. 작업 표시줄의 크기 바꾸기

❶ 작업 표시줄을 바탕 화면의 왼쪽으로 이동시키기

❷ 작업 표시줄의 크기를 조정하기

❸ 작업 표시줄을 바탕 화면의 아래쪽으로 이동시키기

04 신기한 컴퓨터 세상

▶ 인터넷에 접속해 보자.
▶ 인터넷의 주소를 입력해 보자.
▶ 인터넷 시작 페이지를 변경해 보자.

컴퓨터 안에는 '인터넷'이라는 또 다른 세상이 있습니다.
우리가 생각할 수도 없는 많은 정보와 보물이 있는 세상이지요.
저와 함께 꿈과 낭만이 있는 인터넷 세상속으로
멋진 여행을 떠나 보아요.

월   일
오늘의 임무

쥬니어네이버 :: 날개달린 상상 쥬니어네이버 - Windows Internet Explorer
http://jr.naver.com/index.html
Ask Search
쥬니어네이버 :: 날개달린 상상 쥬니어네이버
페이지(P) 도구(O)
쥬니어네이버
쥬니스 소개
학습 게임
'Where U At' 만 쳐봐
검색
방학숙제 : 감상문 · 발명품 만들기 · 기행문 · 가족신문 만들
동물농장   만화책   게임랜드   파니룸   숙제   동요세상
유아세상   초등세상   영어스쿨   과학여행   동화여행   가베놀이
게임뭉치   도전퀴즈왕   인터넷윤리   경제야놀자   테마이야기   학부모방
뮤직박스   TV만화   플래시극장   아바타랜드   타자왕   우리들솜씨
닉   재미나라   놀이학교   아즈로크   성폭력예방   전체보기
쥬니버를 시작페이지로
보안2단계
아이디
비밀번호
회원가입   아이디 /
게임팡팡 신나는 게임 세상   학습쑥쑥 아하 그렇구나!

❶ 살펴보자! 인터넷 세상

인터넷 세상에 들어가기 전에, 인터넷이 무엇인지는 알아야겠지요?

인터넷은 세계의 많은 컴퓨터끼리 연결되어 있어, 이 컴퓨터 저 컴퓨터 돌아다니면서 내가 하고자 하는 것을 할 수 있게 해주는 그물같은 망(Network)이랍니다.

인터넷 세상 살펴보기

- **제목 표시줄** : 현재 접속된 홈페이지의 제목 표시
- **명령 모음** : 자주 사용하는 명령을 모아놓음
- **주소 표시줄** : 현재 접속한 사이트의 주소를 표시
- **상태 표시줄** : 현재 인터넷의 작업 상태를 표시
- **이동 막대** : 화면에 표시되지 않는 부분으로 이동

01 [시작]-[인터넷]을 차례로 선택합니다.

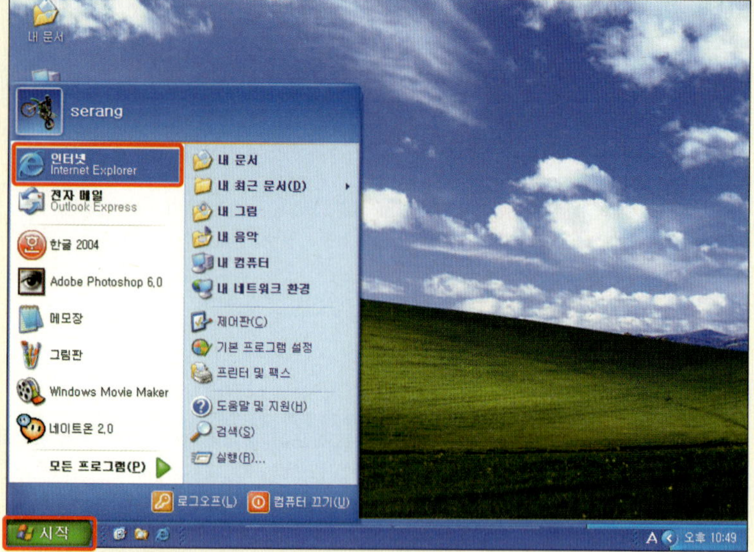

02 인터넷이 시작되면 주소 표시줄에 "http://jr.naver.com"을 입력하고 Enter 를 누릅니다.

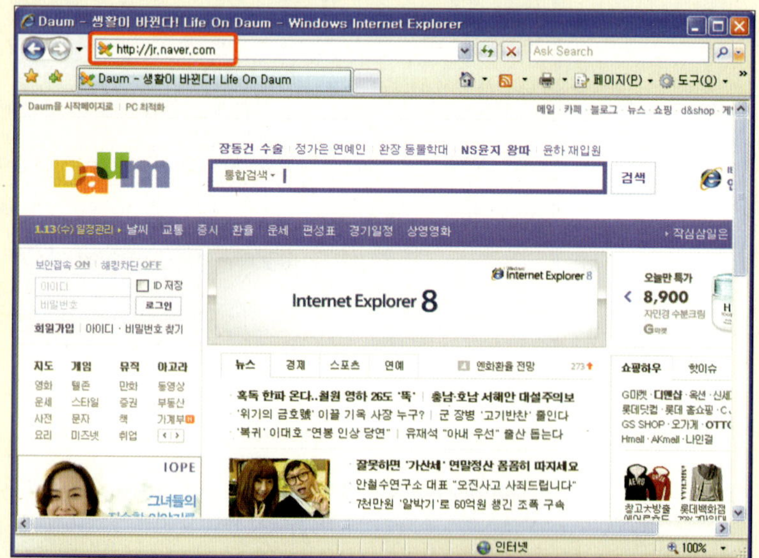

03 주소를 맞게 입력했으면 '쥬니어네이버' 웹 사이트가 나타납니다. [게임랜드]를 클릭합니다.

04 '게임랜드' 페이지가 열리면 [한게임 플래시]를 클릭합니다.

05 '한게임 플래시'의 게임 목록들 중에서 [푸시푸시]를 클릭합니다.

06 게임이 실행되면 [게임 방법]을 클릭하여 게임 설명을 잘 읽어본 후 [게임 시작]을 클릭하여 게임을 즐겨봅니다.

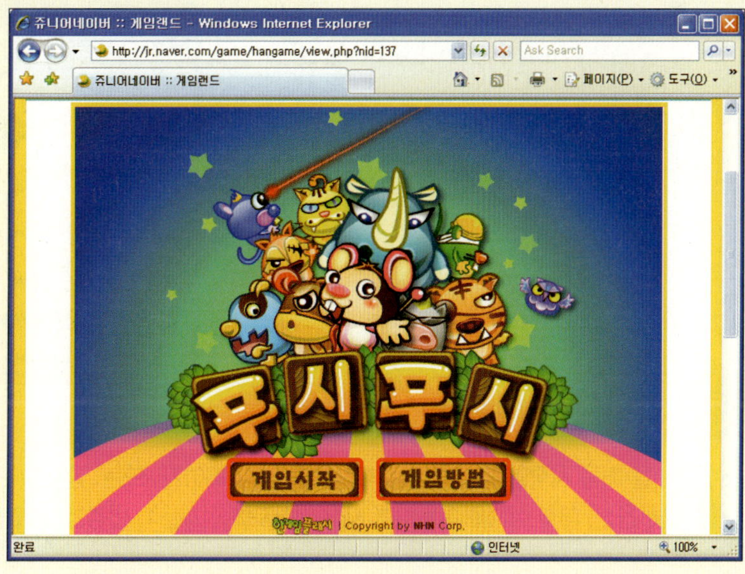

❸ 인터넷을 시작할 때 나오는 페이지를 바꿔 보자

01 명령 모음의 [도구]-[인터넷 옵션]을 차례로 선택합니다.

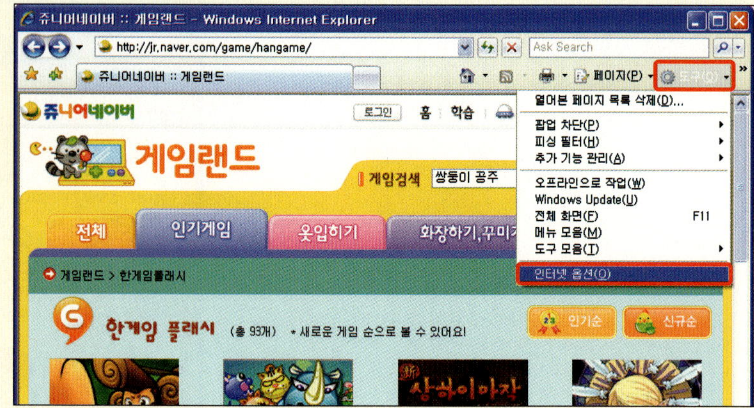

02 [인터넷 옵션] 대화 상자가 나타나면, [홈 페이지]의 [주소]란에 "http://jr.naver.com"을 입력하고 [확인]을 클릭합니다.

현재 접속된 사이트를 홈 페이지로 지정합니다.

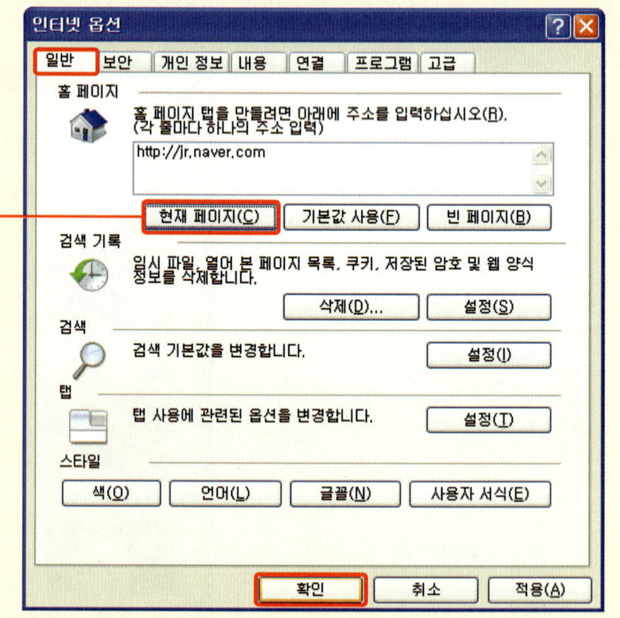

03 명령 모음의 [홈] 아이콘()을 클릭하여 '쥬니어네이버' 홈페이지로 홈페이지가 변경되었음을 확인합니다.

시작 페이지(홈 페이지)

- 인터넷을 처음 시작할 때 나타나는 페이지를 '시작 페이지' 또는 '홈 페이지'라고 합니다.
- [인터넷 옵션] 대화 상자를 이용하면 시작 페이지를 언제든지 변경할 수 있습니다.

1. 재미있는 퍼즐 맞추기

❶ 인터넷을 실행하고 야후 꾸러
기 사이트에 접속하기
(http://kr.kids.yahoo.com)
❷ [놀이터]–[학습놀이]–[창의력
게임]–[아티의 퍼즐 맞추기]를
차례로 클릭하기
❸ 그림을 마우스로 클릭하여 제
자리에 맞추기

2. 신나는 타자 게임

❶ 쥬니어네이버 사이트에 접속
하기(http://jr.naver.com/
typing)
❷ [도구]–[인터넷 옵션]을 선택하
여 시작 페이지로 지정하기
❸ [자판 익히기]–[기본 자리]를
선택하여 연습하기

05 컴퓨터는 멋쟁이

▶ 디스플레이 등록 정보에서 바탕 화면을 변경해 보자.
▶ 인터넷에서 원하는 그림을 찾아 보자.
▶ 인터넷에서 찾은 그림을 바탕 화면으로 지정하

컴퓨터는 멋쟁이

❶ 내 맘에 쏙 드는 바탕 화면 만들기

윈도우 XP가 제공하는 기본 그림을 이용하여 바탕 화면의 그림을 바꿔 봅니다.

01 바탕 화면을 마우스 오른쪽 단추로 클릭한 후 [속성]을 선택합니다.

02 [디스플레이 등록 정보] 대화 상자가 열립니다. [바탕 화면] 탭을 클릭한 후 '배경'에서 '집'을 선택 하면 미리 보기 창에 해당 그림이 보입니다. 그림이 마음에 들면 [확인]을 클릭합니다.

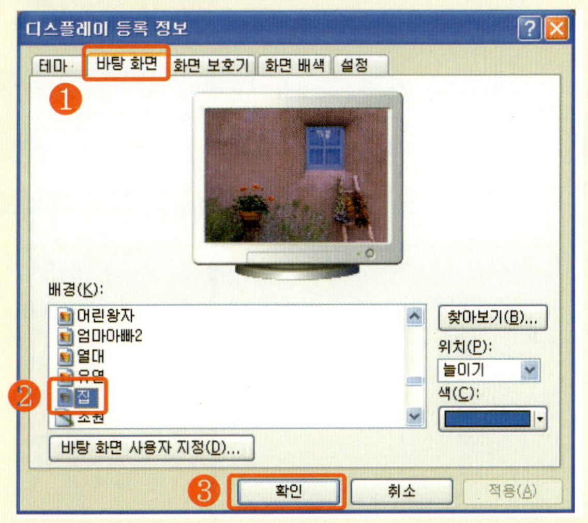

03 바탕 화면이 선택한 그림으로 바뀌었습니다.

❷ 인터넷을 이용하여 바탕 화면 만들기

인터넷에서 마음에 드는 그림을 찾아서 바탕 화면으로 지정하여 봅니다.

01 [시작]-[인터넷]을 차례로 선택하여 인터넷을 실행합니다.

02 인터넷이 실행되면 주소 표시줄에 "http://jr.naver.com"을 입력한 후 Enter를 누릅니다.

03 화면의 위쪽에 있는 '입력창'에 "바탕 화면"을 입력하고 [검색]을 클릭합니다.

04 바탕 화면으로 사용할 수 있는 그림들이 나타납니다. [더 보기]를 선택하면 더욱 많은 그림을 볼 수 있습니다.

05 그림 중에서 마음에 드는 그림을 클릭하면, 선택한 그림을 크게 볼 수 있습니다.

06 선택한 그림이 크게 나타나면 그림을 마우스 오른쪽 단추로 클릭한 후 [배경으로 지정]을 선택합니다.

07 인터넷 창을 닫으면 바탕 화면이 바뀌었음을 볼 수 있습니다. 그런데 원래 작은 그림이어서인지 또렷하지 않군요. 원래 크기대로 보이게 하고 싶다면, 바탕 화면에서 마우스 오른쪽 단추를 클릭한 후 [속성]을 선택합니다.

08 [디스플레이 등록 정보] 대화 상자가 나타나면 [바탕 화면] 탭을 선택합니다.

09 [위치] 항목에서 '바둑판식'을 선택하고 [확인] 단추를 클릭합니다.

1. 윈도우 XP에서 제공하는 그림으로 바탕 화면 바꾸기

❶ 바탕 화면을 '물고기'로 변경하기
❷ 바탕 화면을 '열대'로 변경하기
❸ 바탕 화면을 '달과 붉은 사막'으로 변경하기

2. 인터넷에서 찾은 그림으로 바탕 화면 바꾸기

❶ 인터넷을 실행하여 주소 표시줄에 "http://jr.naver.com"을 입력하고 Enter 누르기
❷ 검색란에 "바탕 화면"을 입력한 후 [검색] 단추 클릭하기
❸ 마음에 드는 그림을 마우스 오른쪽 단추로 클릭하여 [배경으로 지정] 선택하기

06 내 맘에 쏙 드는 컴퓨터

▶ 윈도우 테마를 지정해 보자.
▶ 화면 보호기를 지정해 보자.
▶ 해상도를 변경해 보자.
▶ 마우스 포인터를 변경해 보자.

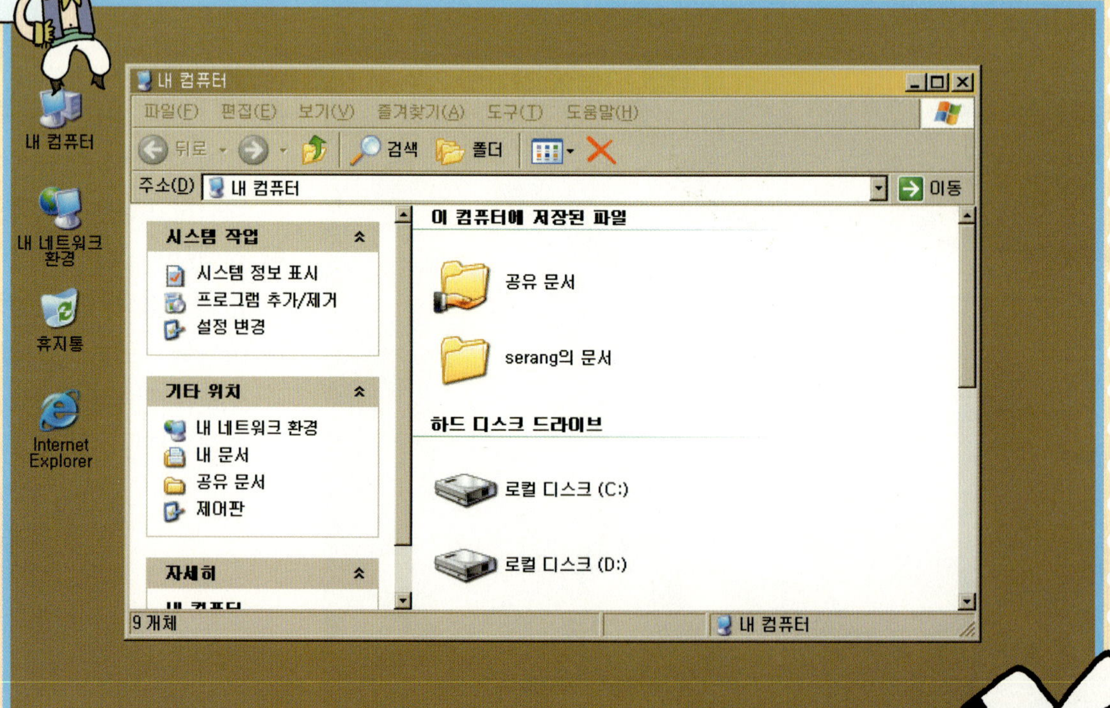

① 윈도우 XP 테마를 지정해 보자

01 바탕 화면에서 마우스 오른쪽 단추를 클릭한 후 [속성]을 선택합니다.

02 [디스플레이 등록 정보] 대화 상자의 [테마] 탭에서 'Windows 고전'을 선택한 후 [확인]을 클릭합니다.

[확인]과 [적용]

[확인]을 클릭하면 명령을 수행하고 [디스플레이 등록 정보] 대화 상자를 빠져 나오지만 [적용]을 클릭하면 명령을 수행한 후 또 다른 명령을 수행할 수 있습니다.

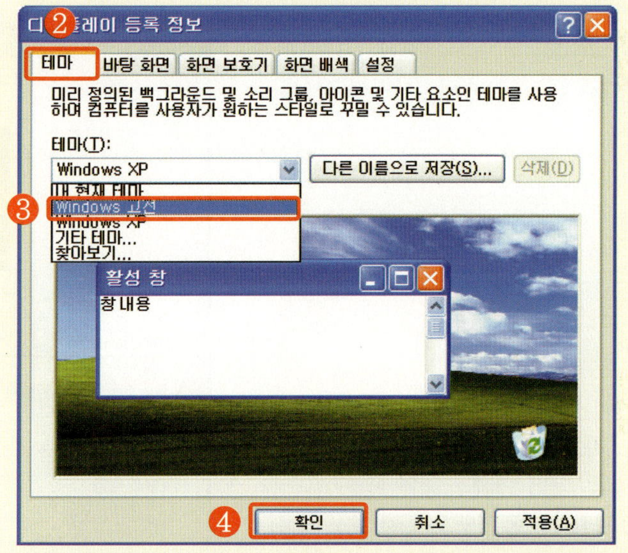

03 바탕 화면에서 [내 컴퓨터] 아이콘을 더블 클릭하여 실행해 보면, 창의 모양과 색 등이 변하였음을 볼 수 있습니다. 다시 [디스플레이 등록 정보] 대화 상자의 [테마] 탭에서 'Windows XP'를 선택한 후 [확인]을 클릭합니다.

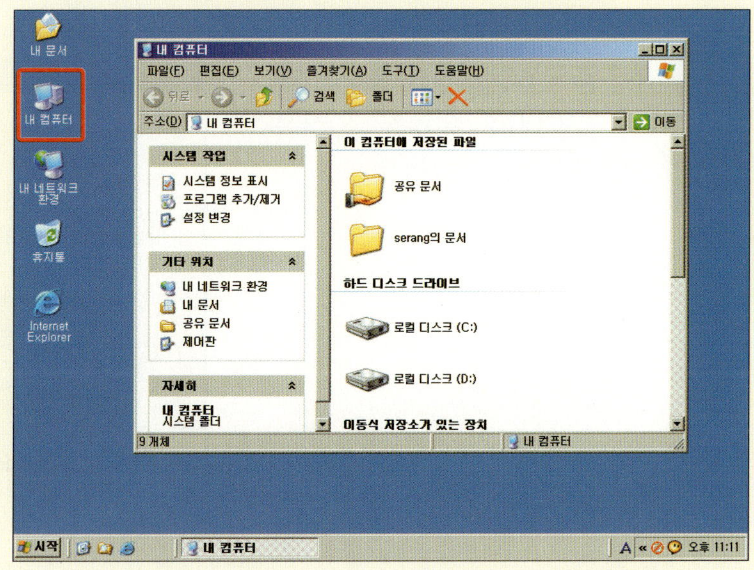

❷ 화면 보호기를 지정해 보자

01 [디스플레이 등록 정보] 대화 상자에서 [화면 보호기] 탭을 선택합니다.

디스플레이 등록 정보

바탕 화면에서 마우스 오른쪽 단추를 클릭하고 [속성]을 선택하면 [디스플레이 등록 정보] 대화 상자가 실행됩니다.

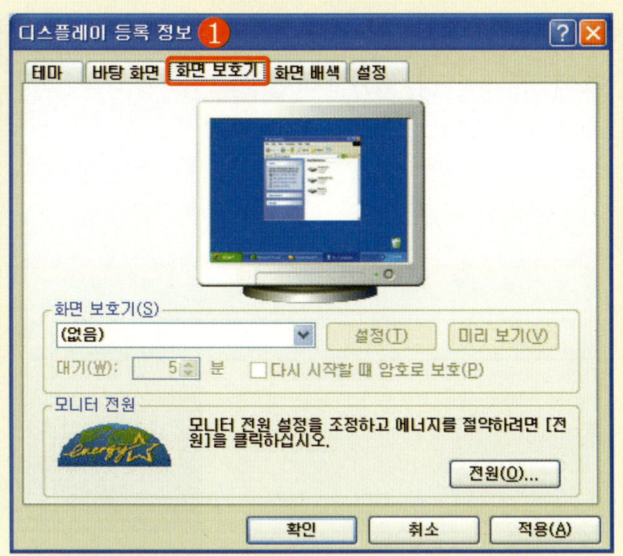

02 화면 보호기 목록에서 '3차원 꽃피는 상자'를 선택하고 [설정]을 클릭합니다.

화면 보호기

컴퓨터를 켜놓은 채로 오랜 시간 사용하지 않을 경우 그 화면이 모니터에 흐릿하게 계속 나타나는 경우가 발생합니다. 화면 보호기를 사용하면 이러한 현상을 없앨 수 있습니다.

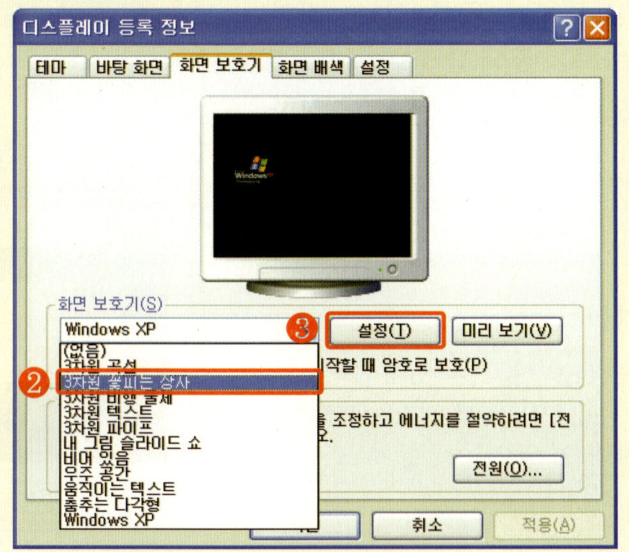

03 [3차원 꽃피는 상자 설정] 대화 상자가 열립니다. 원하는 옵션을 체크한 후 [확인]을 클릭합니다.

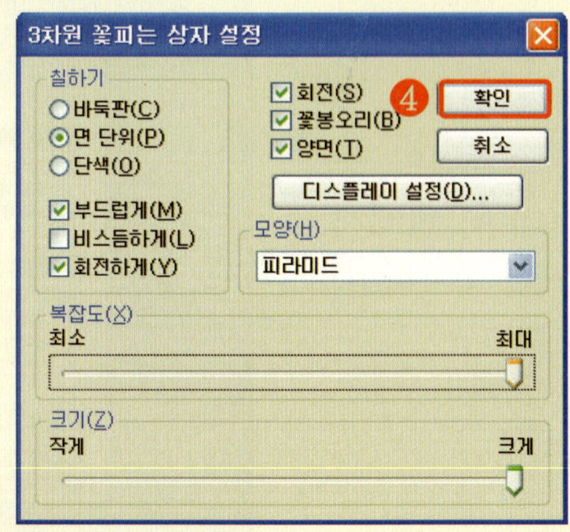

04 설정한 '3차원 꽃피는 상자' 가 미리 보기 화면에 보입니다. 대기 시간을 '2'분으로 설정한 후 [미리 보기]를 클릭합니다.

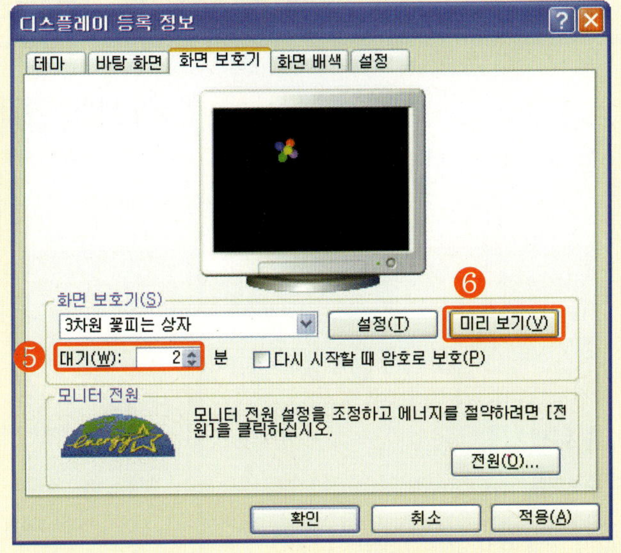

05 화면 보호기가 실행되었을 때의 모습이 전체 화면으로 보여집니다. 마우스 또는 키보드를 살짝만 건드리면 화면 보호기는 취소되고 원래의 화면으로 돌아옵니다.

06 다시 [디스플레이 등록 정보] 대화 상자로 돌아오면 [확인]을 클릭하여 화면 보호기 지정을 끝냅니다. 이제부터는 컴퓨터를 사용하다가 지정된 시간 동안 아무런 작업도 하지 않으면 화면 보호기가 실행됩니다.

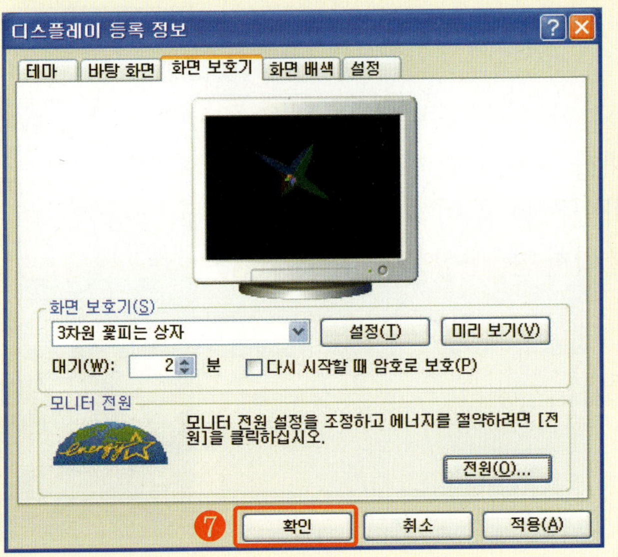

❸ 해상도를 변경해 보자

01 [디스플레이 등록 정보] 대화 상자에서 [설정] 탭을 선택합니다.

[디스플레이 등록 정보]를 실행하는 다른 방법

[시작]-[제어판]-[디스플레이]를 차례로 선택 하여도 [디스플레이 등록 정보]가 실행됩니다.

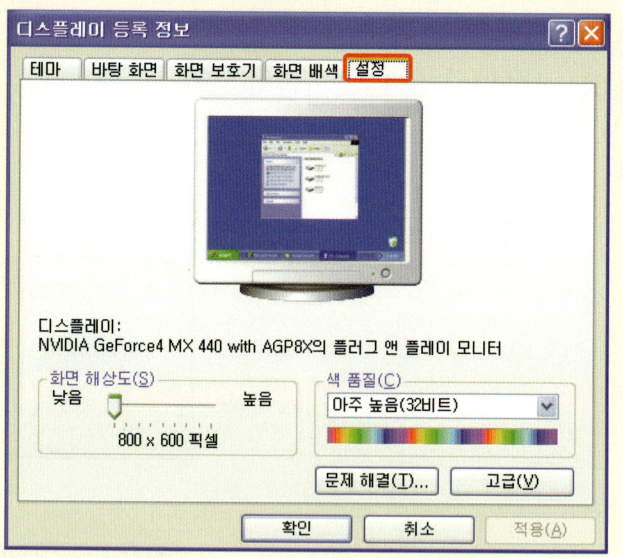

02 '화면 해상도(S)'에 있는 슬라이드 버튼을 마우스로 드래그하여 해상도를 조절한 후 [확인]을 클릭합니다.

해상도

숫자를 높게 할수록 화면에서 그림과 글씨의 크기가 작아지게 됩니다. 반대로 숫자를 낮게 하면 그림과 글씨가 크게 보입니다.

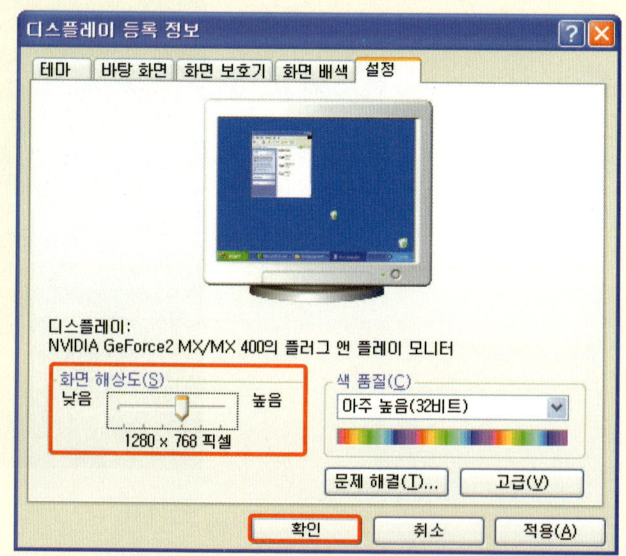

03 지정한 해상도로 변경했을 때의 상태를 보여주면서 변경할 것인지를 확인하는 창이 나타납니다. [예]를 클릭하면 해상도가 변경됩니다.

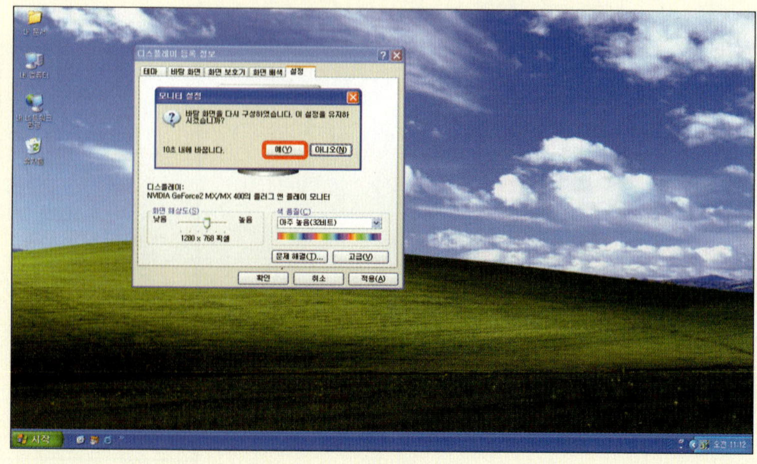

④ 마우스 포인터의 모양을 바꾸어 보자

01 작업 표시줄의 [시작]-[제어판]을 차례로 선택합니다.

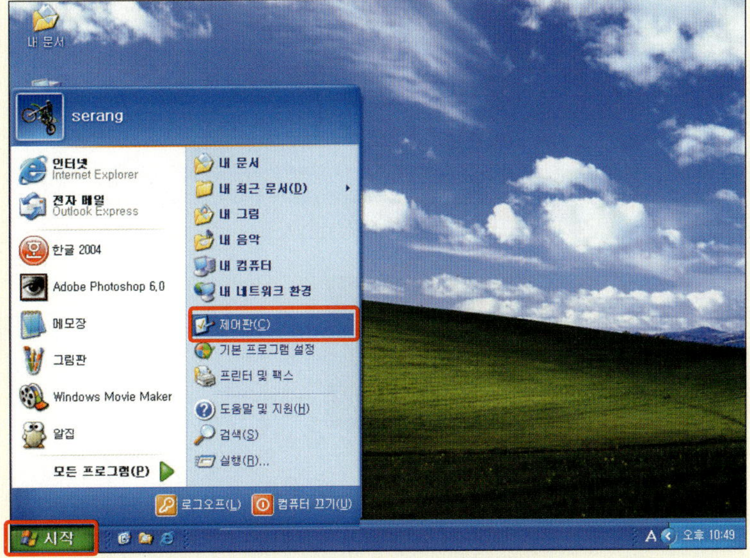

02 [제어판] 대화 상자가 열리면 [마우스] 아이콘을 찾아 더블 클릭합니다.

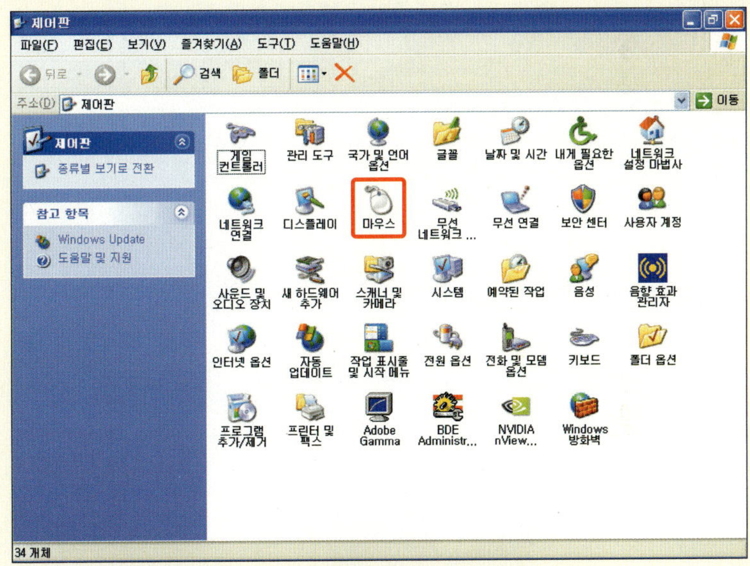

03 [마우스 등록 정보] 대화 상자에서 [포인터] 탭을 클릭한 후 '구성표'에서 '공룡 (시스템 구성표)'를 선택하고 [확인]을 클릭하면 마우스 포인터가 바뀝니다.

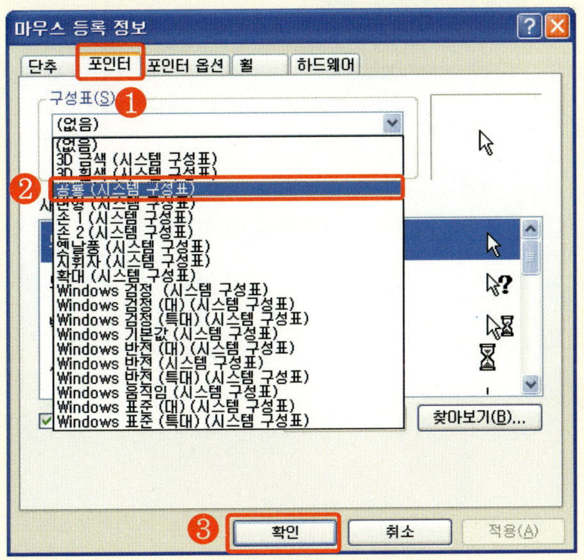

1. 화면 보호기 변경하기

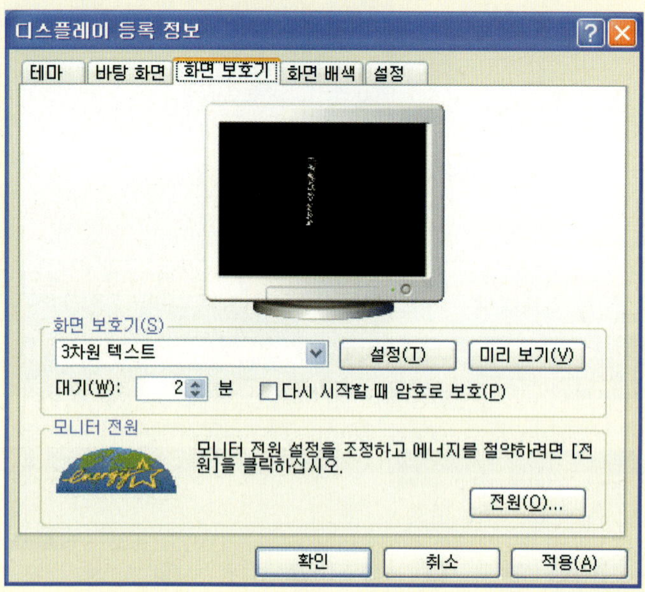

❶ '3차원 텍스트'로 화면 보호기 설정하기
❷ [설정] 대화 상자의 텍스트 난에 "컴짱먹기 윈도우와 인터넷"을 입력하고 [확인] 단추 클릭하기
❸ [미리 보기] 단추를 클릭하여 변경된 화면 보호기 확인하기

2. 해상도 변경하기

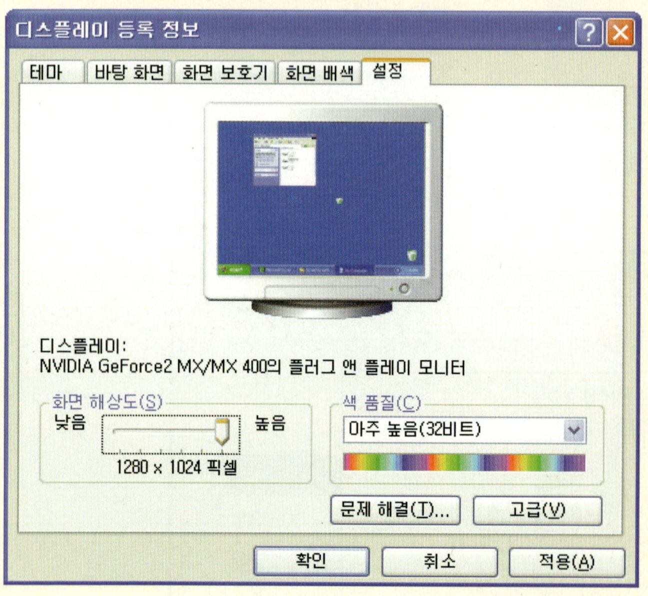

❶ 화면 해상도 변경하기(모니터에 따라 해상도가 다를 수 있음)
  • 800*600 픽셀로 변경하기
  • 1024*768 픽셀로 변경하기
  • 1152*864 픽셀로 변경하기
  • 1280*1024 픽셀로 변경하기
❷ 처음의 화면 해상도로 변경하기

01 깨끗한 내 방, 더 깨끗한 내 컴퓨터

▶ 폴더를 만들어 정리해 보자.
▶ 휴지통을 이용해 보자.

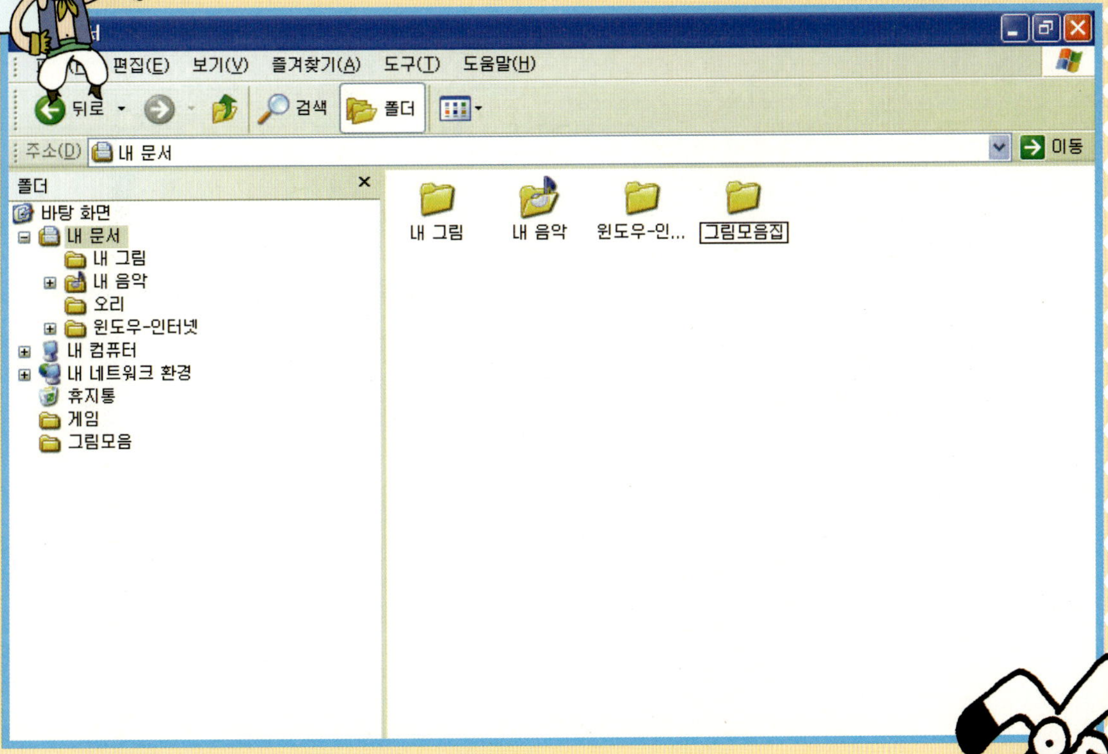

❶ 폴더로 깔끔하게 정리하기

01 Windows 탐색기 창을 열기 위하여 [시작]-[모든 프로그램]-[보조프로그램]-[Windows 탐색기]를 차례로 선택합니다.

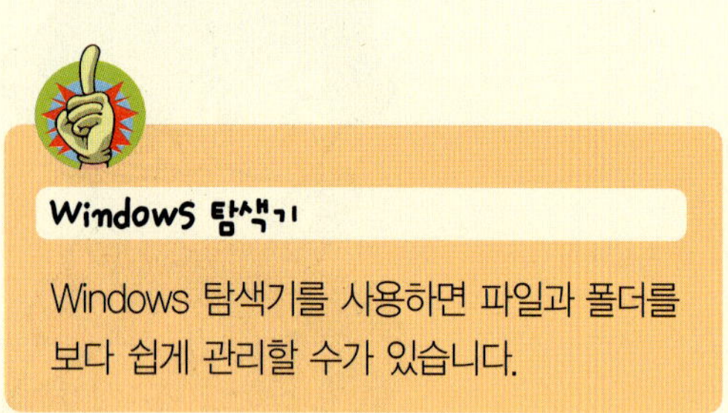

Windows 탐색기

Windows 탐색기를 사용하면 파일과 폴더를 보다 쉽게 관리할 수가 있습니다.

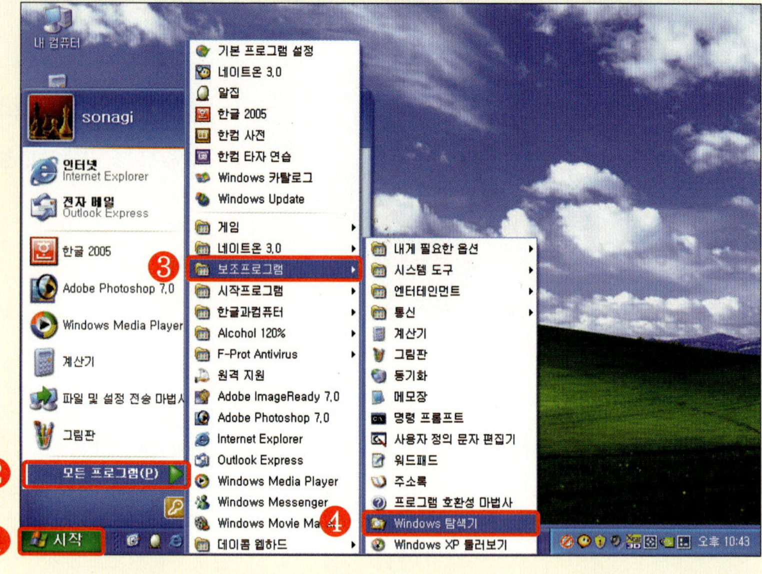

02 탐색기 창이 열렸습니다. [내 문서] 폴더 안에 새로운 폴더를 만들기 위해 화면의 빈곳에서 마우스 오른쪽 단추를 클릭한 후 바로 가기 메뉴에서 [새 폴더]를 선택합니다.

폴더

여러 개의 파일을 한곳에 모아서 관리할 수 있는 곳으로 파일들이 사는 방이라고 할 수 있습니다.

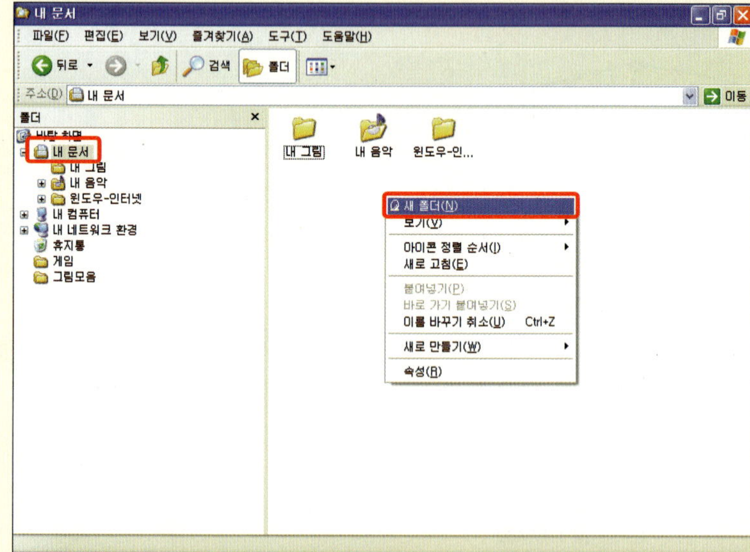

03 새로운 폴더가 만들어집니다. 새 폴더를 마우스 오른쪽 단추로 클릭하여 바로 가기 메뉴에서 [이름 바꾸기]를 선택하고 "그림모음집"이라고 입력한 후 Enter를 누릅니다.

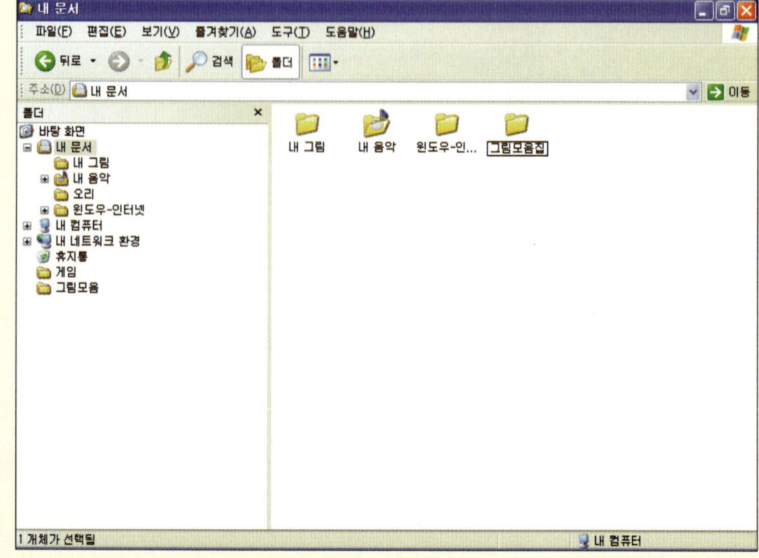

04 화면 왼쪽 폴더 창에서 [내 문서]-[윈도우-인터넷]-[7강] 폴더로 이동합니다.

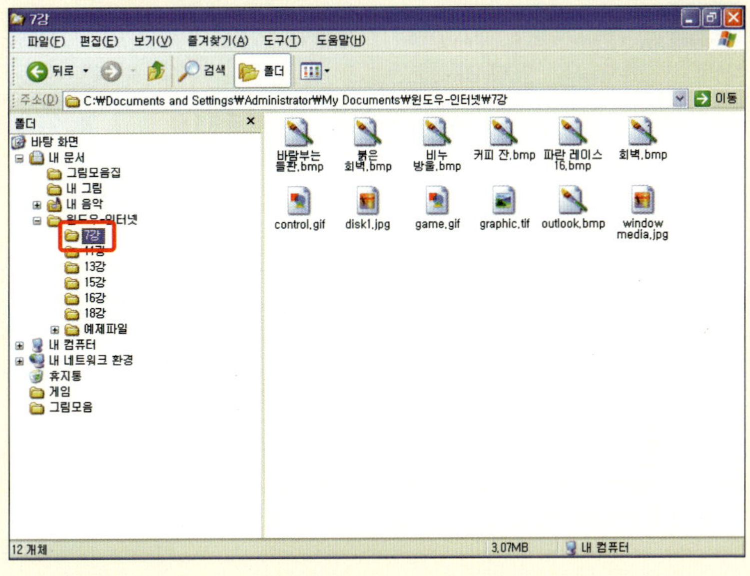

제공된 파일 사용하기

제공된 자료 파일을 'C:\내 문서\윈도우-인터넷\' 폴더에 압축 해제한 후 학습에 필요한 파일을 불러와 사용하기 바랍니다.

05 복사할 파일 중에 첫 번째 파일을 선택하고 Shift 를 누른 채 마지막 파일을 선택하면 모든 파일이 선택됩니다. 마우스 오른쪽 단추를 눌러 [복사]를 선택합니다.

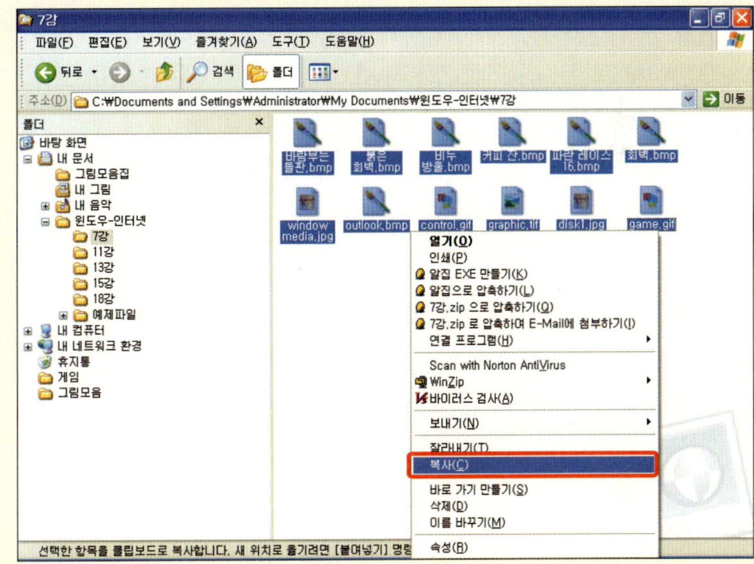

연속된 여러 개의 파일 선택하기

마우스로 드래그하여 선택하려면 마우스 포인터를 빈 공간에 위치시킨 후 여러 파일이 포함되도록 드래그합니다.

06 [내 문서]-[그림모음집] 폴더로 이동한 후 마우스 오른쪽 단추를 눌러 [붙여넣기]를 선택합니다.

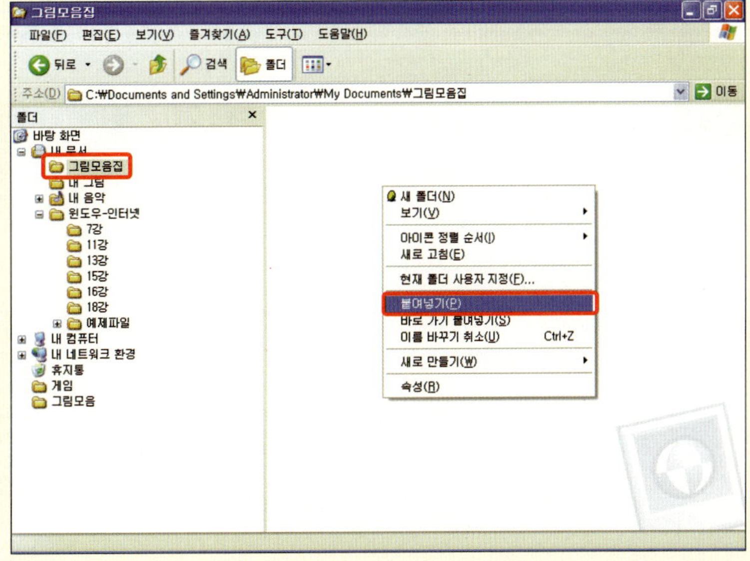

07 'outlook', 'disk1', 'game' 3개의 파일을 선택한 후 마우스 오른쪽 단추를 클릭하고 [잘라내기]를 선택합니다.

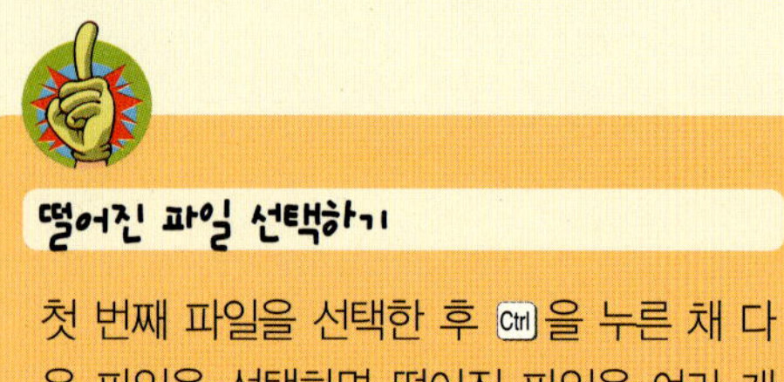

떨어진 파일 선택하기

첫 번째 파일을 선택한 후 Ctrl 을 누른 채 다음 파일을 선택하면 떨어진 파일을 여러 개 선택할 수 있습니다.

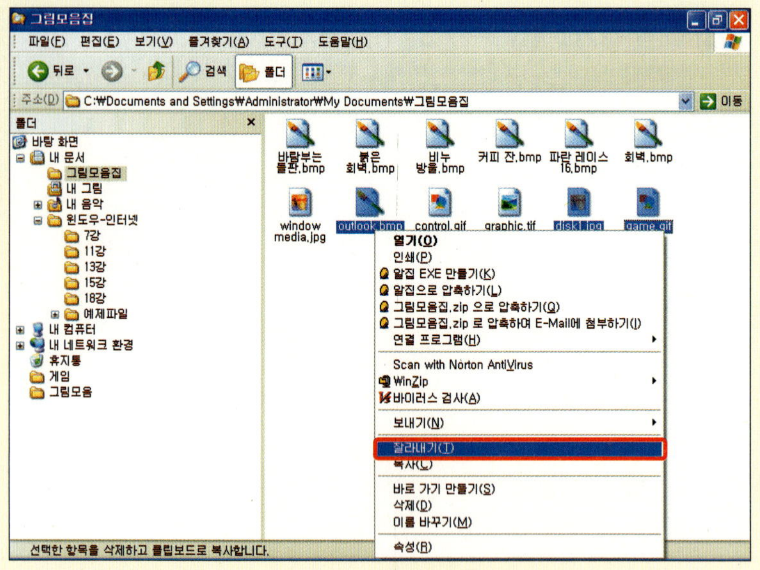

08 [내 문서] 폴더로 이동한 후 마우스 오른쪽 단추를 클릭하여 [붙여넣기]를 선택하면 잘라내기한 3개의 파일이 붙여지는 것을 볼 수 있습니다.

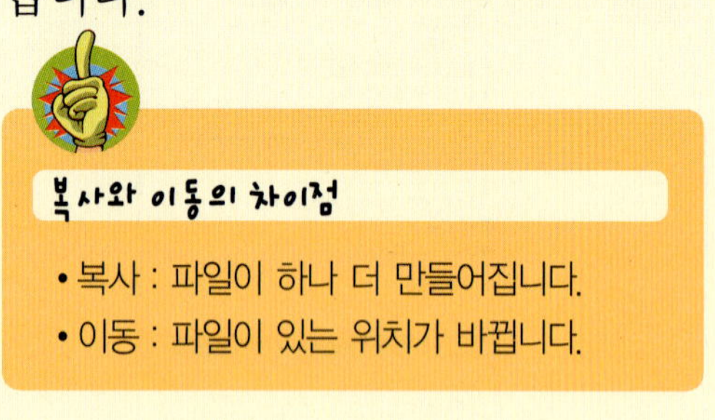

복사와 이동의 차이점

- 복사 : 파일이 하나 더 만들어집니다.
- 이동 : 파일이 있는 위치가 바뀝니다.

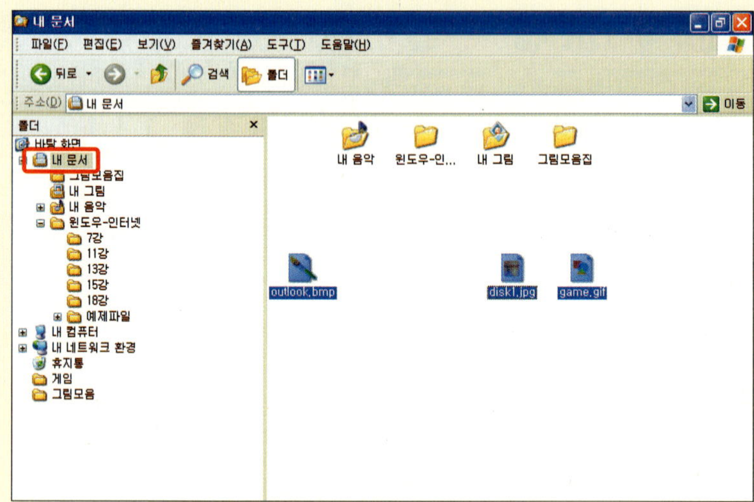

❷ 수리수리 마수리 얏! 마법의 휴지통

01 다시 [그림모음집] 폴더로 이동하면 잘라내기한 3개의 파일이 없어진 것을 볼 수 있습니다. 이번엔 'control', 'graphic' 2개의 파일을 선택하고 마우스 오른쪽 단추를 클릭하여 [삭제]를 선택합니다.

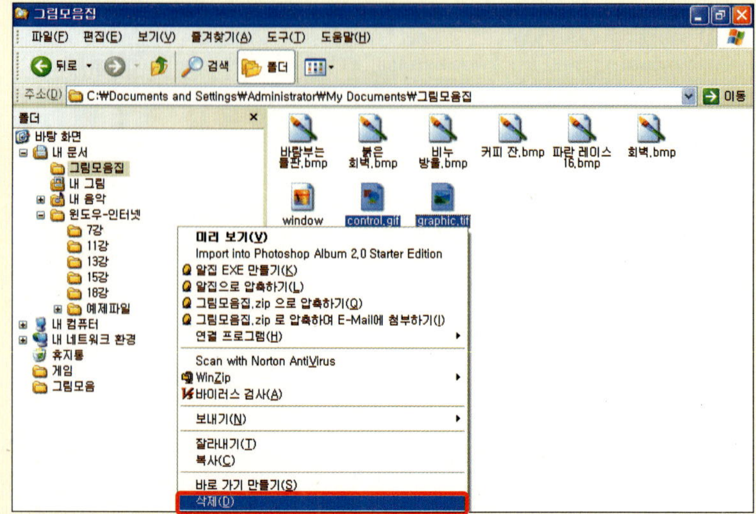

02 [여러 파일 삭제 확인] 창에서 [예]를 클릭하면 [그림모음집] 폴더에 있던 파일이 삭제됩니다.

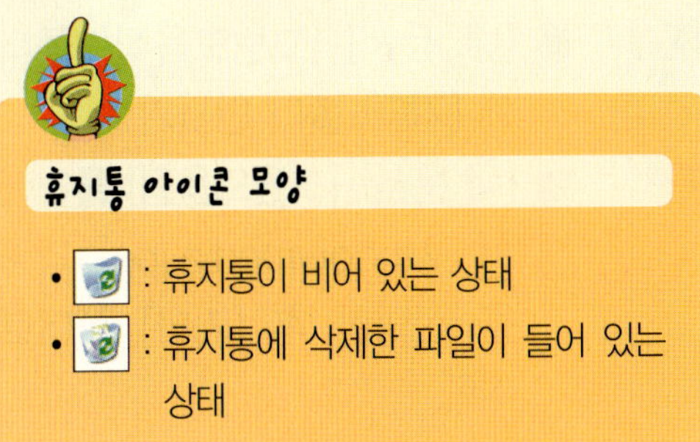

휴지통 아이콘 모양

- : 휴지통이 비어 있는 상태
- : 휴지통에 삭제한 파일이 들어 있는 상태

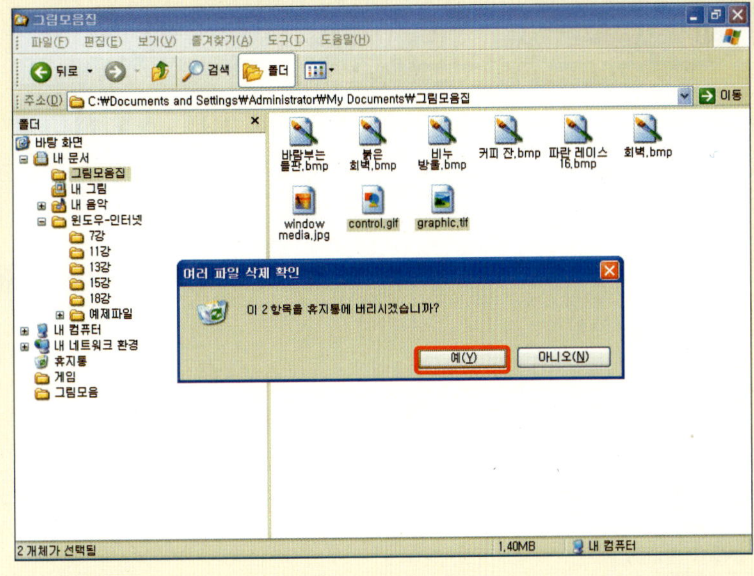

03 [휴지통] 폴더로 이동하면 방금 삭제한 2개의 파일이 있습니다. 'graphic' 파일을 선택한 후 마우스 오른쪽 단추를 클릭하고 [삭제]를 선택합니다.

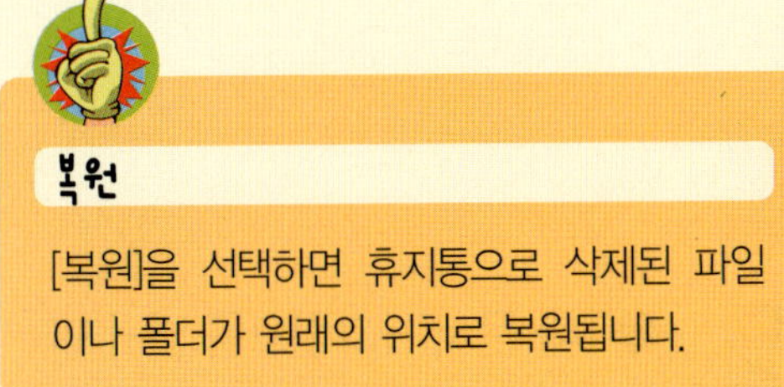

복원

[복원]을 선택하면 휴지통으로 삭제된 파일이나 폴더가 원래의 위치로 복원됩니다.

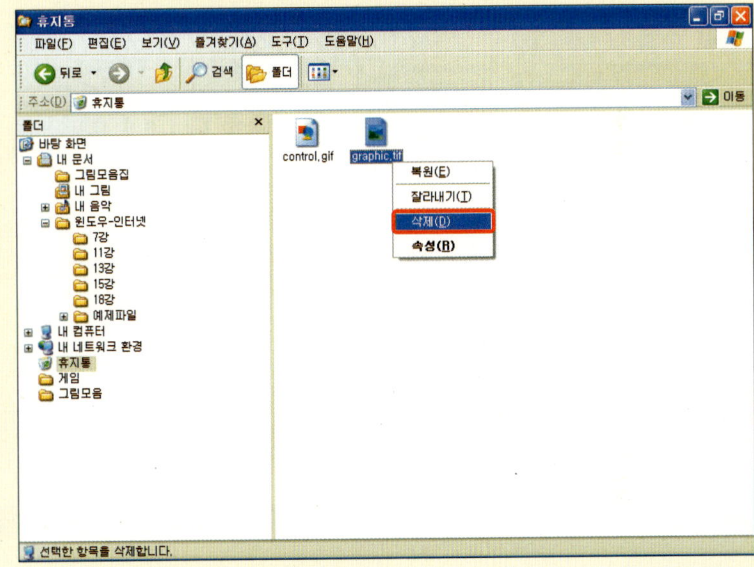

04 [파일 삭제 확인] 창에서 [예]를 클릭하면 파일이 컴퓨터에서 완전히 삭제됩니다.

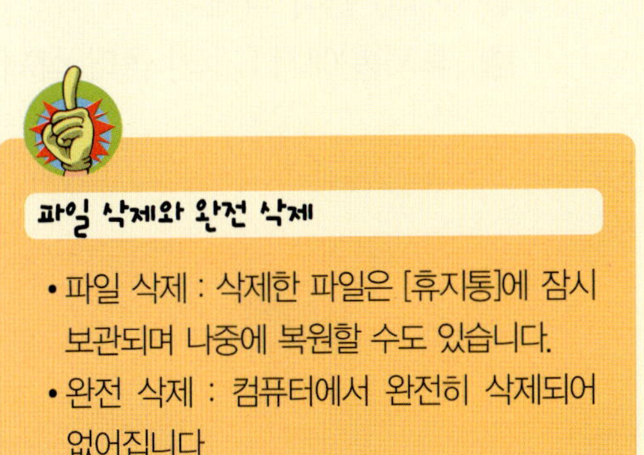

파일 삭제와 완전 삭제

- 파일 삭제 : 삭제한 파일은 [휴지통]에 잠시 보관되며 나중에 복원할 수도 있습니다.
- 완전 삭제 : 컴퓨터에서 완전히 삭제되어 없어집니다.

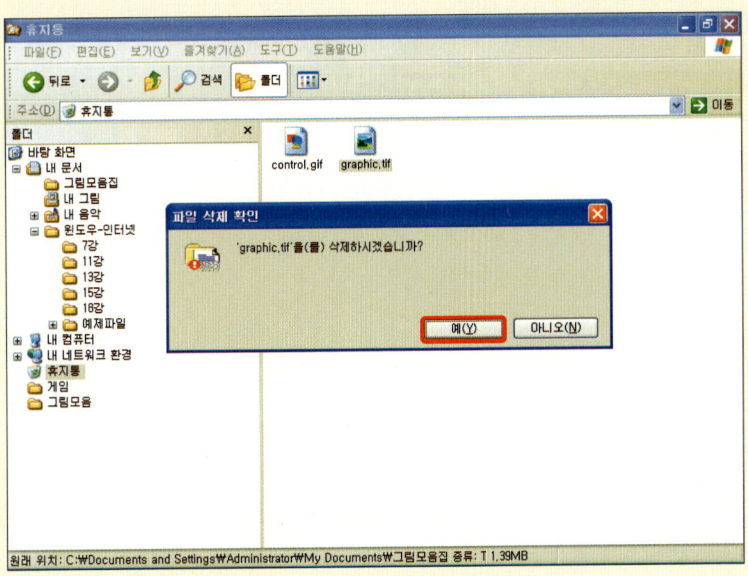

1. 파일의 위치 바꾸기

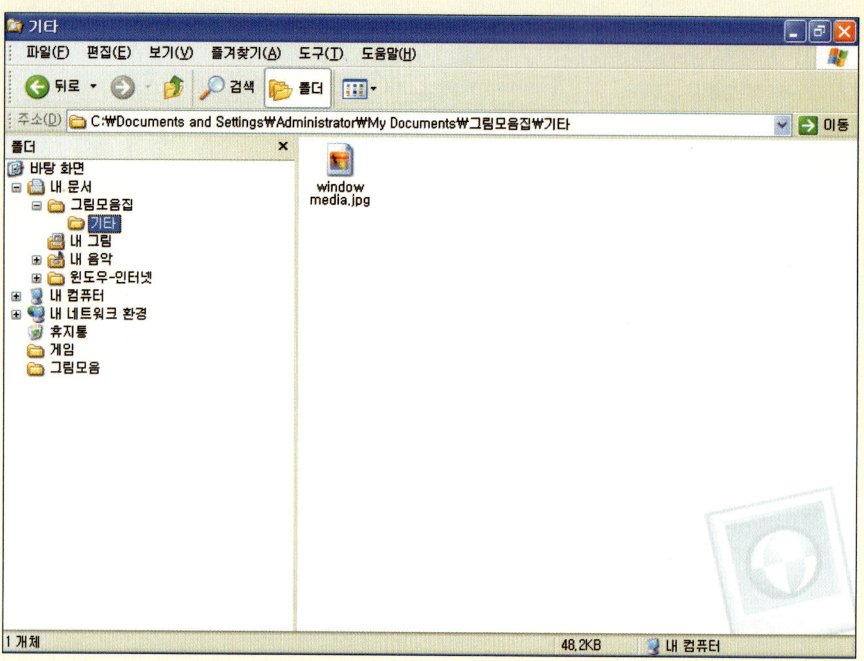

❶ [내 문서]–[그림모음집] 폴더에 [기타] 폴더 만들기

❷ [내 문서]–[그림모음집] 폴더에서 'windowmedia.jpg' 파일을 선택한 후 [기타] 폴더로 이동

2. 폴더 삭제하기

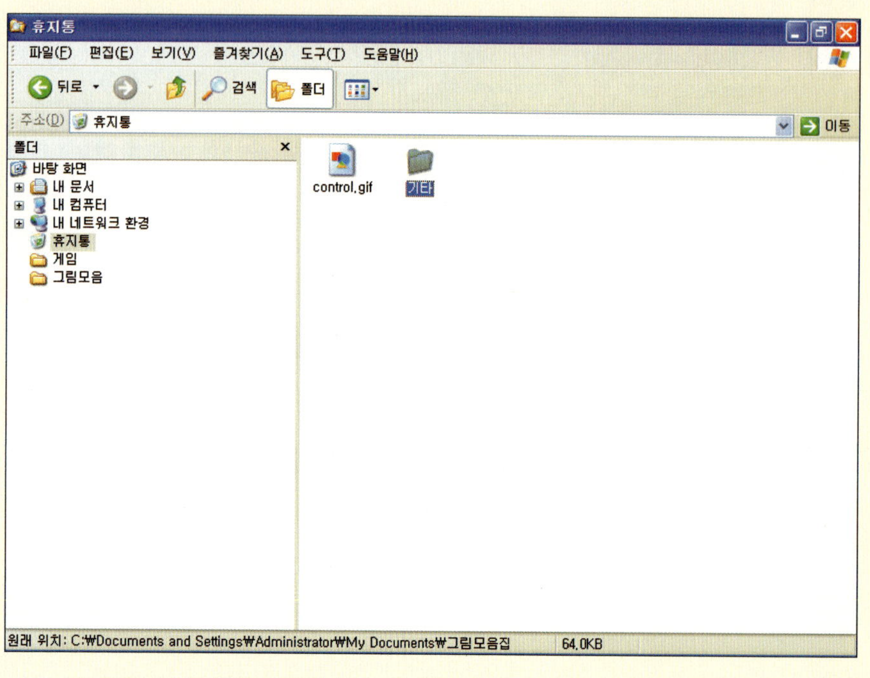

❶ [내 문서]–[그림모음집]–[기타] 폴더 선택

❷ [기타] 폴더에서 'windowmedia.jpg' 파일 삭제

❸ [휴지통]을 열고 'windowmedia.jpg' 파일 복원

❹ [기타] 폴더 삭제

❺ [휴지통]에서 [기타] 폴더 삭제

08 이리 보고, 저리 보고

- ▶ 폴더의 모양을 변경해 보자.
- ▶ 파일 또는 폴더의 보는 방법을 변경해 보자.
- ▶ 파일 또는 폴더의 아이콘을 정렬해 보자.
- ▶ 파일의 보기 형식을 변경해 보자.

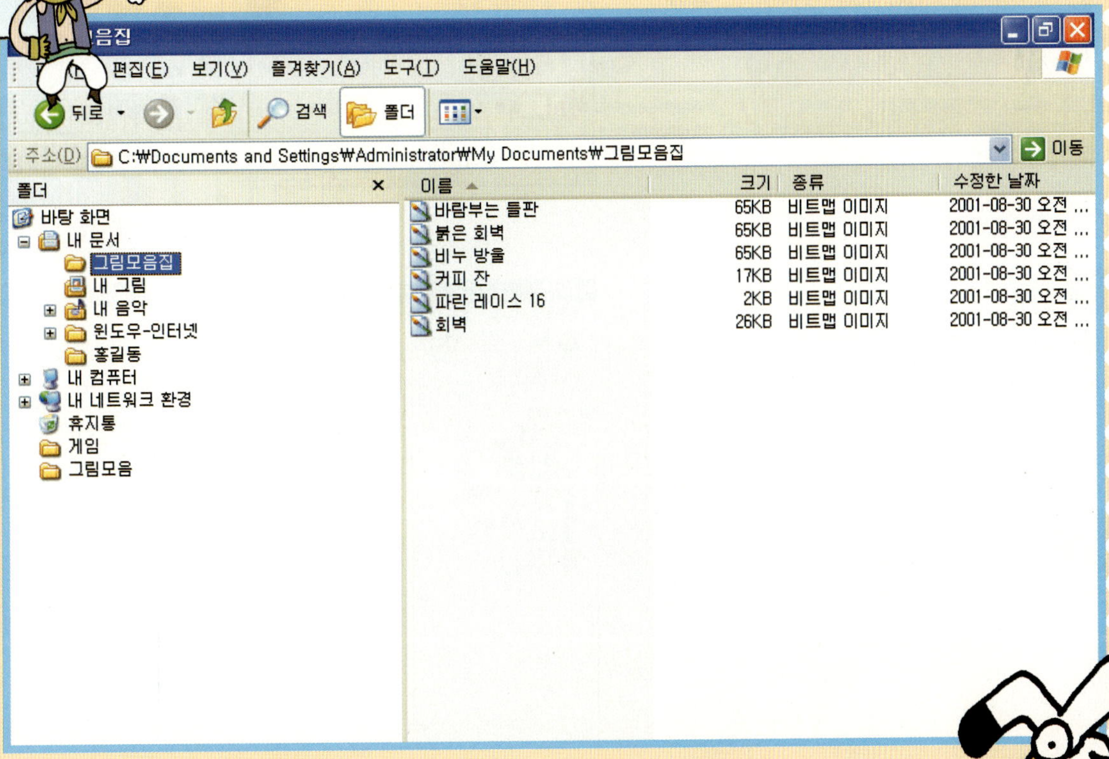

❶ 폴더의 모양을 바꿔 보자

01 [내 문서]-[그림모음집] 폴더에서 마우스 오른쪽 단추를 클릭한 후 바로 가기 메뉴에서 [속성]을 선택합니다.

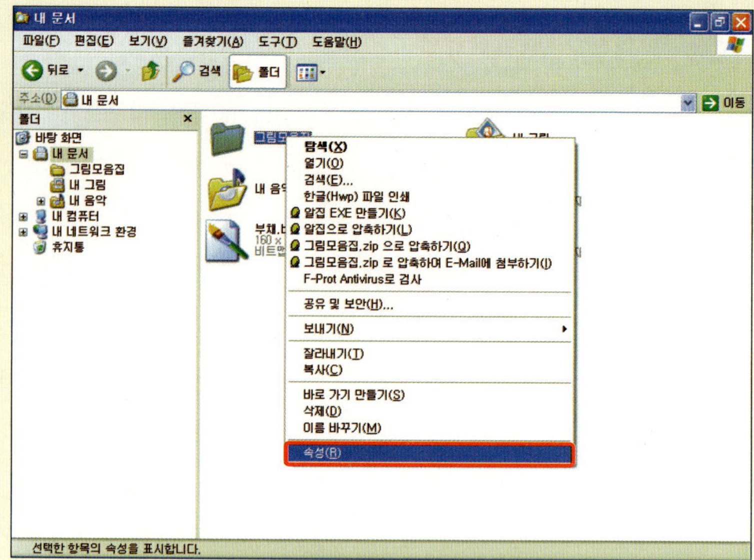

02 [그림모음집 등록 정보] 창이 열리면 [사용자 지정] 탭에서 '아이콘 변경'을 선택하고, [그림모음집 폴더의 아이콘 바꾸기] 창에서 마음에 드는 아이콘을 클릭한 후 [확인]을 클릭합니다. 다시 [그림모음집 등록 정보] 창에서 [확인]을 클릭합니다.

03 [내 문서]-[그림모음집] 폴더의 모양이 예쁘게 바뀐 것을 볼 수 있습니다.

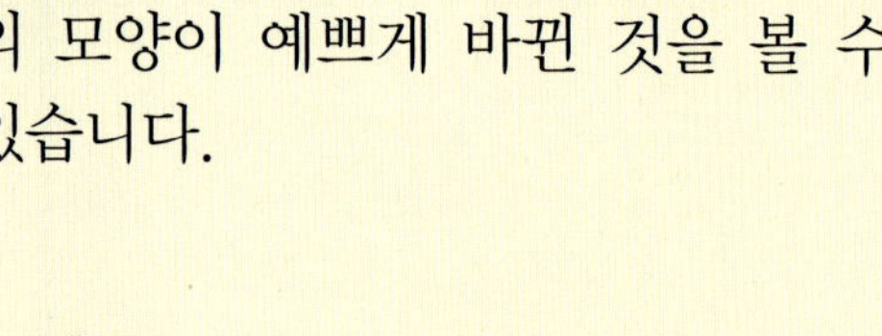

[그림모음집 등록 정보]-[사용자 지정]-[아이콘 변경]-[기본값 복원]을 차례대로 선택하면 폴더의 모양이 원래의 노란색 가방 모양으로 바뀝니다.

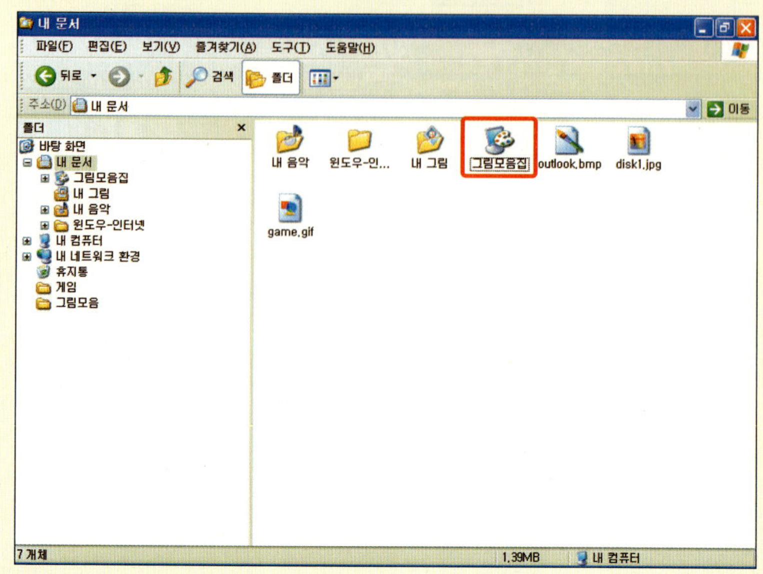

❷ 파일 보는 방법을 바꿔 보자

01 [내 문서]–[그림모음집] 폴더를 열고 [보기]–[미리 보기]를 선택합니다.

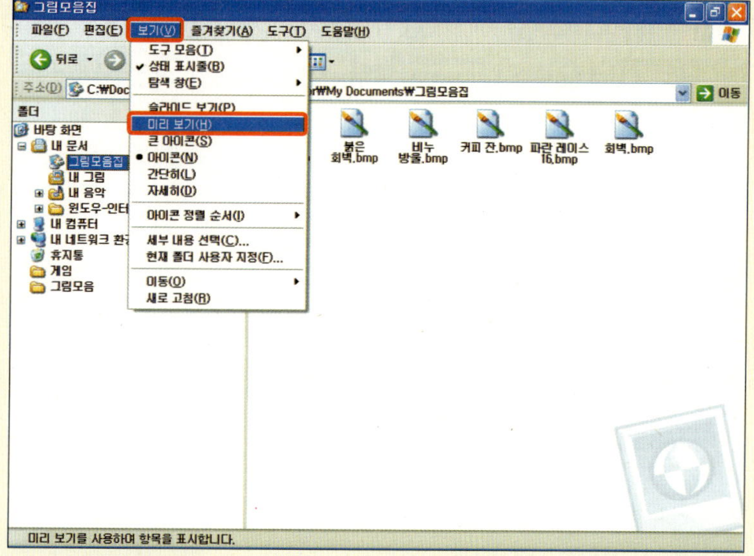

02 [미리 보기] 형식으로 보기 형식을 지정하면 아이콘이 크게 표시되면서 그림 파일의 그림을 미리 볼 수 있습니다. 메뉴 표시줄에서 [보기]–[큰 아이콘]을 클릭하여 보기 형식을 바꿔봅니다.

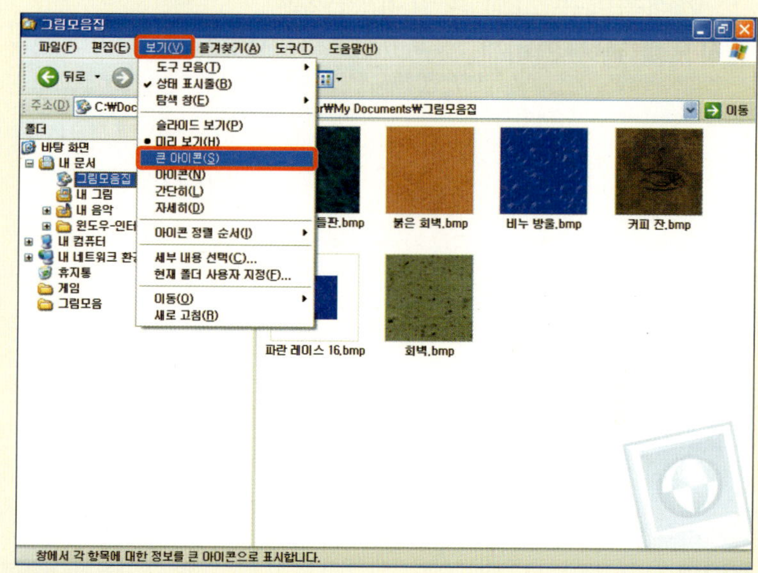

03 [큰 아이콘]의 형식은 아이콘을 크게 나타냅니다. 이번에는 화면의 빈 곳에서 마우스 오른쪽 단추를 클릭하고 [보기]–[자세히]를 선택합니다.

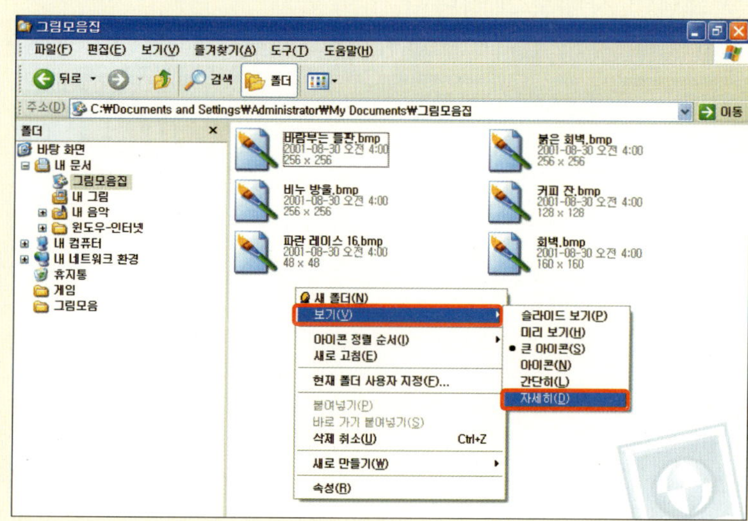

04 파일의 이름과 크기, 수정한 날짜 등이 상세하게 보입니다. 이번에는 마우스 오른쪽 버튼을 클릭하여 [보기]-[슬라이드 보기]를 선택합니다.

[슬라이드 보기] 메뉴가 없는 경우, 바로 가기 메뉴에서 [속성]을 선택한 후 [사용자 지정] 탭의 '다음 폴더 유형을 템플릿으로 사용'에서 '그림(많은 파일에 최적)'을 설정합니다.

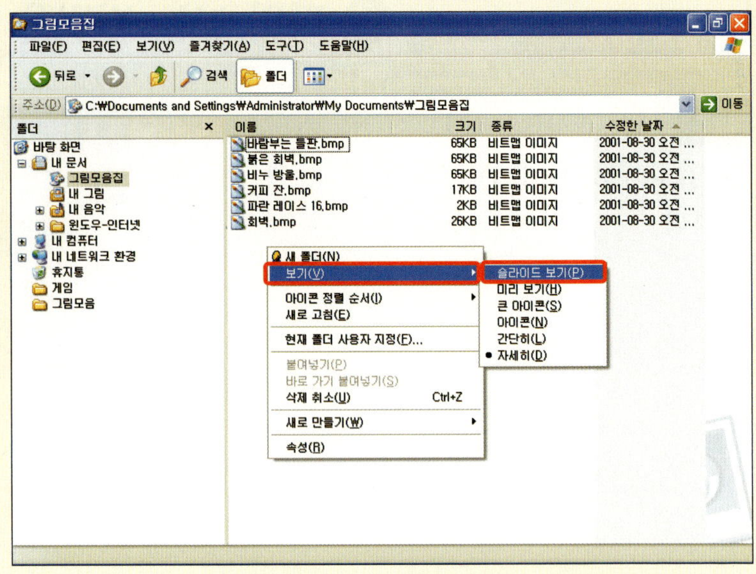

05 화면의 위쪽에 원본이 보이고, 아래쪽에는 그림 파일이 아이콘 형식으로 나열됩니다.

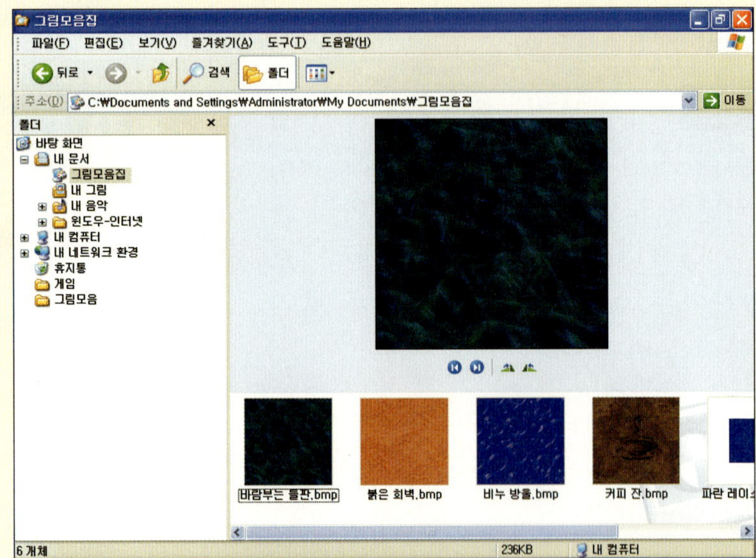

06 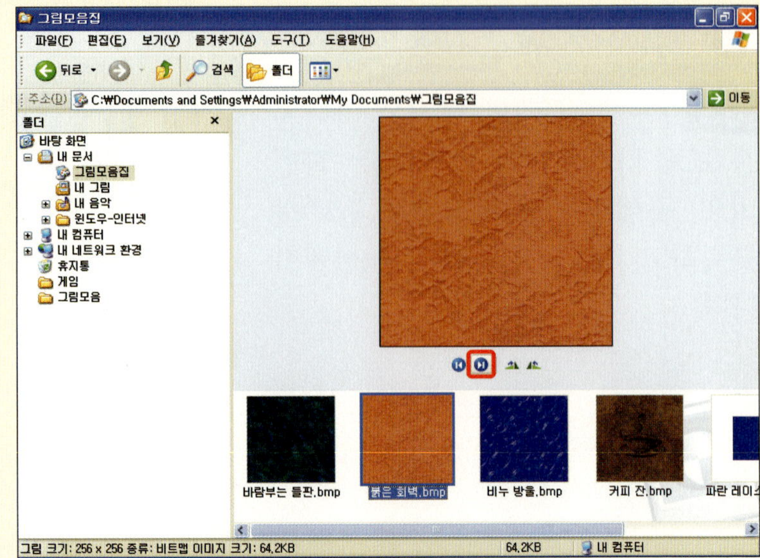 단추를 클릭할 때마다 다음 그림이 차례로 보입니다.

❸ 파일을 정렬해 보자

01 [그림모음집] 폴더의 보기 형식을 [자세히]로 바꾼 후 [보기]-[아이콘 정렬 순서]-[크기]를 차례로 클릭합니다.

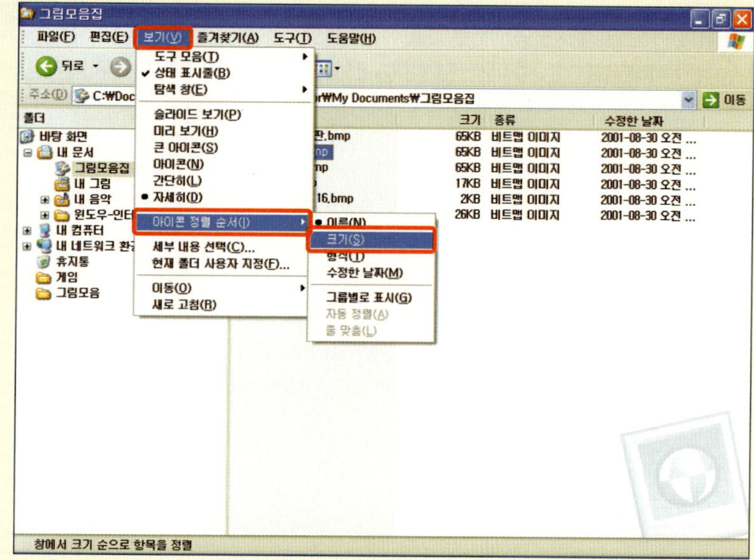

02 파일 창의 파일들이 크기순으로 정렬됩니다. 이번에는 화면의 빈 곳에서 마우스 오른쪽 단추를 클릭하고 [아이콘 정렬 순서]-[이름]을 선택합니다.

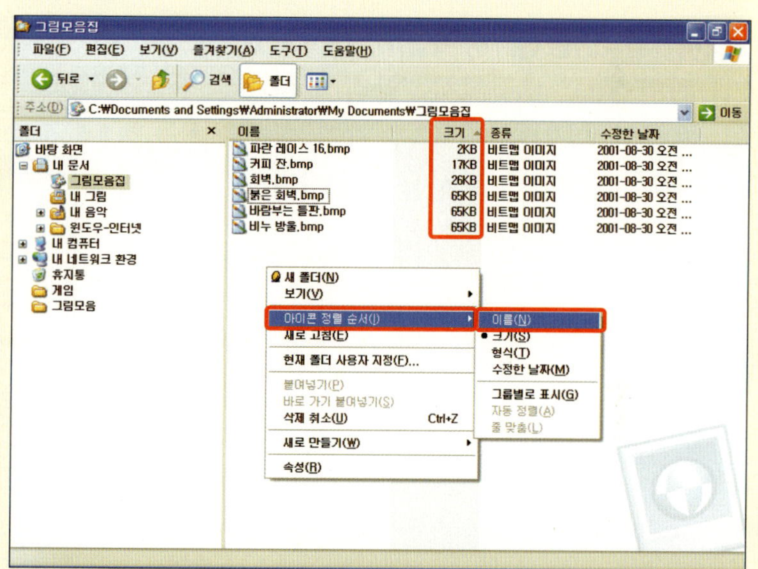

03 파일이 이름순으로 정렬되었습니다.

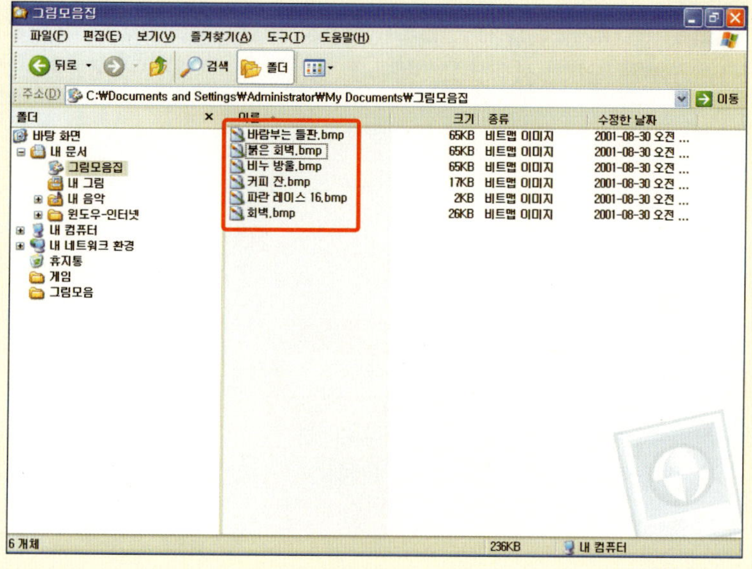

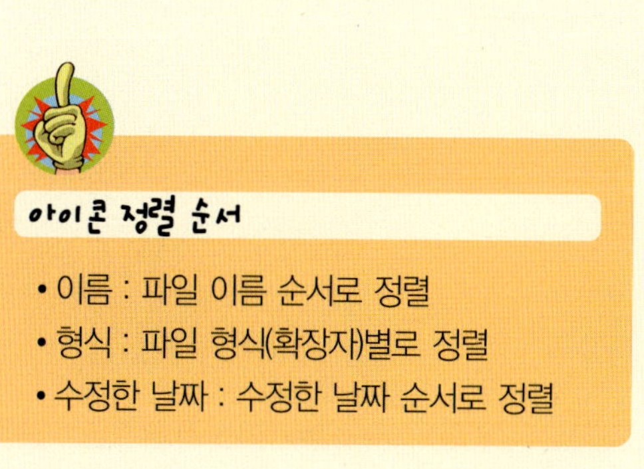

아이콘 정렬 순서

- 이름 : 파일 이름 순서로 정렬
- 형식 : 파일 형식(확장자)별로 정렬
- 수정한 날짜 : 수정한 날짜 순서로 정렬

01 파일의 확장자를 보기 위해서 [도구]–[폴더 옵션]을 선택합니다.

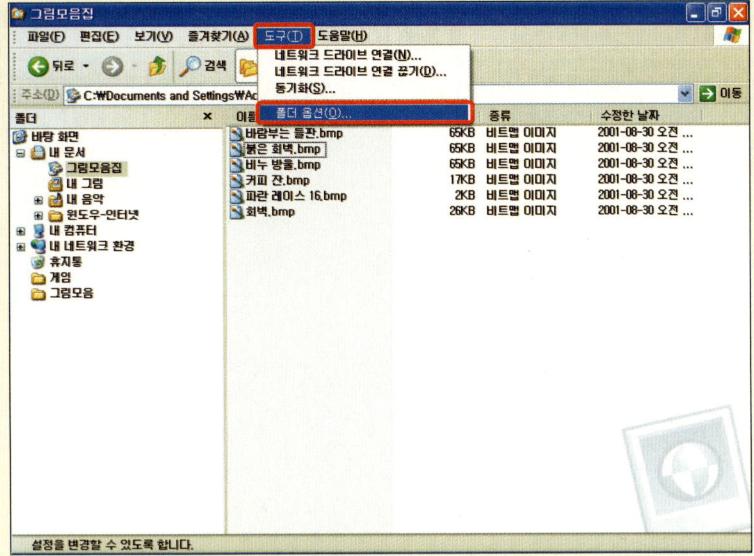

02 [폴더 옵션] 창이 열리면 [보기] 탭의 고급 설정에서 '알려진 파일 형식의 파일 확장명 숨기기'를 클릭하여 체크(✓) 표시를 하고 [확인]을 클릭합니다.

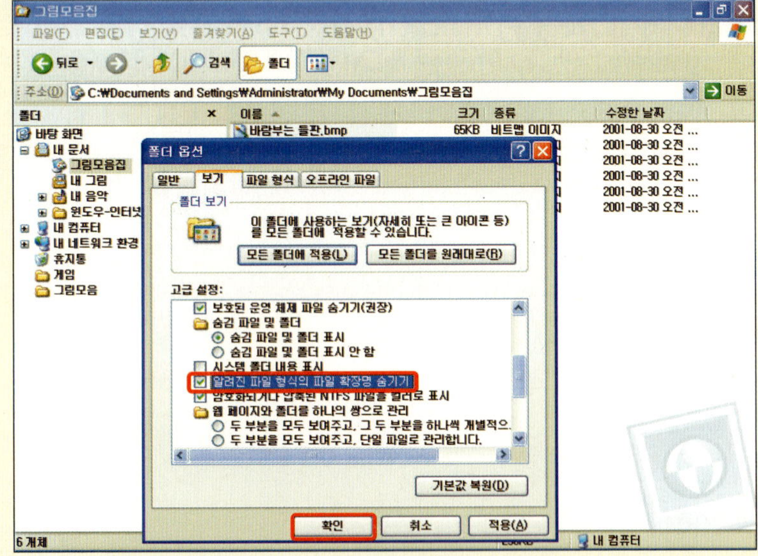

03 파일의 이름 뒤에 확장명(.bmp)이 없어진 것을 볼 수 있습니다.

확장명

파일의 작성 형식으로 그래픽 파일에는 bmp, jpg, gif 등이 있고 문서 파일에는 hwp, doc, txt 등이 있습니다.

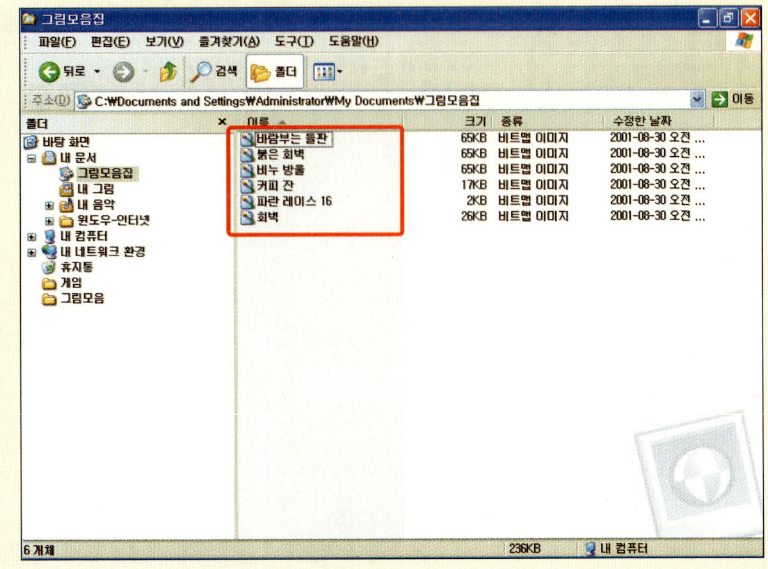

혼자 수련하기

1. 파일의 보기 형식 바꾸기

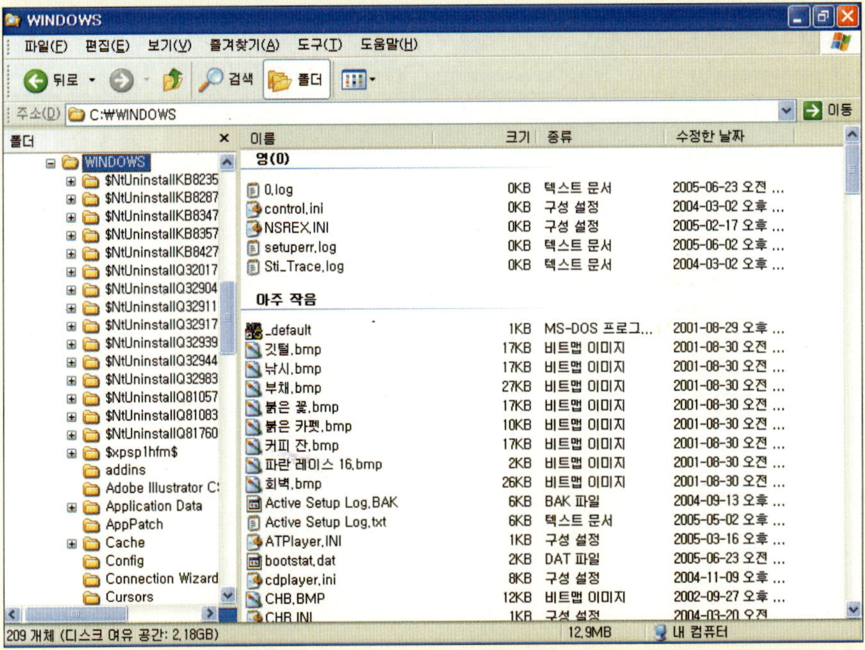

❶ [내 컴퓨터]–[로컬 디스크(C:)] –[WINDOWS] 폴더로 이동
❷ [보기]–[아이콘]을 클릭
❸ [보기]–[아이콘 정렬 순서]– [그룹별로 표시]를 클릭
❹ [보기]–[자세히]를 클릭
❺ [도구]–[폴더 옵션]에서 확장 명 보이게 하기

2. 파일 정렬하기

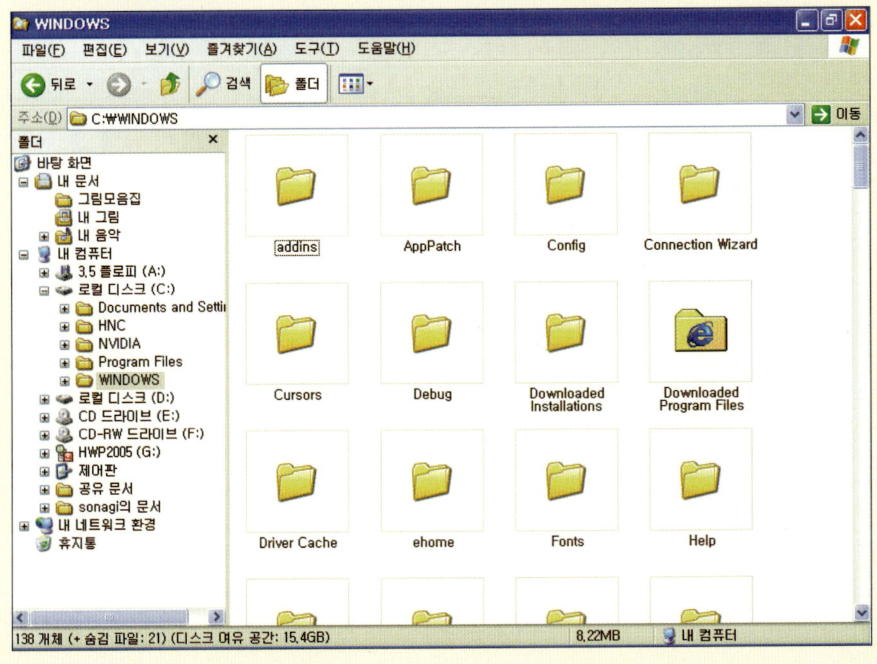

❶ [내 컴퓨터]–[로컬 디스크(C:)] –[WINDOWS] 폴더로 이동
❷ [보기]–[미리 보기]를 클릭
❸ [보기]–[아이콘 정렬 순서]– [이름]을 클릭
❹ [보기]–[아이콘 정렬 순서]– [크기]를 클릭

내공 평가하기

(1) 바탕 화면과 시작 메뉴를 그림과 같이 변경해 봅시다.

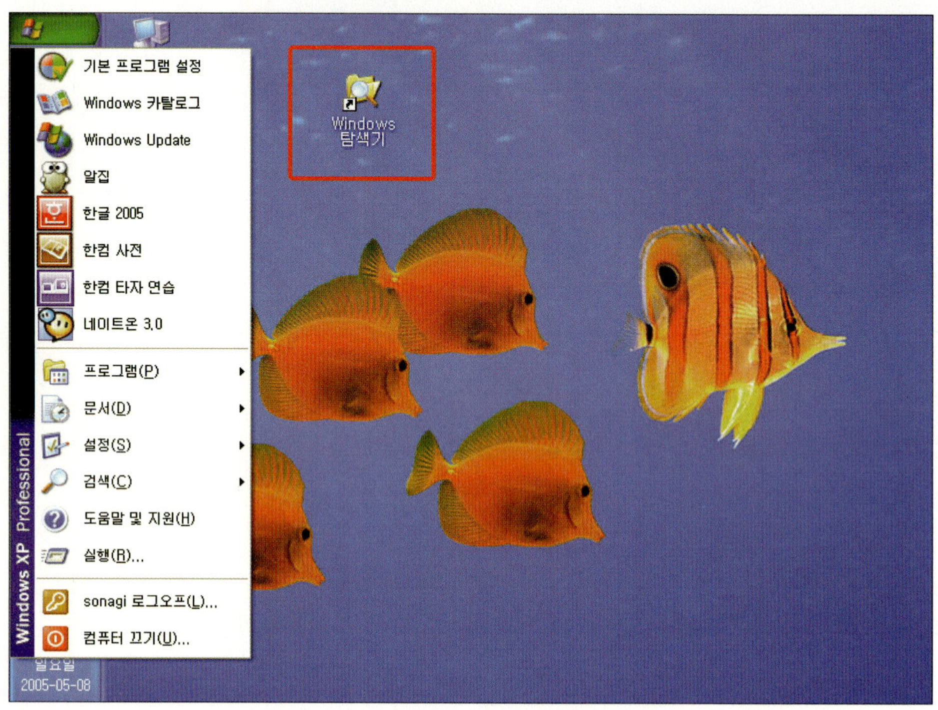

❶ [보조프로그램]의 [Windows 탐색기]를 바로 가기 아이콘으로 바탕 화면에 만들기

❷ 바탕 화면의 배경을 '물고기'로 변경

❸ 작업 표시줄을 화면 왼쪽으로 옮기기('작업 표시줄 잠금' 해제)

❹ 작업 표시줄의 크기 변경

❺ 윈도우 테마를 'Windows 고전'으로 변경

❻ 해상도 변경

❼ ❷~❻까지의 작업을 원래의 상태로 되돌리기

 획득 아이템

 풀이 시간 ① 분 / ② 분

② 새로운 폴더를 만들고, 새 폴더 안에 그림 파일을 복사하여 그림과 같이 나타내 봅시다.

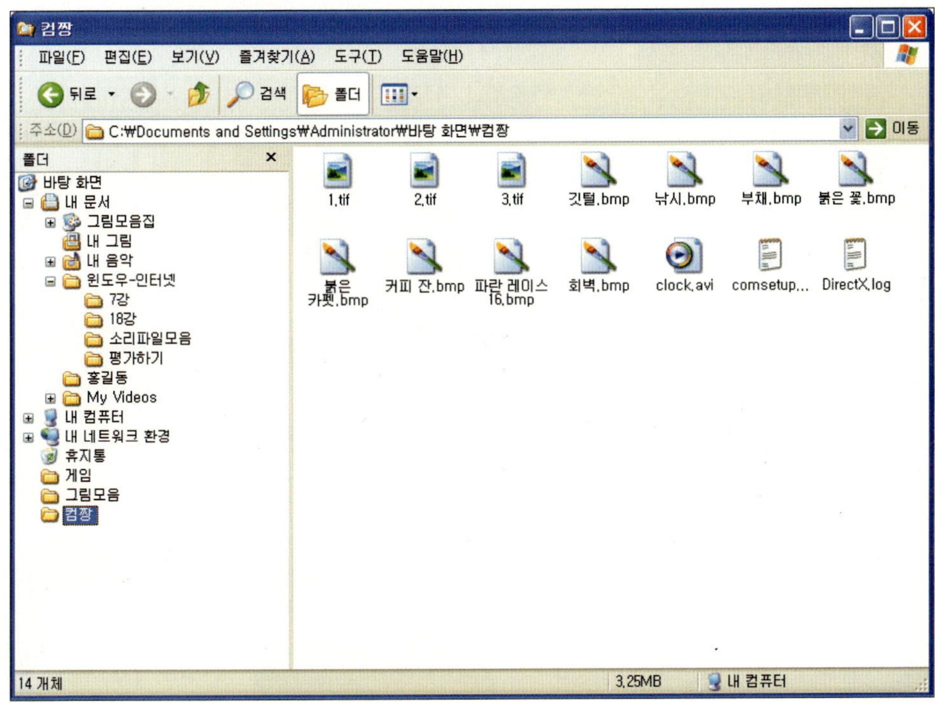

❶ 바탕 화면에 [컴짱] 폴더 만들기
❷ [Windows 탐색기] 실행
❸ [내 문서]–[윈도우–인터넷]–[평가하기] 폴더 열기
❹ [보기]–[아이콘 정렬 순서]–[형식] 메뉴를 차례로 선택하여 파일을 '형식별'로 나타
  내기
❺ [평가하기] 폴더에서 모든 파일을 [컴짱] 폴더로 복사
❻ '깃털.bmp'와 '파란레이스16.bmp' 파일 삭제
❼ [휴지통]에서 '깃털.bmp' 파일 삭제
❽ [휴지통]에서 '파란레이스16.bmp' 파일 복원

원도우XP 호의 일등선원 컴짱

그런 간단한 말도 못 전하다니...
자, 이거 가지고 가서 항해사에게
인터넷과 윈도우 보조프로그램에 대해
더 배우거라.
싫은데...
항해사님 방은 햇빛이
너무 따갑단 말이에요!
크흣!
흐이그~
이유도
가지가지다.
좋다, 그럼 모두 마스터하면
햇빛을 가릴 수 있는 윈도우 XP호
정식 선원
모자를 주마!
어떠냐?
XP
와우~ 와우~
진짜 열심히
공부할게요!
푸흡~
이러다가 나 XP호
선장되는 거 아닌지
몰라~
히히~
?
?
?
푸흐흐흐
우하하
뭐라고!
컴짱 이녀석!!

캐릭터 소개집을 만들래요

- ▶ 인터넷에서 글을 복사해 보자.
- ▶ 특수 문자를 입력해 보자.
- ▶ 메모장에서 인쇄해 보자.

제목 없음 - 메모장

파일(F) 편집(E) 서식(O) 보기(V) 도움말(H)

★ 둘리캐릭터 소개

♠ 둘리
외계인들이 전해준 초능력 덕에 1억년이 지난 대한민국 서울
고길동의 집에서 기거하게 된 아기공룡 둘리.
먹을 거 좋아하고 놀기 좋아하고 매일매일 말썽이 끊이지 않는 둘리.

◆ 희동이
기저귀에 턱받이,입엔 항상 젖쭉지를 물고 다니는 일명 '쌍문동 공포의 젖쭉지',
부모님이 영국으로 유학간 관계로 고모집에 거주하게 된 길동이 아저씨의 조카.

♥ 도우너
온따빠야별로 우주비행하던 중 지구별에 불시착한
깐따삐야 별의 잘생긴 외계인.

♣ 또치
라스베가스 서커스단에서 탈출, 표기에 재능이 많은 아프리카 출신 자칭 귀부인 타조,
언젠가 고향 아프리카로 돌아가 우아하게 사는 것이 꿈이다.

◈ 마이콜
장래의 꿈은 스타, 지금은 백수 건달,
한 때 랩퍼나, 개그맨으로 꿈을 바꿔보려했으나
친구들이 호응을 안해주어 그냥 가수가 되기로한다.

◐ 길동이 아저씨
만년과장이지만 둘리가 데려온 대식구를 뭉땅 떠 맡아 먹여 살리는 어쩌면 대단한 능력의 소유자이
다.

❶ 인터넷에 있는 정보 가져오기

01 [시작]-[인터넷]을 선택하여 인터넷을 실행한 다음 주소 표시줄에 "http://www.doolynara.co.kr"을 입력하고 Enter 를 누릅니다.

02 둘리나라 사이트(http://www.doolynara.com)에 접속되면 [작품정보]-[2009년 아기공룡 둘리]를 선택합니다.

03 화면 왼쪽의 스크롤 막대를 아래로 내리면 아기공룡 둘리에 나오는 등장인물의 소개를 볼 수 있습니다.

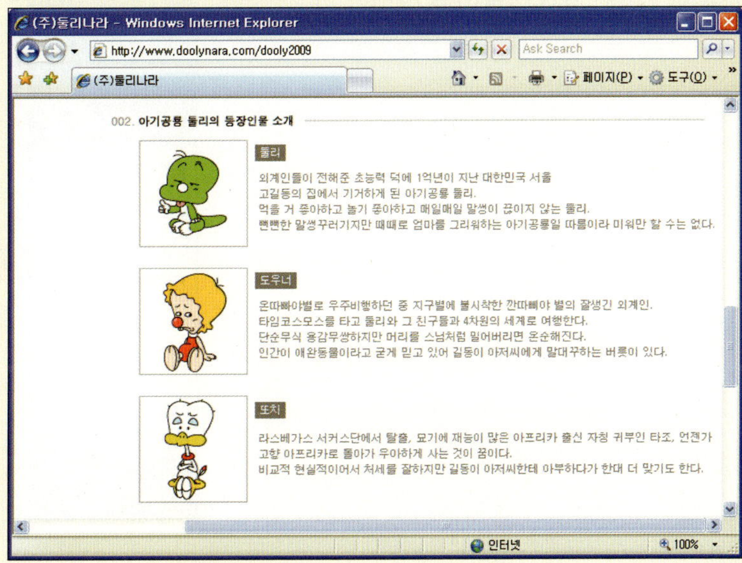

04 각 캐릭터의 그림과 설명이 함께 보여집니다. 캐릭터의 이름과 설명을 메모장으로 가져오기 위해 해당 부분만 마우스로 드래그합니다.

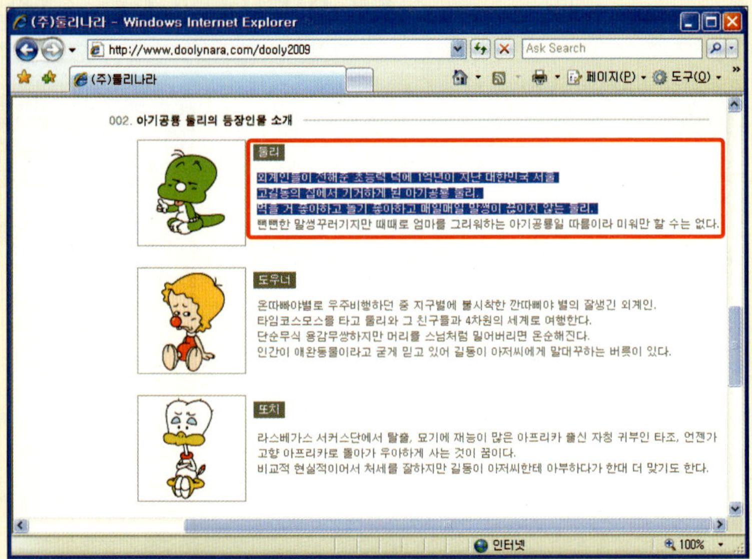

05 드래그한 부분이 범위로 지정되어 파랗게 변합니다. 마우스 오른쪽 단추를 클릭하여 [복사]를 선택합니다.

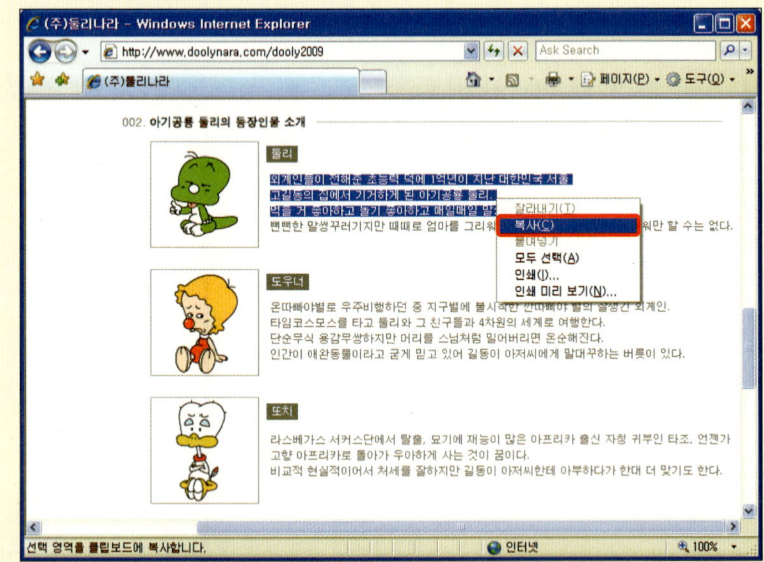

06 [메모장]을 실행합니다.

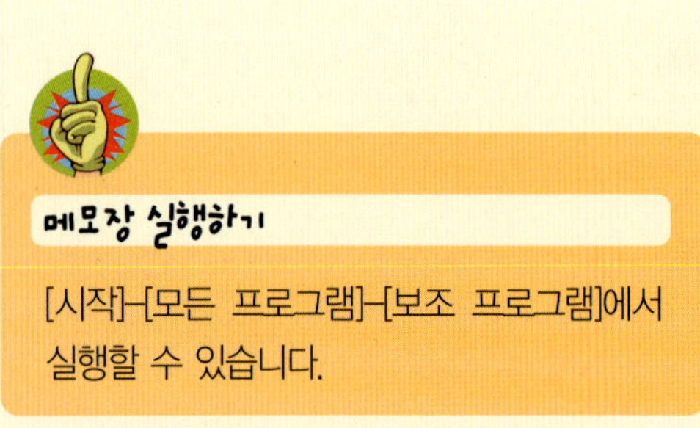

[시작]-[모든 프로그램]-[보조 프로그램]에서 실행할 수 있습니다.

07 메모장에 '카트라이더 캐릭터 소개'라고 입력한 후 Enter를 누릅니다. 그리고 마우스 오른쪽 단추를 클릭하여 [붙여넣기]를 선택합니다.

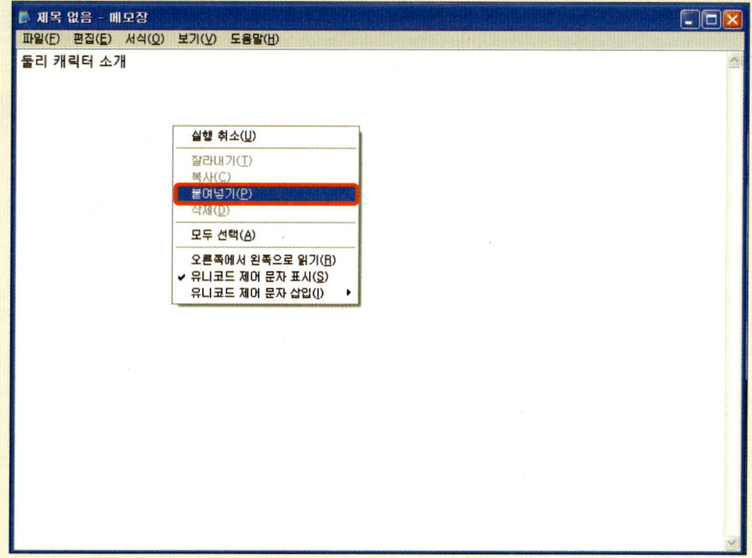

08 방금 인터넷에서 복사한 '둘리'에 대한 설명이 붙여넣어졌습니다.

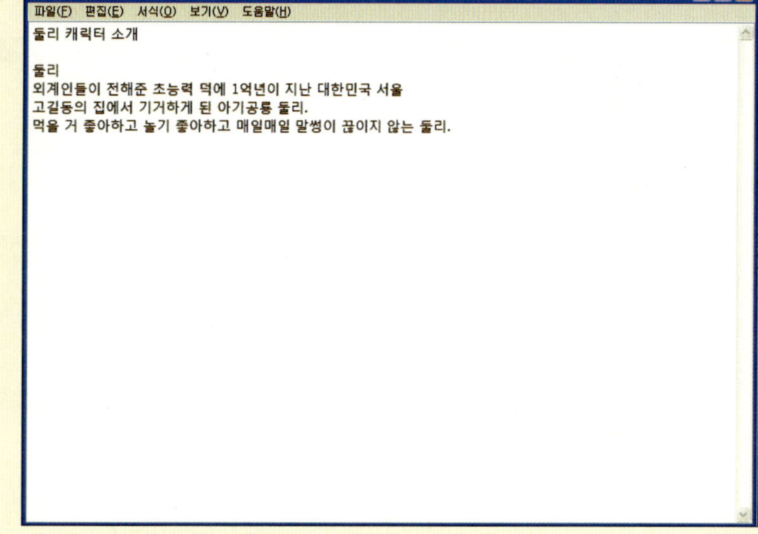

자동 줄 바꿈

메모장에 붙여넣기한 내용이 긴 경우 [서식]-[자동 줄 바꿈]을 선택합니다.

09 같은 방법으로 다른 캐릭터에 대한 설명도 복사하여 메모장에 붙여넣습니다.

창 바꾸기

작업 표시줄에는 현재 열린 창이 단추 형태로 나타나 있어 쉽게 창을 바꿀 수 있습니다. 인터넷 단추를 누르면 인터넷 창으로, 메모장 단추를 누르면 메모장 창으로 화면이 바뀝니다.

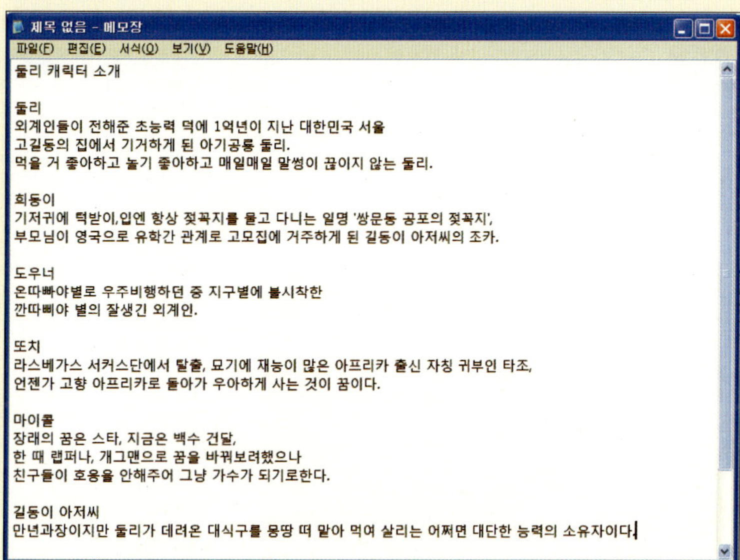

❷ 키보드에 없는 문자를 넣어 볼까?

01 메모장의 첫 번째 줄('둘리 캐릭터 소개')의 제일 앞에 커서를 두고 한글 "ㅁ"을 입력한 후 [한자]를 누릅니다. 화면의 오른쪽 아래에 특수 문자 목록이 나타나면 '8★'을 클릭합니다.

특수 문자 입력

특수 문자 앞의 숫자를 눌러도 입력됩니다.

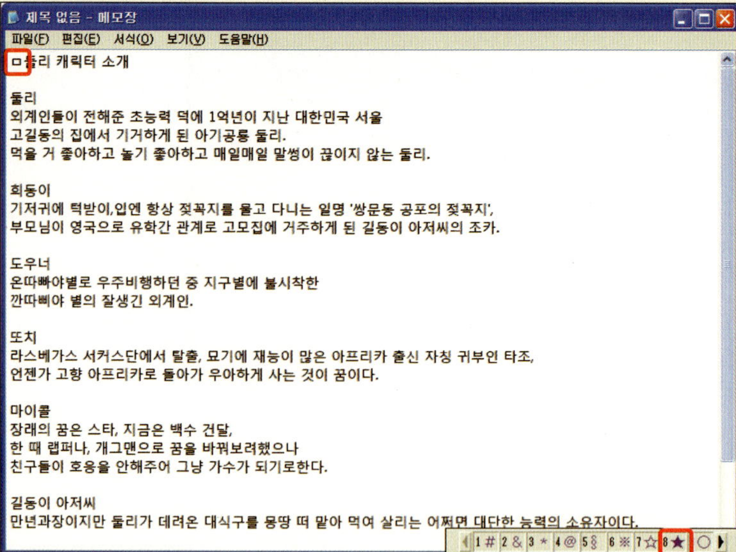

02 한글 'ㅁ'이 있던 자리에 선택한 '★' 모양이 대신 입력됩니다.

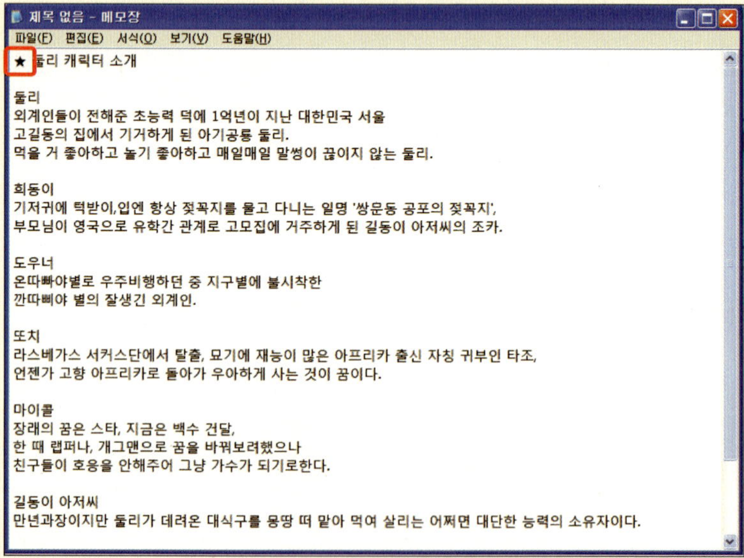

03 같은 방법으로 캐릭터 이름의 앞과 뒤에 각각 다른 특수 문자를 넣어 꾸며봅니다.

한글 자음과 특수 문자

한글 자음을 입력한 후 [한자]를 누르면 각 자음에 할당된 특수 문자들이 표시됩니다. ♠, ♦, ♥, ♣, ◆, ◑는 "ㅁ"을 입력한 후 [한자]를 누르고 특수 문자 목록 오른쪽의 ▶ 단추를 클릭하면 찾을 수 있습니다.

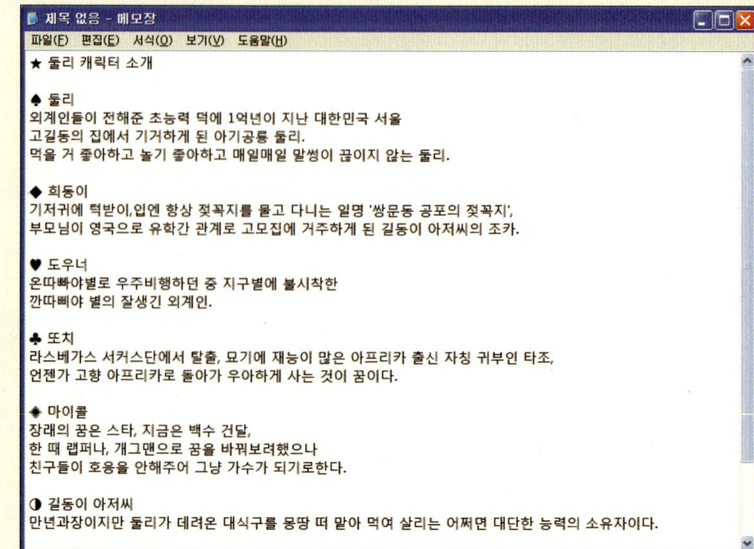

❸ 글꼴을 바꾸어 보자

01 [서식]-[글꼴]을 차례로 선택합니다.

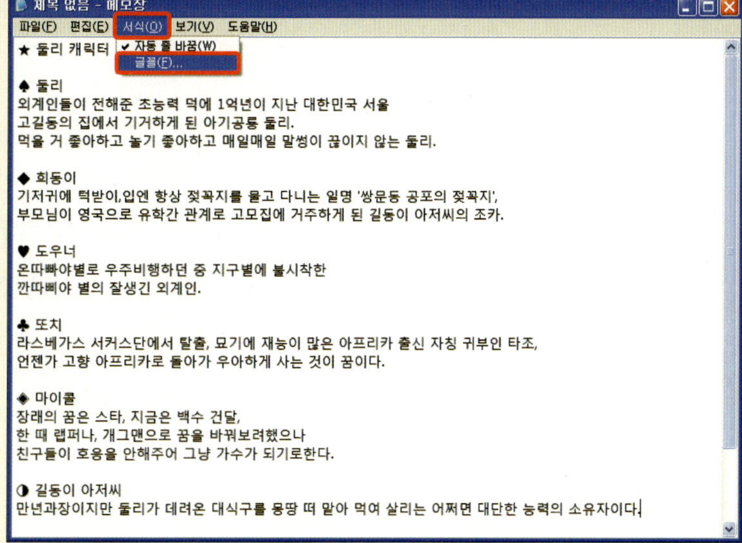

02 [글꼴] 대화 상자에서 글꼴은 '궁서', 글꼴 스타일은 '굵게', 크기는 '12'로 각각 선택한 후 [확인]을 클릭합니다.

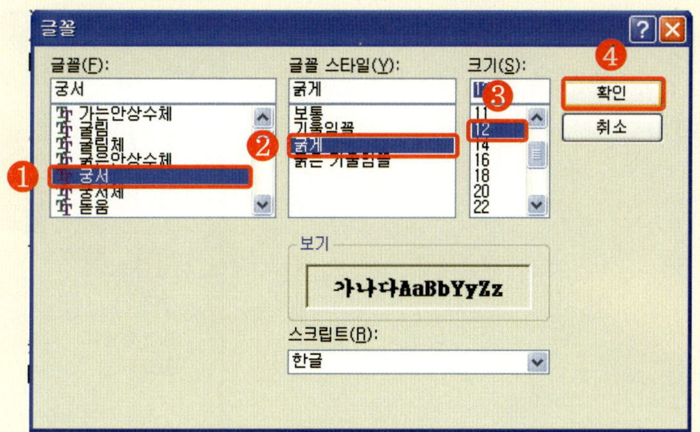

03 메모장에 입력한 내용들이 선택한 글꼴과 스타일로 바뀌었습니다.

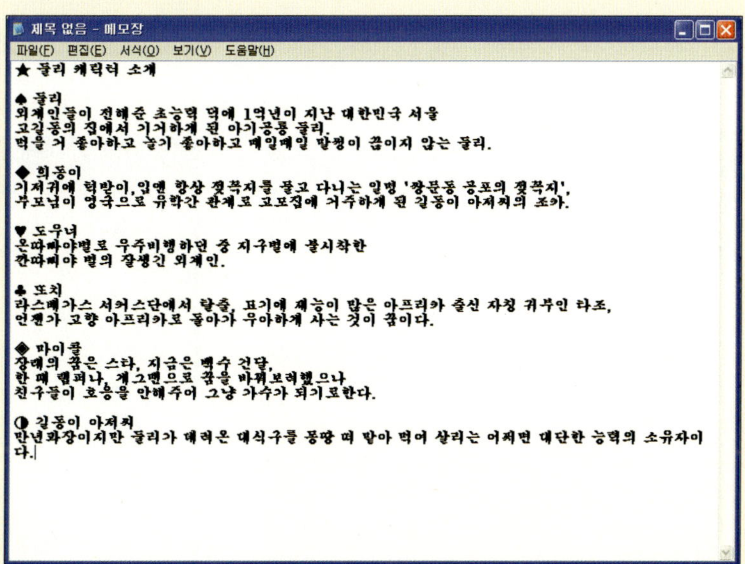

01 [파일]-[인쇄]를 차례로 선택합니다.

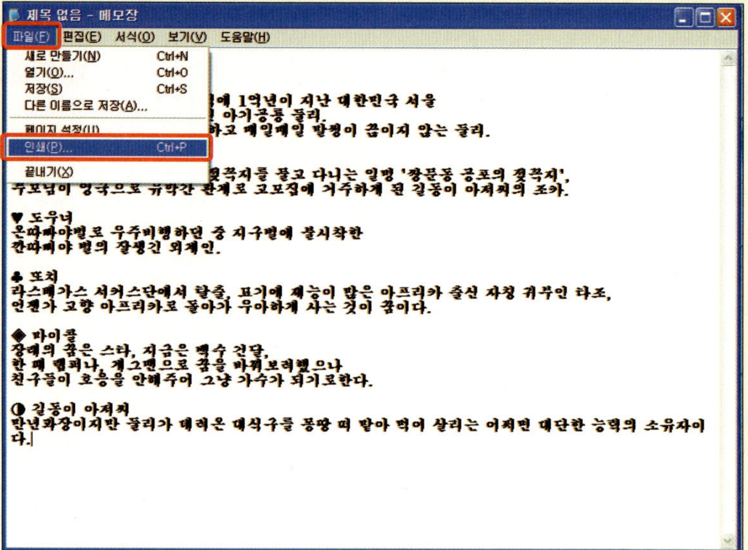

02 [인쇄] 대화 상자가 나타나면, 여러 가지 옵션을 확인하고 [인쇄]를 클릭하여 인쇄합니다.

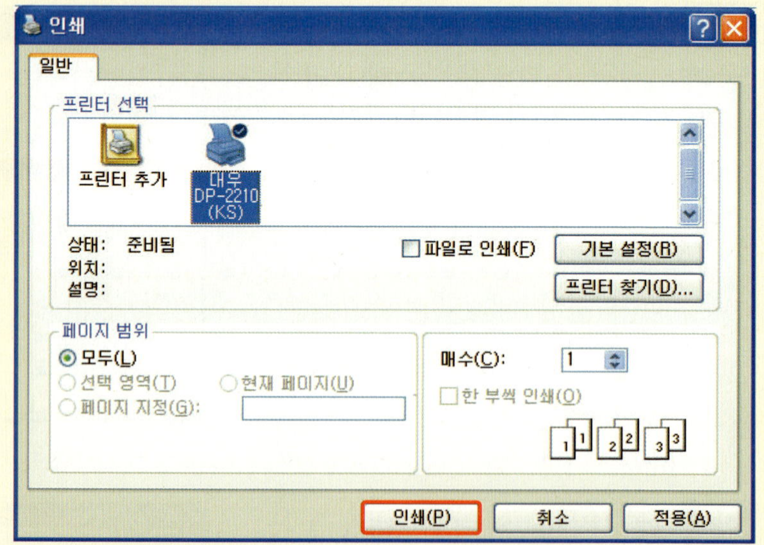

03 메모장의 [파일]-[저장]을 선택하고 파일 이름을 "캐릭터소개"로 입력하여 저장합니다.

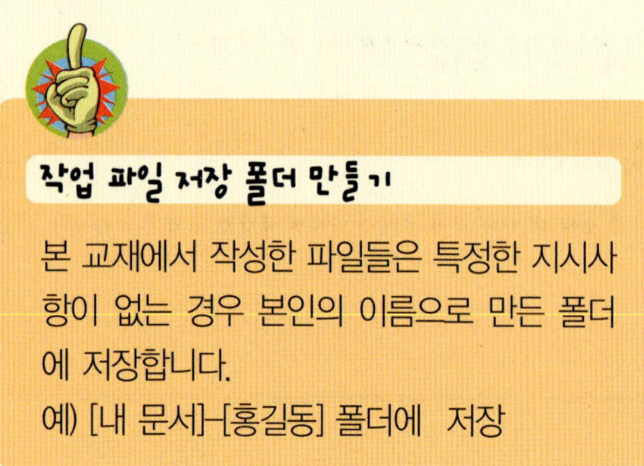

작업 파일 저장 폴더 만들기

본 교재에서 작성한 파일들은 특정한 지시사항이 없는 경우 본인의 이름으로 만든 폴더에 저장합니다.
예) [내 문서]-[홍길동] 폴더에 저장

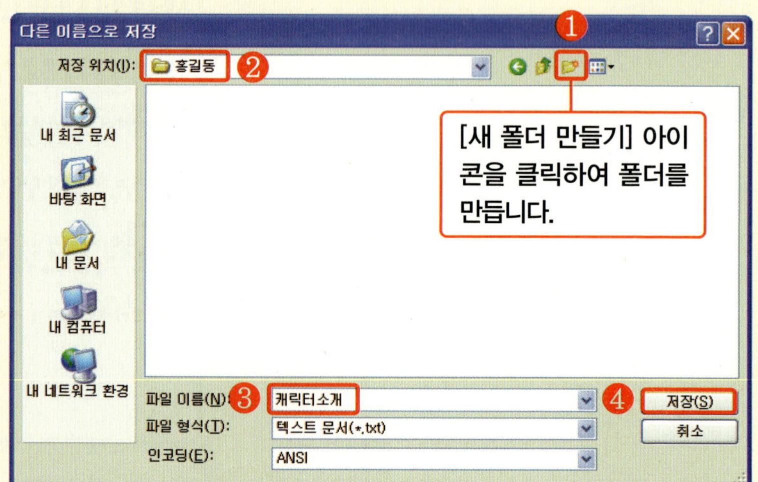

1. 철도공사 소개하기

◆ 철도공사에서 하는 일 ◆

철도공사는 1년 365일 단 하루도 쉬는 날 없이 밤낮을 가리지 않고 기차를 운행하여 여러분이 빠르면서도 안전하고 즐겁게 기차여행을 할 수 있도록 하고 있으며, 우리가 생활하는 데 필요한 거의 모든 물건들을 화물 기차에 싣고 빠르게 수송하여 우리나라의 경제 발전에도 큰 몫을 담당하고 있습니다.
앞으로 철도공사는 고속철도를 성공적으로 운행하여 미래 철도의 고객이자 '21세기 철의 실크로드'의 주인공이 될 어린이 여러분의 꿈이 꼭 실현되도록 할 것입니다.

1. 키즈코레일사이트(http://kids.korail.go.kr/)에 접속하여 [코레일 소개]-[코레일에서 하는 일]을 클릭
2. 해당 아이템의 설명 부분을 복사하여 메모장에 붙여넣기
3. 한글 자음 'ㅁ'을 입력하고 `한자`를 눌러 특수 문자 삽입하기
4. [서식]-[글꼴]에서 '휴먼매직체', '기울임꼴', 글꼴 크기는 '22pt'로 지정
5. [파일]-[저장]을 선택하여 '아이템소개'로 저장

2. 전세계 유명 여행지

◐ 전세계 유명 여행지 ◑

1위 미국 그랜드캐니온	★★★★★★★
2위 호주 그레이트배리어리프	★★★★★★
3위 미국 디즈니월드	★★★★★
4위 뉴질랜드 남섬	★★★★
5위 남아공 케이프타운	★★★
6위 인도 암리차르 황금사원	★★
7위 미국 라스베가스	★

1. 한글 자음 'ㅁ'을 입력하고 `한자`를 누른 후 특수 문자 삽입
2. [서식]-[글꼴]에서 '궁서체', '보통', '20pt'로 지정
3. [파일]-[저장]을 선택하여 '전화번호'로 저장

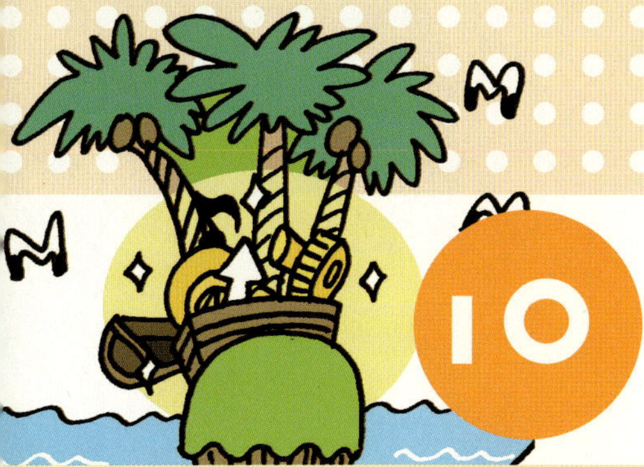

10 세상에 하나뿐인 나만의 카드

- 인터넷에서 그림을 복사해 보자.
- 워드패드에서 글의 서식을 변경해 보자.

인터넷에 있는 그림을 워드패드로 가져와서
카드를 만들어 볼까?
세상에서 하나밖에 없는 나만의 카드를 만들어 봐요.

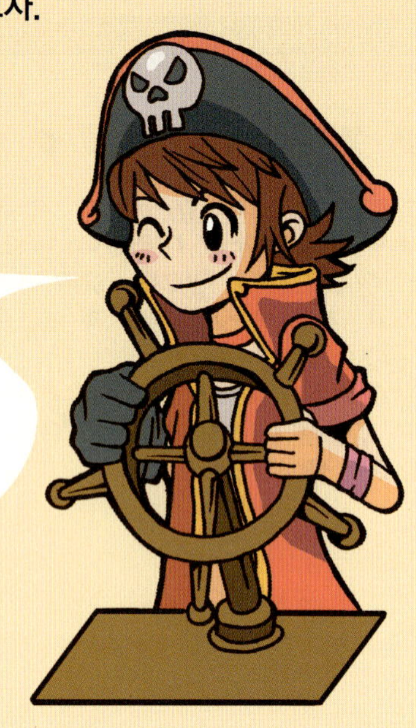

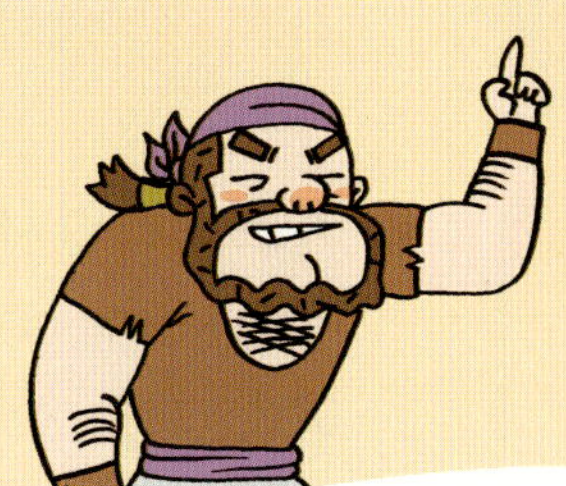

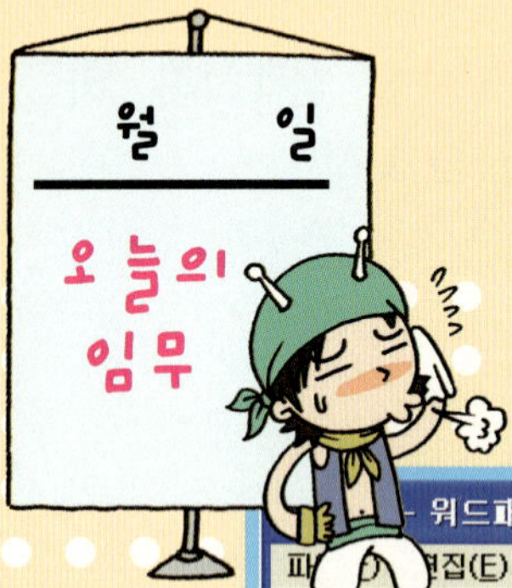

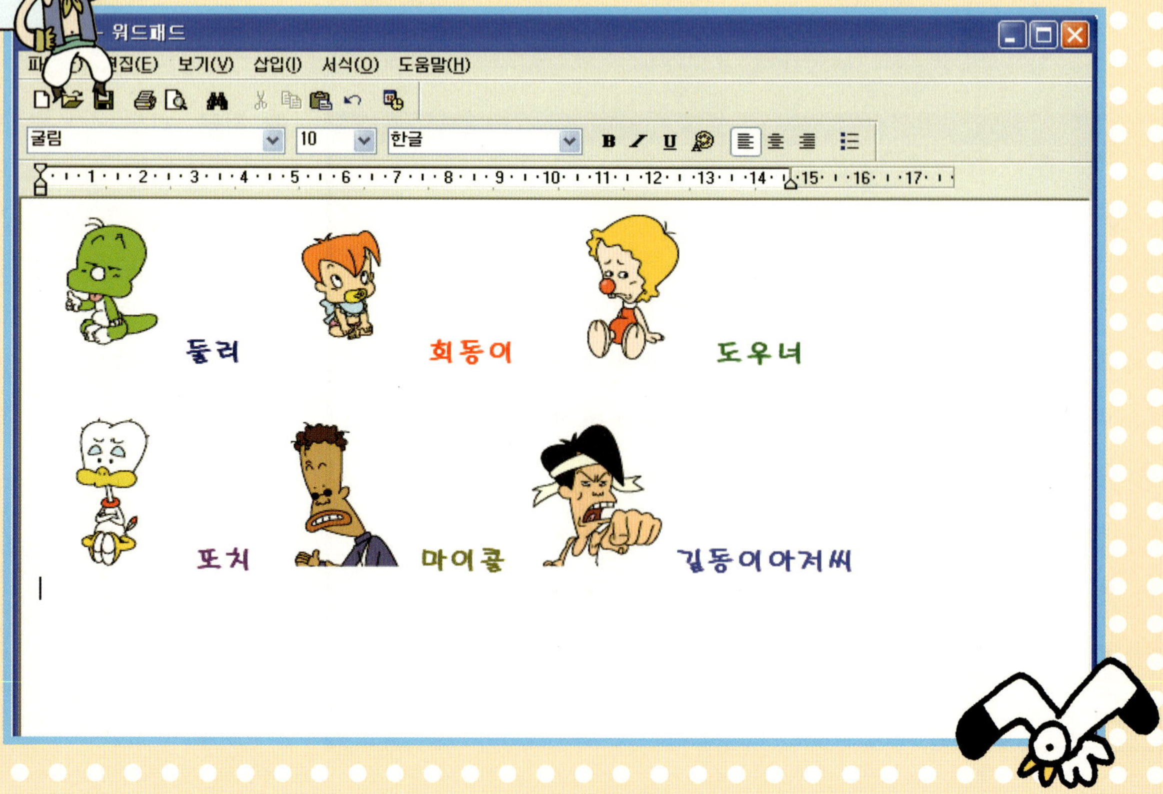

❶ 워드패드에 그림을 삽입해 보자

01 인터넷을 실행하여 둘리나라 사이트(http://www.doolynara. co.kr)에 접속합니다. [작품 정보]– [2009 아기공룡 둘리]를 선택합니다.

02 캐릭터 그림을 마우스 오른 쪽 단추로 클릭하고 [복사]를 선택합니다.

03 [시작]–[모든 프로그램]–[보 조프로그램]–[워드패드]를 차례로 선택하여 워드패드를 실행합니다.

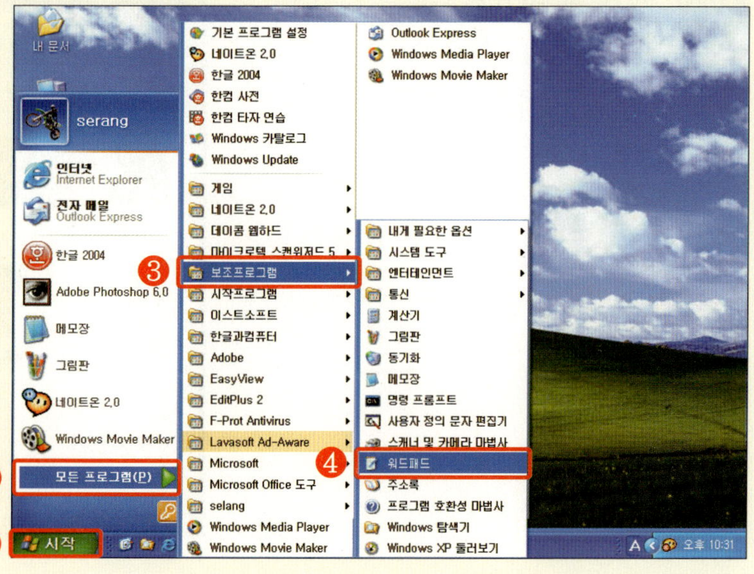

04 워드패드에서 마우스 오른쪽 단추를 클릭하고 [붙여넣기]를 선택하면 인터넷에서 복사한 그림이 워드패드에 삽입됩니다. 그림 옆에 이름을 입력합니다.

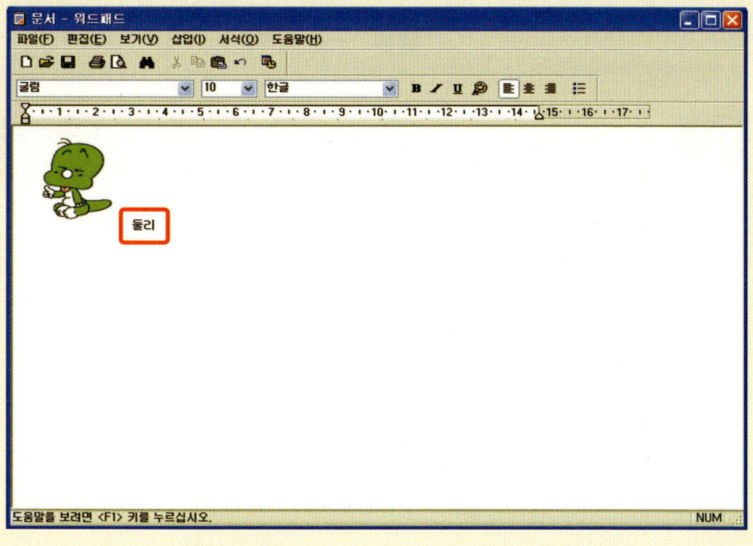

Windows 탐색기

워드패드 메뉴에서 [삽입]-[개체]를 클릭하여 [개체 삽입] 대화 상자가 나타나면 '파일로부터 만들기'를 선택하고 [찾아보기]를 눌러 그림 파일을 워드패드에 삽입할 수도 있습니다.

08 그림의 모서리에 마우스 포인터를 놓고 드래그하여 그림의 크기를 적당하게 조절합니다.

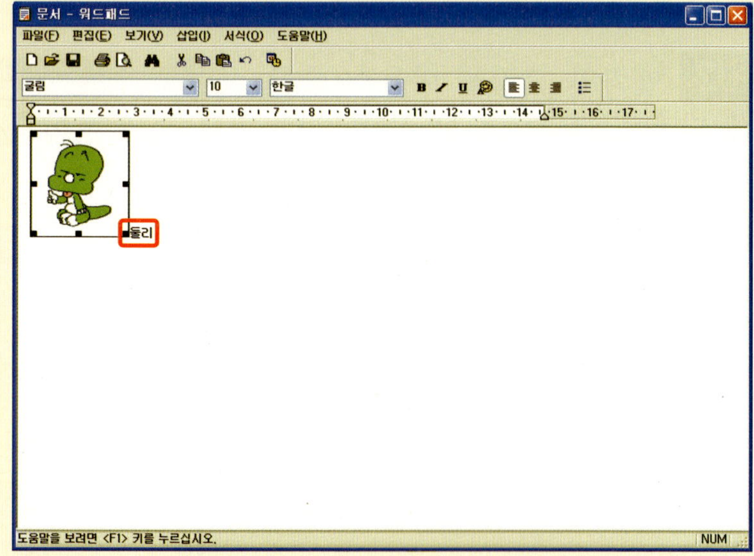

09 같은 방법으로 다른 캐릭터 그림들을 복사하여 붙여넣고 이름을 입력하고 크기를 조절합니다.

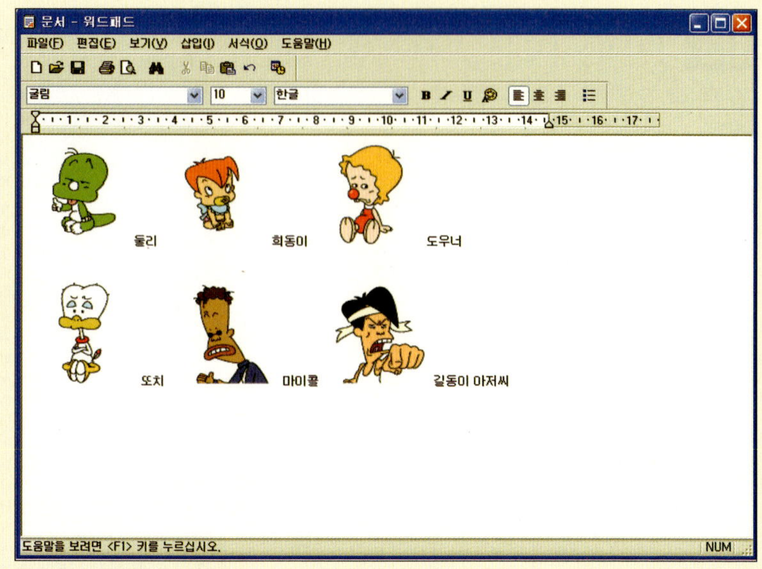

❷ 글자에 서식 지정하기

01 글의 서식을 변경하기 위해 '둘리'를 범위로 지정하고 [서식]-[글꼴]을 선택합니다.

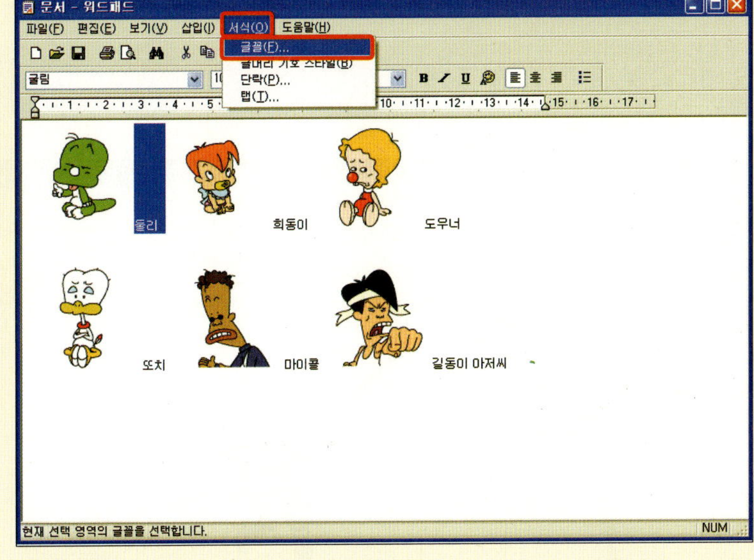

02 [글꼴] 대화 상자에서 글꼴은 'MD개성체', 글꼴 스타일은 '굵게', 크기는 '16', 색은 '짙은 파랑'으로 설정한 후 [확인]을 클릭합니다.

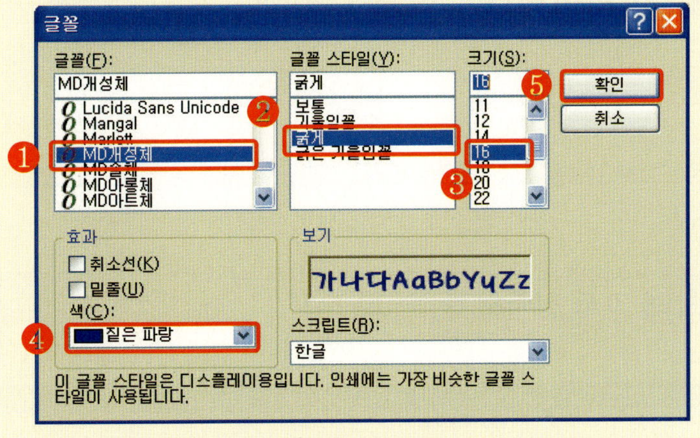

03 범위로 지정한 글자의 서식이 변경되었습니다. 같은 방법으로 다른 글자들의 서식도 변경합니다. [파일]-[저장]을 선택하여 파일 이름을 '캐릭터'로 저장합니다.

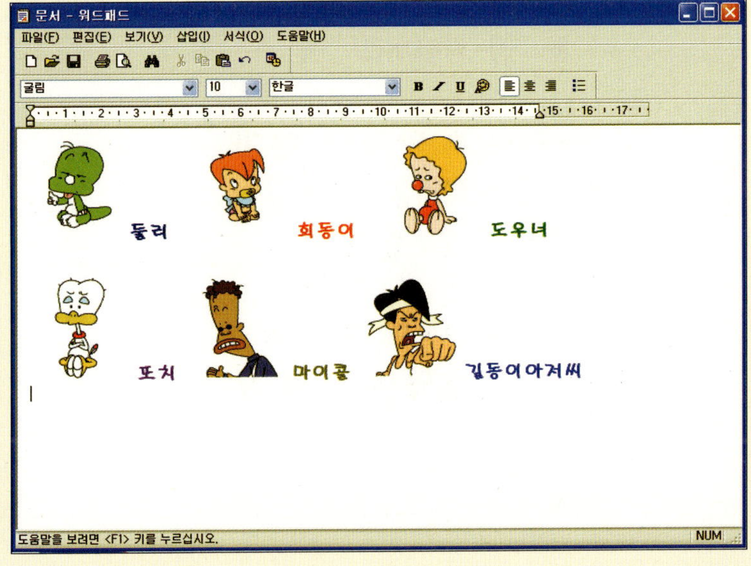

1. 공룡 사진집 만들기

❶ 인터넷을 실행하고 쥬니어네이버 사이트(http://jr.naver.com)에 접속
❷ [재미놀이터]–[공룡나라]–[공룡사전]을 차례로 클릭
❸ 공룡 그림을 복사하여 워드패드에 붙여넣기
❹ [서식]–[글꼴]을 이용하여 공룡의 이름에 서식 지정
❺ [파일]–[저장]을 선택하고 '공룡사전'으로 저장

2. 노래 가사 입력하기

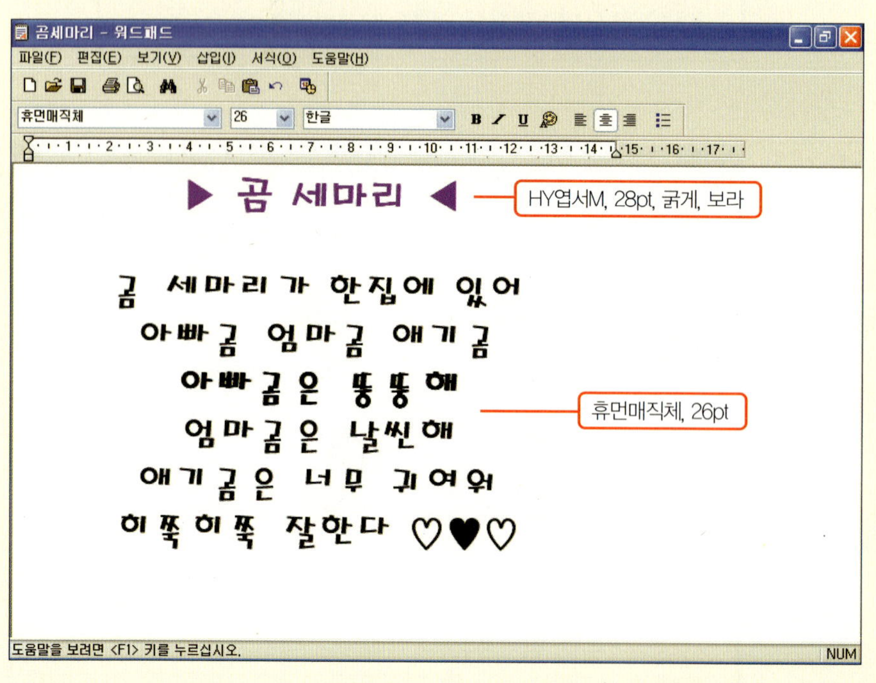

❶ 워드패드에 노래 가사 입력
❷ [서식]–[글꼴]을 이용하여 서식 지정
❸ 한글 'ㅁ'을 누른 후 [한자]를 눌러 특수 문자 입력
❹ [파일]–[저장]을 선택하고 "곰세마리"로 저장

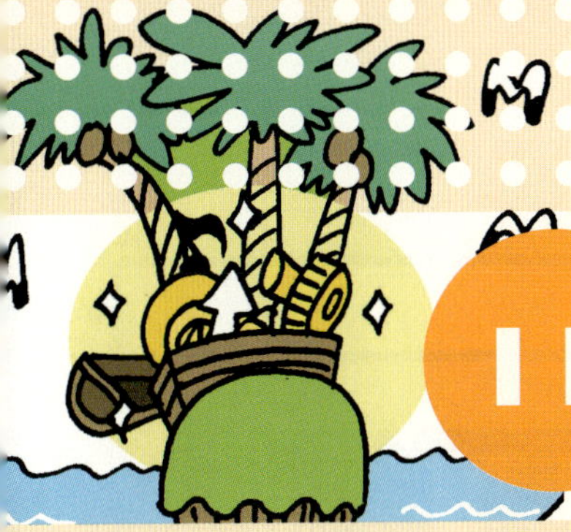

11 아빠 힘내세요~ 엄마 사랑해요~

- 인터넷의 그림을 그림판에 붙여넣고 그림을 완성해 보자.
- 그림판에서 완성한 그림을 바탕 화면으로 지정해 보자.

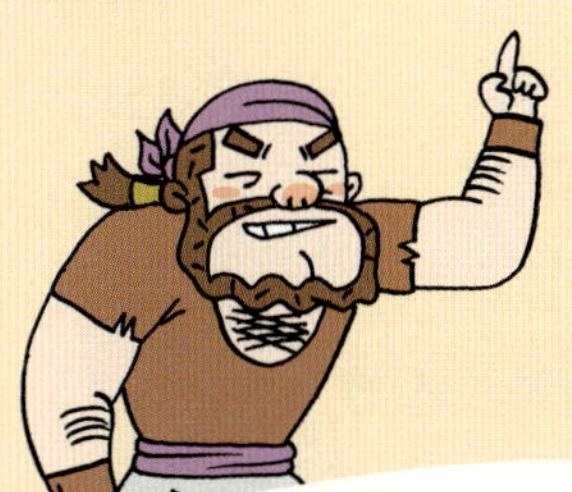

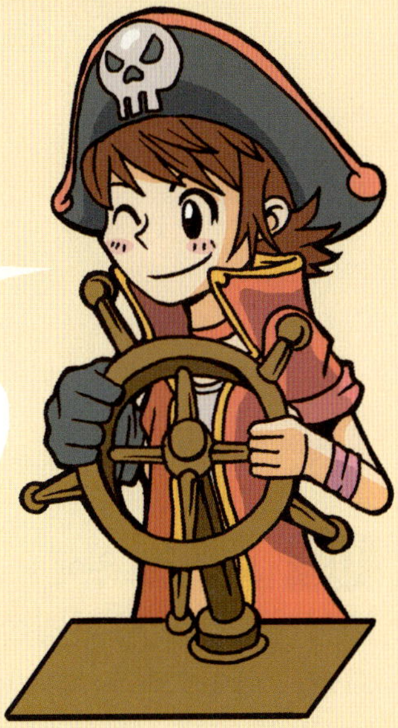

인터넷의 예쁜 그림들을 이용하여
윈도우 XP가 제공하는 그림판을 이용하면 아주 간단하답니다.
엄마 아빠께 사랑 쿠폰을 만들어 선물하는 건 어떨까요?

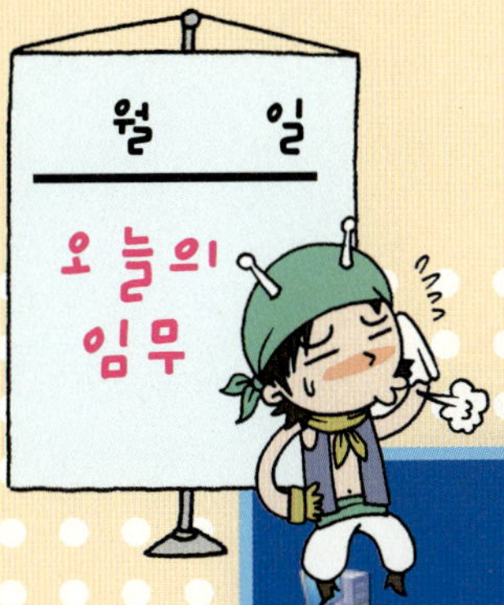

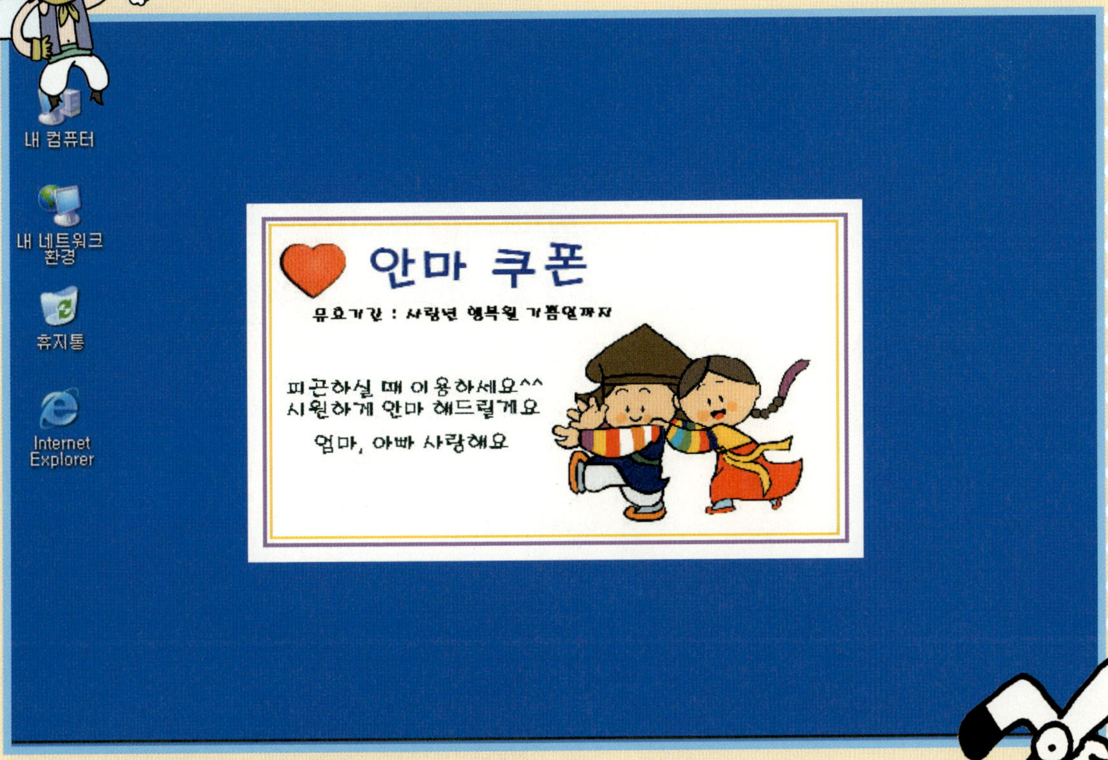

❶ 그림판 이용하기

01 [시작]-[모든 프로그램]-[보조프로그램]-[그림판]을 차례로 선택하여 그림판을 실행합니다.

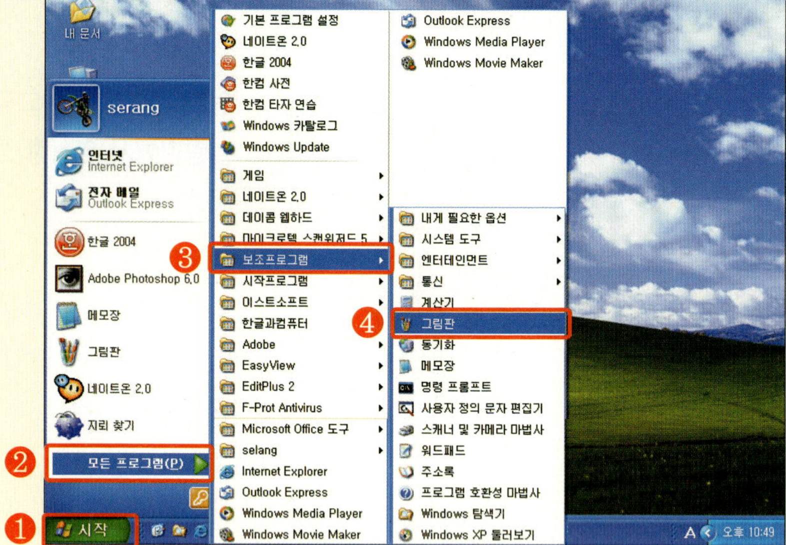

02 도구 모음에서 [직사각형]을 클릭하고, 화면 아래쪽의 색 팔레트에서 '자주색'을 클릭한 다음 흰색 작업창에 드래그하여 사각형을 그립니다.

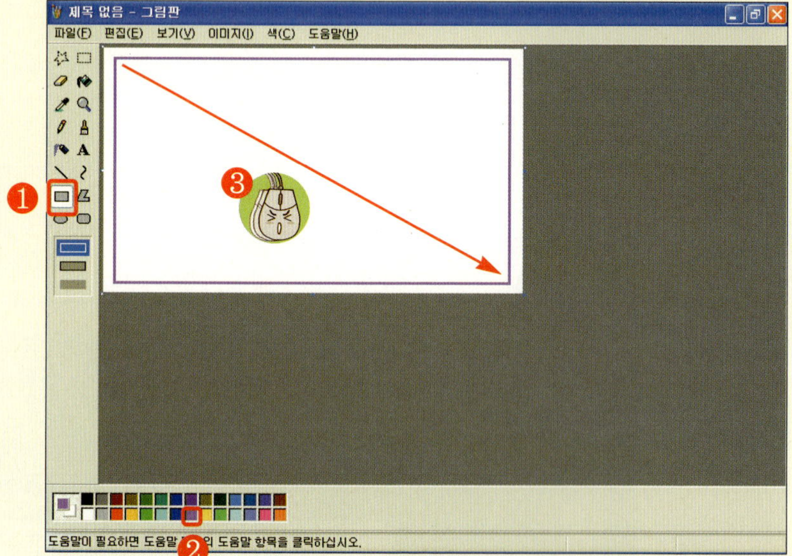

03 이번에는 색상을 노란색으로 바꾸고 조금 작은 사각형을 그립니다.

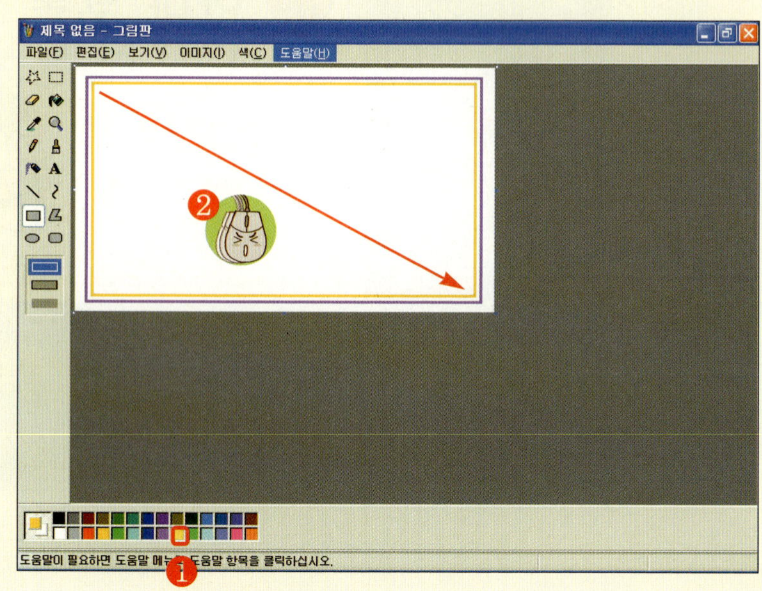

❷ 인터넷에서 그림 가져오기

01 인터넷에 접속한 후, 'http://icon.sie.net' 사이트에 접속하여 [움직이는 GIF 배경 그림]을 클릭합니다.

02 '사람 아이콘 분류'의 내림 단추를 클릭하여 [남자와 여자 아이콘]을 선택합니다.

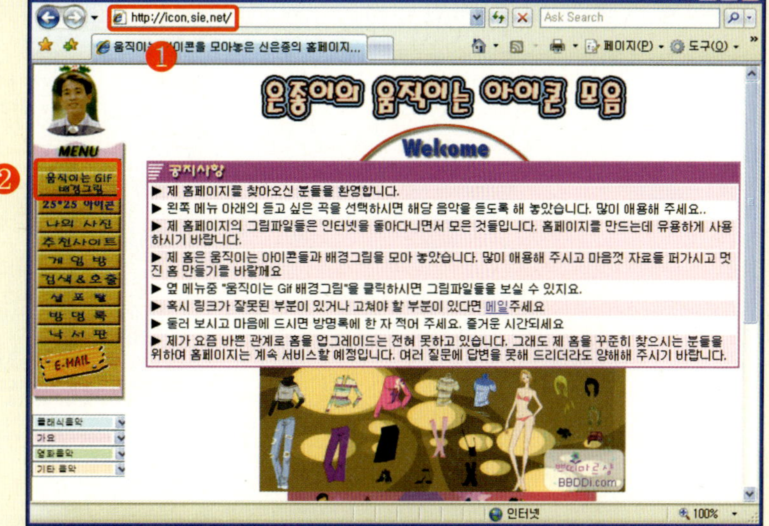

03 한복 입은 아이들 그림을 마우스 오른쪽 단추로 클릭하여 [복사]를 선택합니다.

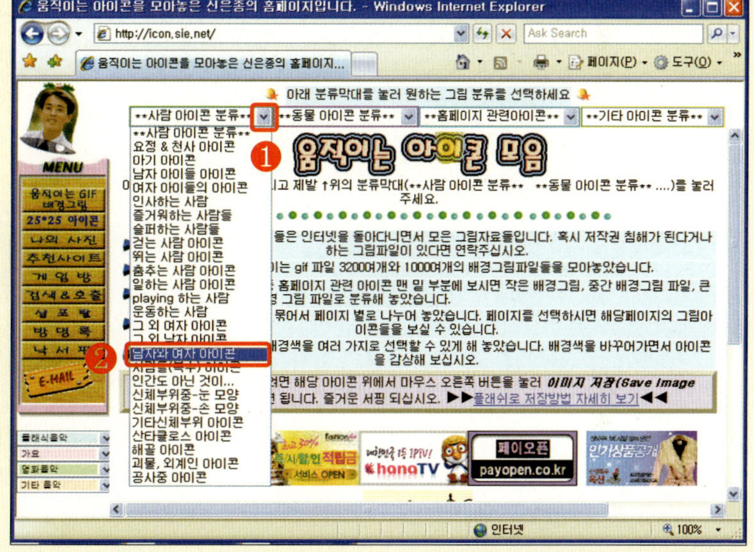

04 다시 [그림판] 프로그램으로 돌아와 마우스 오른쪽 단추를 클릭하고 [붙여넣기]를 선택합니다.

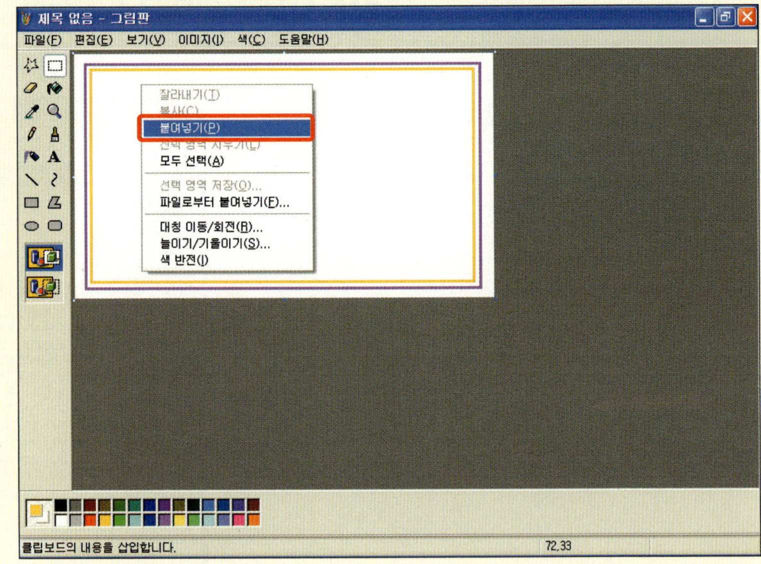

05 마우스를 이용하여 그림을 적당한 위치로 옮기고 크기도 조절합니다.

06 다시 인터넷으로 창을 전환하여 '기타 아이콘 분류'의 내림 단추를 클릭하여 [하트 모양 아이콘]에서 하트 모양을 복사하여 그림판에 붙여넣습니다.

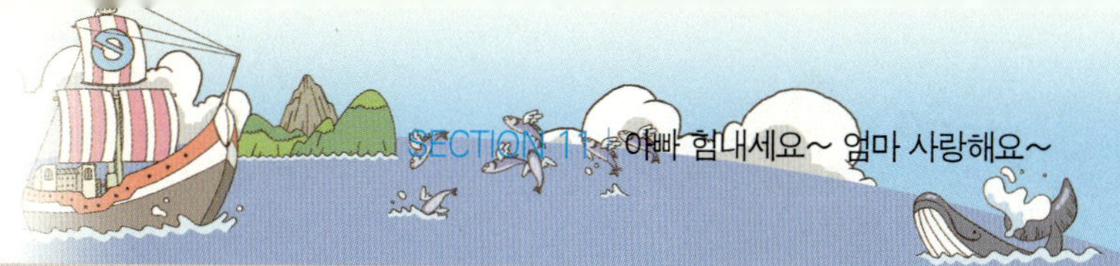

❸ 글자를 입력하여 완성하기

01 도구 모음에서 [텍스트]를 클릭하여 글자를 입력할 부분에 마우스로 드래그합니다.

02 글꼴 도구 모음에서 글꼴은 'HY엽서M', 크기는 '28pt', '진하게(B)'를 선택합니다. 색상은 '짙은 파랑'을 선택한 후 "안마 쿠폰"이라고 입력합니다.

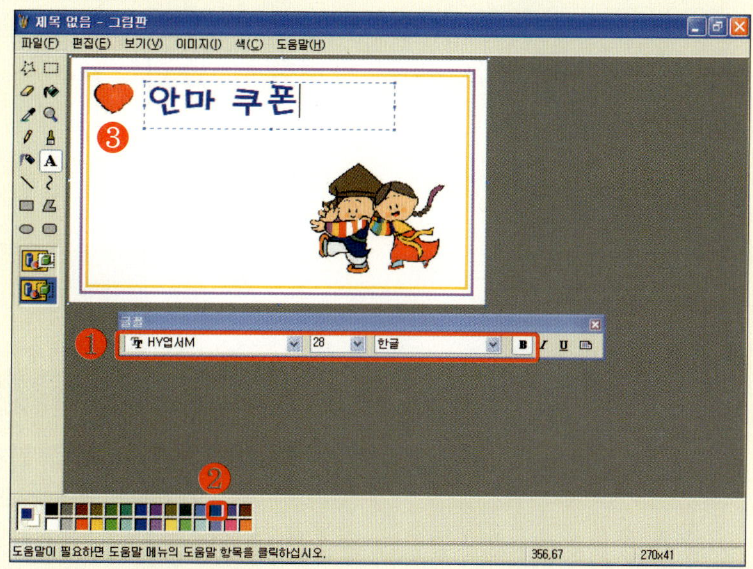

03 같은 방법으로 나머지 문구를 'HY엽서M'으로 입력합니다.

유효기간 : 사랑년 행복월 기쁨일까지

피곤하실 때 이용하세요^^
시원하게 안마해 드릴게요

　엄마, 아빠 사랑해요

04 [파일]-[저장]을 차례로 선택하여 [다른 이름으로 저장] 대화 상자를 실행합니다. 파일 이름에 "안마쿠폰"이라고 입력한 후 [저장]을 클릭합니다.

05 방금 만든 쿠폰을 인쇄하려면 [파일]-[인쇄]를 선택하고, [인쇄] 대화 상자에서 [인쇄]를 클릭합니다.

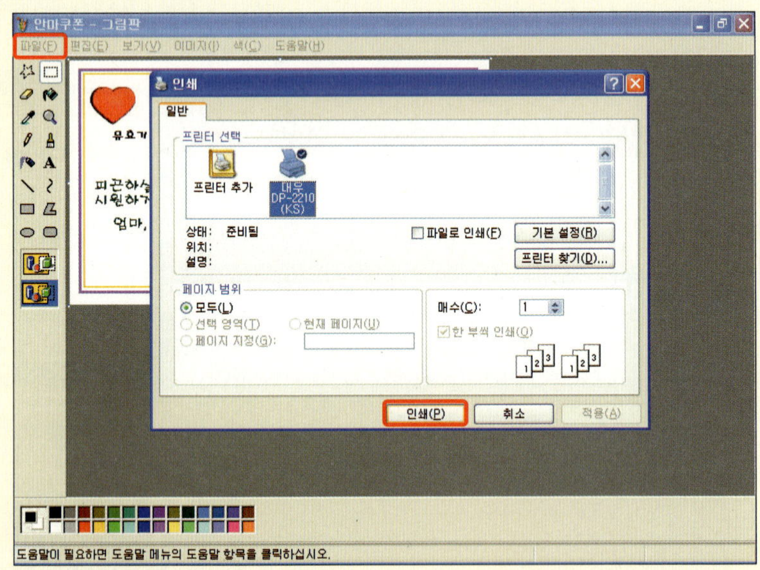

06 그림을 바탕 화면으로 지정하려면 [파일]-[배경으로 지정(가운데)]를 선택합니다. 그림판을 종료하고 바탕 화면으로 지정되었는지 확인하여 봅니다.

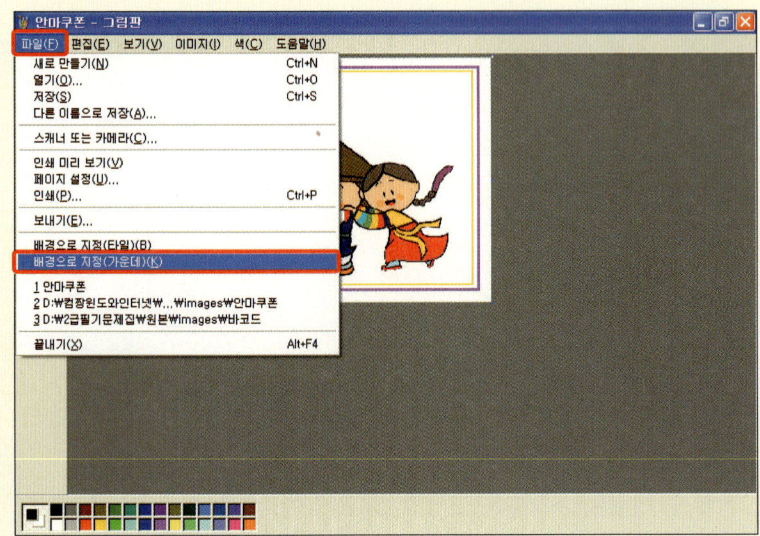

1. 노래 쿠폰 만들기

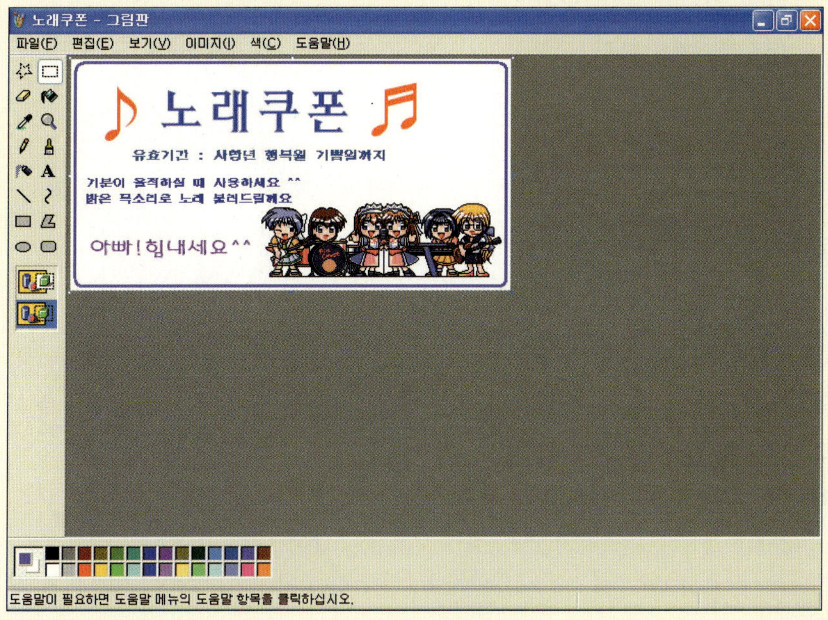

❶ [그림판] 실행
❷ 테두리 지정
❸ 한글 "ㅁ"을 입력한 후, [한자]를 눌러 특수 문자(♪, ♬) 입력
❹ 인터넷에서 'http://icon.sie.net' 사이트에 접속하여 [여자 아이들의 아이콘] 중에서 노래하는 그림을 복사하여 그림판에 붙여넣기
❺ 글을 입력하여 완성하고 파일 이름을 "노래 쿠폰"으로 입력하여 저장

2. 내가 만든 그림으로 바탕 화면 지정하기

❶ 인터넷에서 'http://jr.naver.com/imageslide' 사이트에 접속한 후 '세계여행'에서 각 국가별 국기 복사
❷ 복사한 국기를 그림판에 붙여넣은 후 도구 모음의 사각형 도구를 이용하여 국기 주변에 사각형 그리기
❸ 국기 밑에 나라 이름을 입력하고 [파일]-[저장]을 선택하여 "나라별 국기"로 저장
❹ [파일]-[배경으로 지정(가운데)]를 선택하여 바탕 화면으로 지정
❺ 바탕 화면을 원래대로 복원

12 우표는 어디에 붙여요?

▶ 이메일 계정을 만들어 보자.
▶ 받은 편지를 읽어 보자.
▶ 편지를 보내 보자.

인터넷을 이용하면 우표를 붙이지 않아도, 우체통에 넣지 않아도
친구에게 편지를 보낼 수 있답니다. 또 굉장히 빨라서
편지를 보내면 친구는 바로 편지를 받아 볼 수 있습니다.
사랑하는 부모님과 친구에게 편지를 보내 보세요.

수업 전 준비하세요
● 아이디 :
● 비밀번호 :
● 주민등록번호 :
● 집 주소 :
● 부모님 메일 주소 :

월   일

오늘의
임무

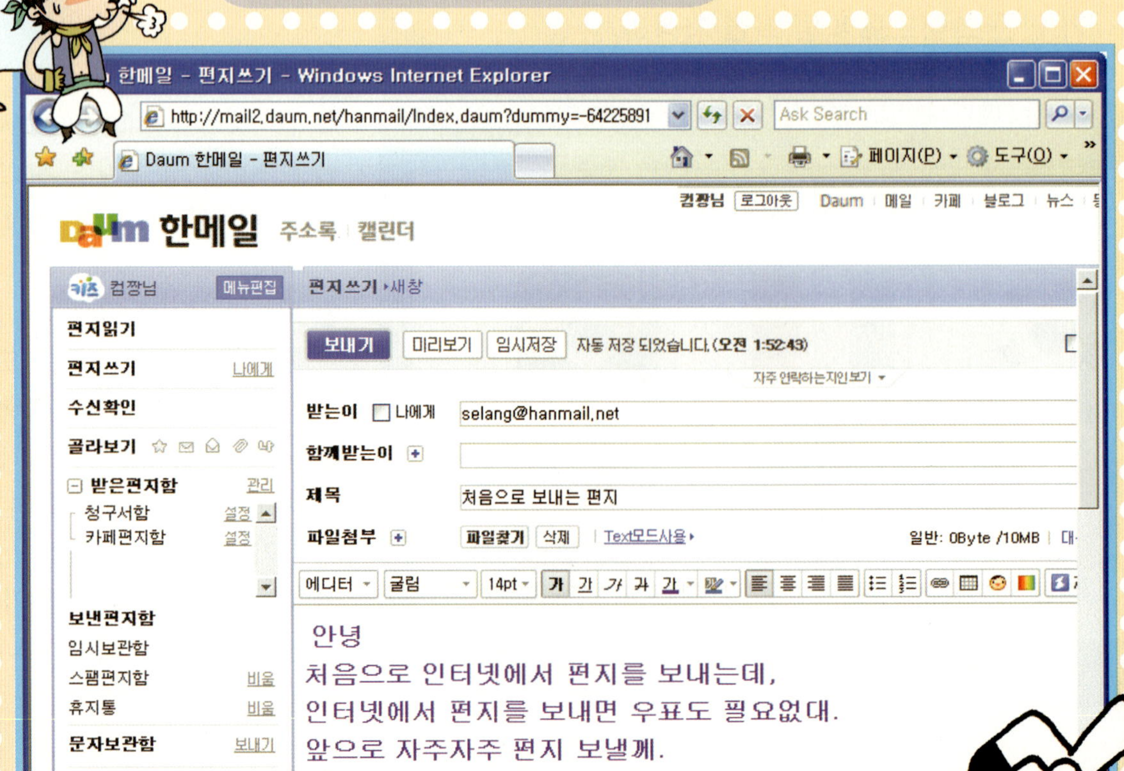

❶ 메일 주소 만들기

01 인터넷을 실행하여 다음 사이트(http://www.daum.net)에 접속하고 [회원 가입]을 클릭합니다.

02 어린이/학생 회원 옆의 [가입하기]를 클릭합니다.

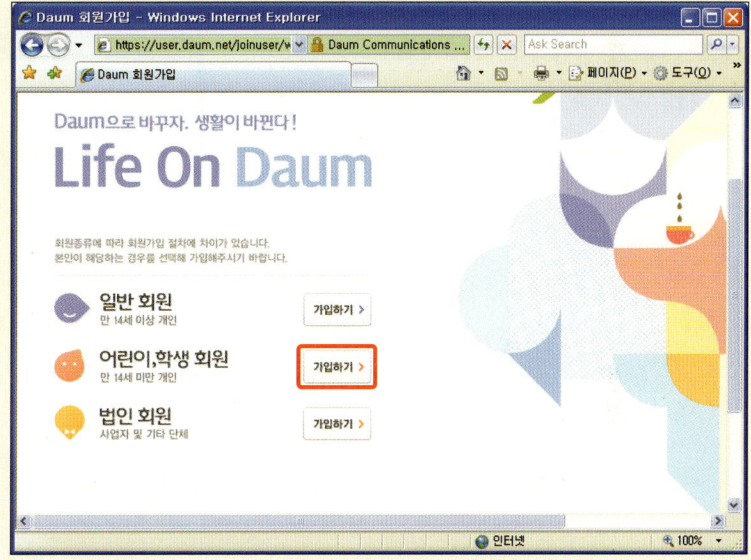

03 회원 가입에 따른 이용 약관이 나타납니다. 약관을 잘 읽어 보고 [다음 단계로]를 클릭합니다.

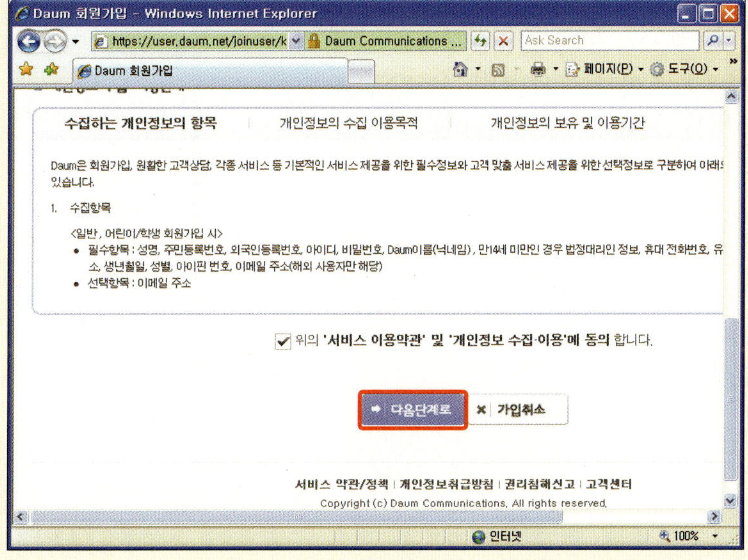

04 본인 확인을 해야 합니다. 이름을 입력하고, 성별과 생년월일을 선택한 후 [다음 단계로]를 클릭합니다.

05 만 14세가 안 되는 학생들은 부모님의 동의를 받아야 합니다. 휴대폰 난의 [인증하기] 단추를 클릭합니다.

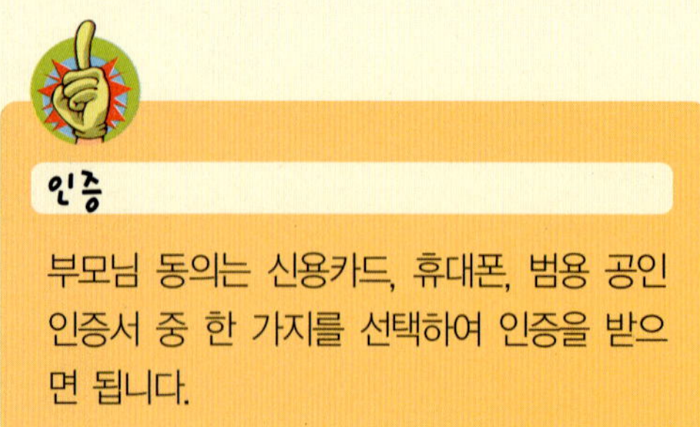

부모님 동의는 신용카드, 휴대폰, 범용 공인인증서 중 한 가지를 선택하여 인증을 받으면 됩니다.

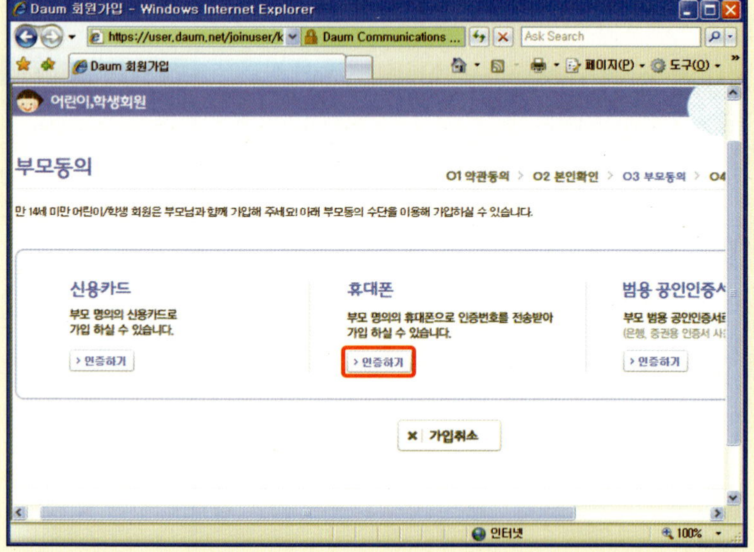

06 [휴대폰 인증] 대화 창에 부모님 성함, 주민등록번호, 휴대폰 번호를 차례로 입력한 후 [인증 번호 받기] 단추를 클릭합니다.

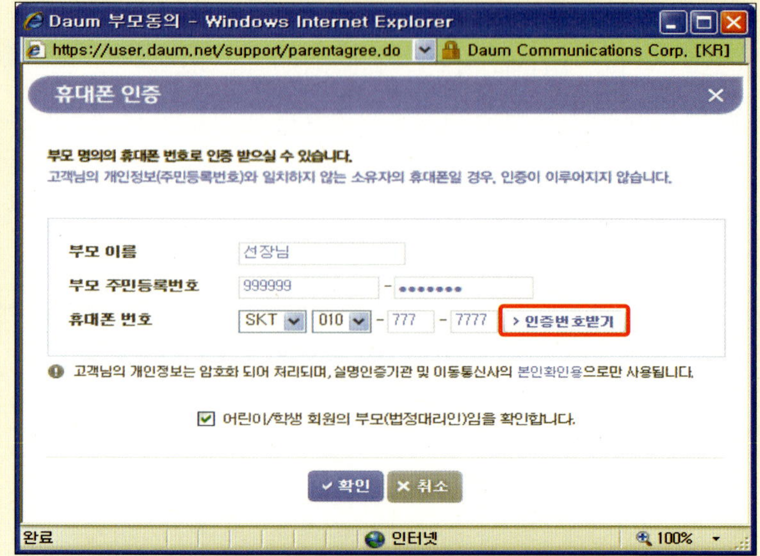

07 부모님의 휴대폰에 문자로 전송되어온 인증 번호를 입력하고, [인증하기] 단추를 클릭합니다.

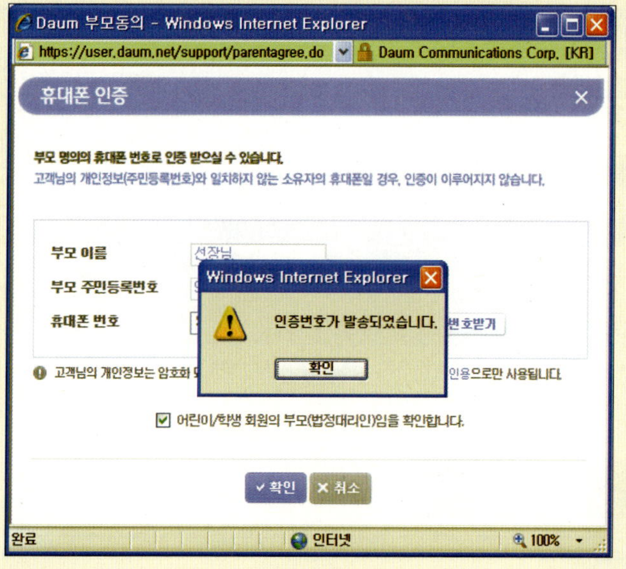
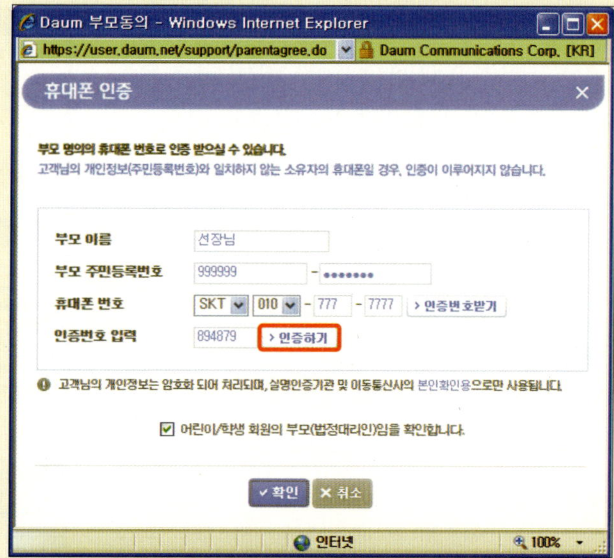

08 메일 사용에 필요한 기본 정보를 입력한 후 [확인] 단추를 누르면 가입이 완료됩니다.

09 회원가입이 완료되었음을 알리는 화면이 표시됩니다. [Daum 첫화면 바로가기] 단추를 클릭합니다.

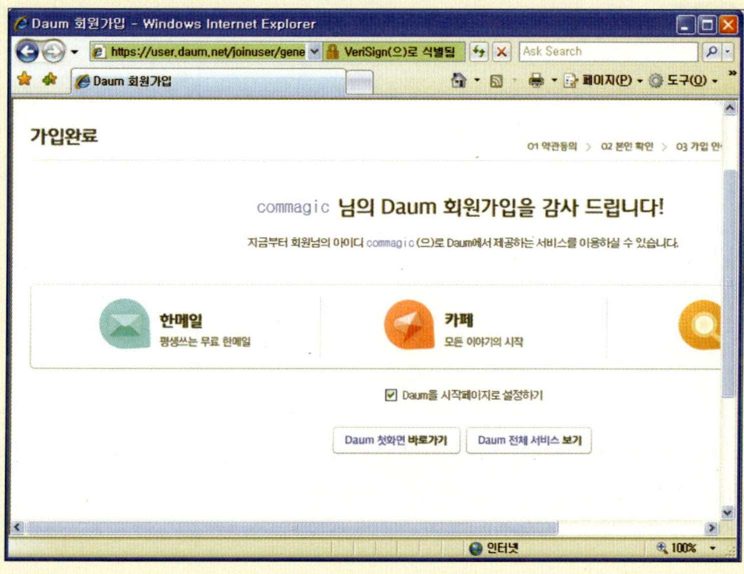

01 다음 사이트(http://www.daum.net)에서 ID와 비밀번호를 입력하고 [로그인]을 클릭합니다.

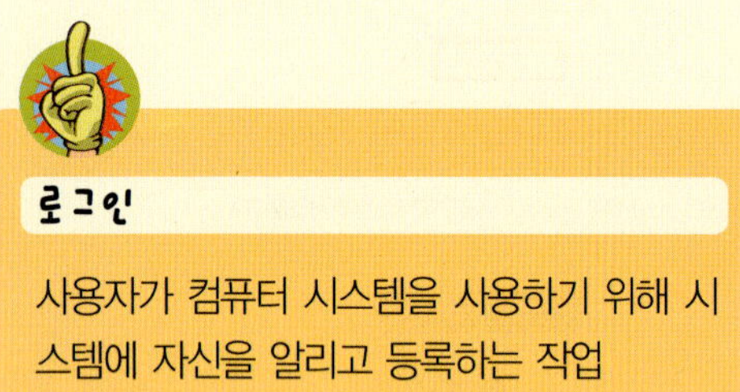

로그인

사용자가 컴퓨터 시스템을 사용하기 위해 시스템에 자신을 알리고 등록하는 작업

02 [메일]을 클릭하면 편지를 읽거나 보낼 수 있습니다.

03 편지를 읽으려면 [편지읽기]를 클릭합니다.

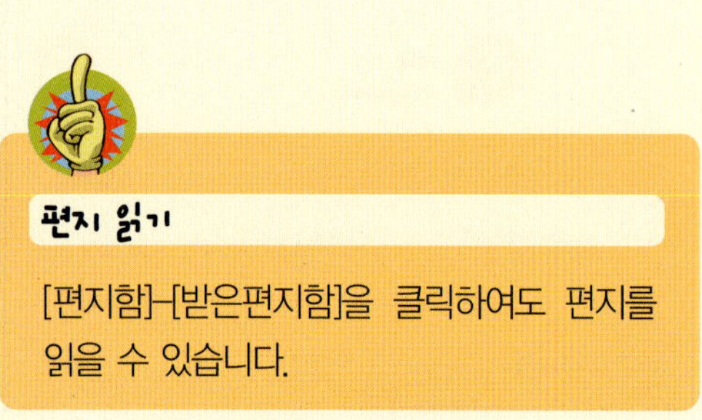

편지 읽기

[편지함]–[받은편지함]을 클릭하여도 편지를 읽을 수 있습니다.

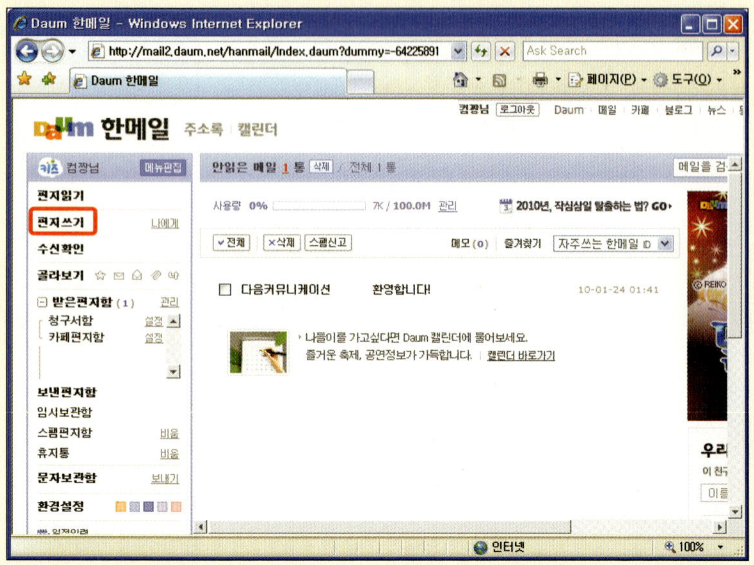

04 보관되어 있는 편지의 목록이 나타납니다. 이제 막 가입했으니 읽을 편지가 없겠죠? 가입을 환영하는 편지가 한 통 와 있군요. 제목을 클릭하면 편지를 읽을 수 있습니다.

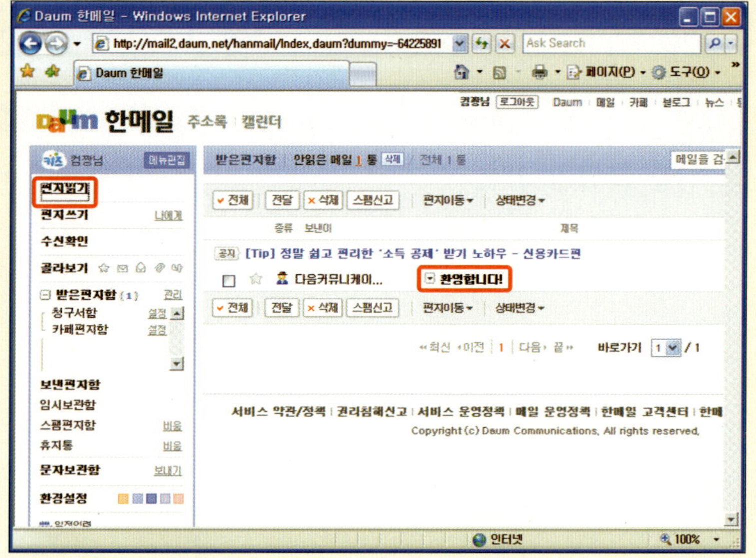

05 편지를 읽은 후, [삭제]를 클릭하면 읽은 편지를 휴지통에 버릴 수 있습니다.

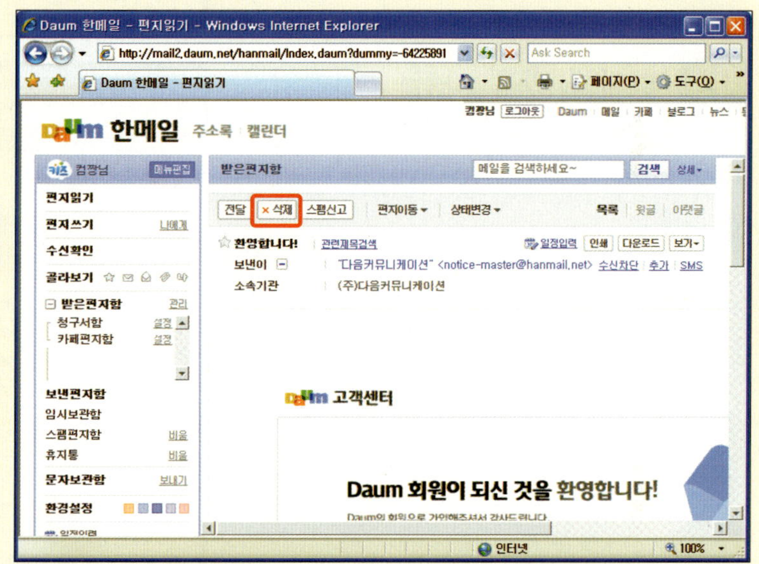

06 화면 왼쪽에서 [휴지통]을 클릭하면 방금 삭제한 편지가 휴지통에 들어 있는 것을 볼 수 있습니다. 휴지통 옆에 있는 [비우기] 단추를 클릭하면 휴지통에 있는 편지가 완전히 지워집니다.

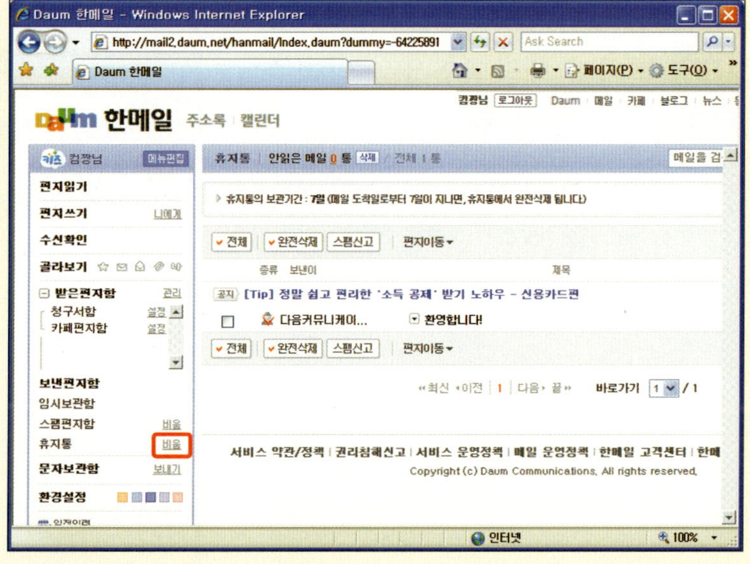

❸ 편지를 보내요

01 편지를 보내기 위해서 [편지쓰기]를 클릭합니다.

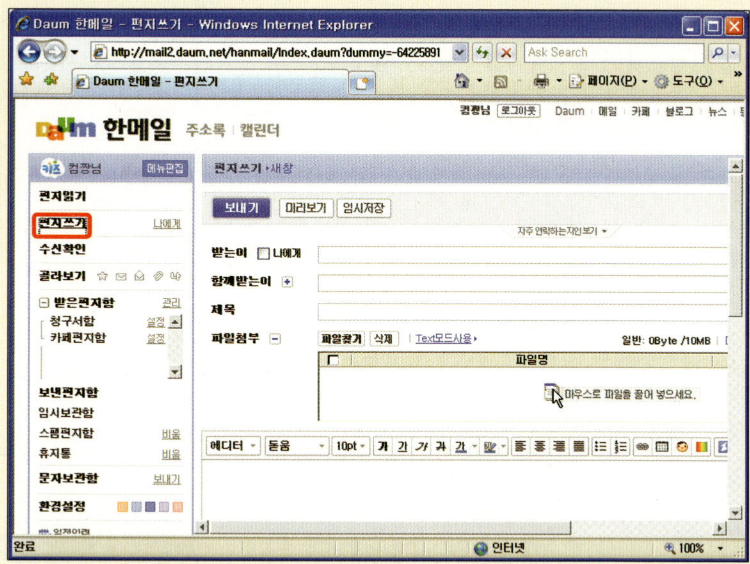

02 편지를 받을 사람의 이메일 주소와 제목, 내용을 입력합니다. 편지를 다 썼으면 [보내기]를 클릭합니다.

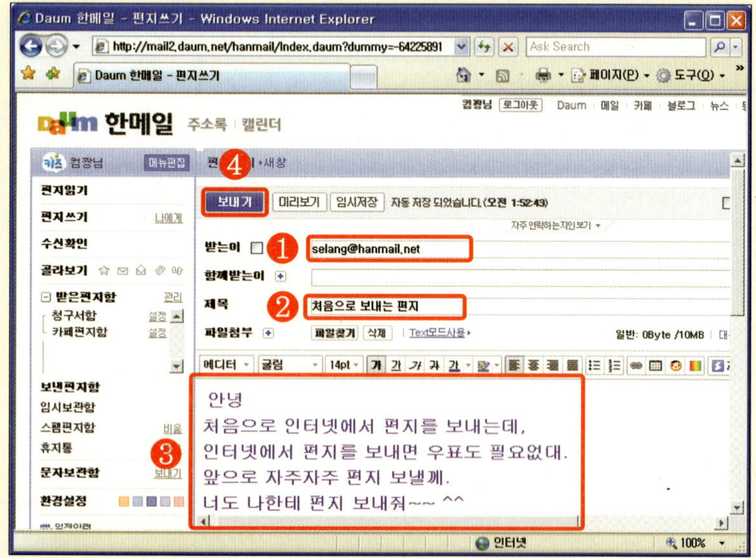

03 편지가 배달되었음을 알려주는 화면이 나타납니다.

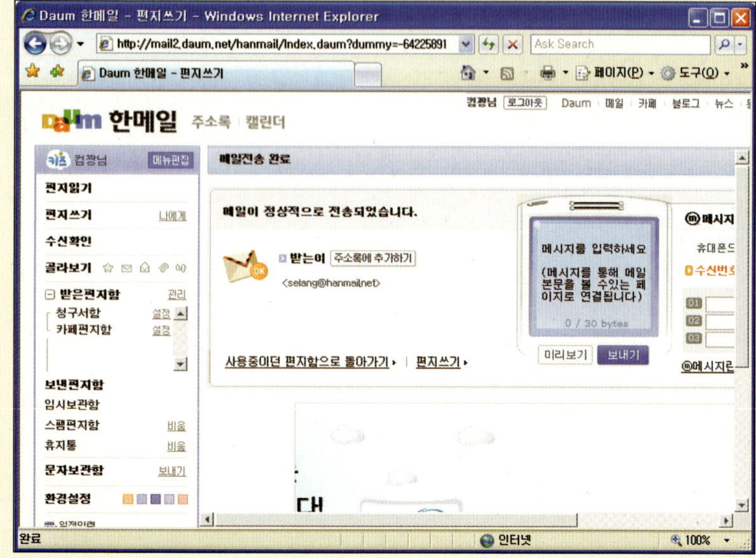

1. 친구가 보낸 메일 읽기

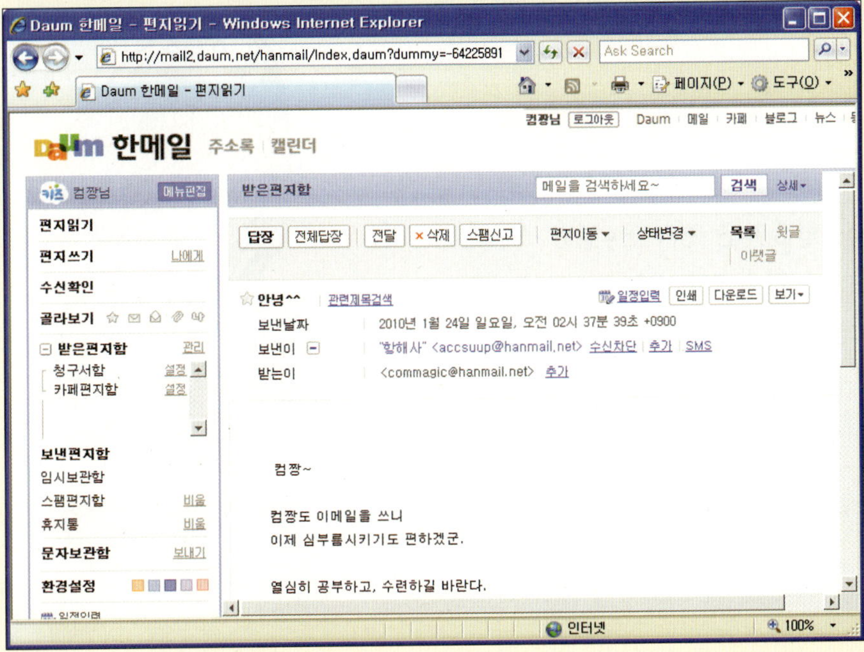

❶ 다음 사이트(http://www.daum.net)에 로그인하기
❷ 메뉴에서 [메일] 클릭
❸ 친구가 보낸 메일 읽기

2. 친구에게 답장 보내기

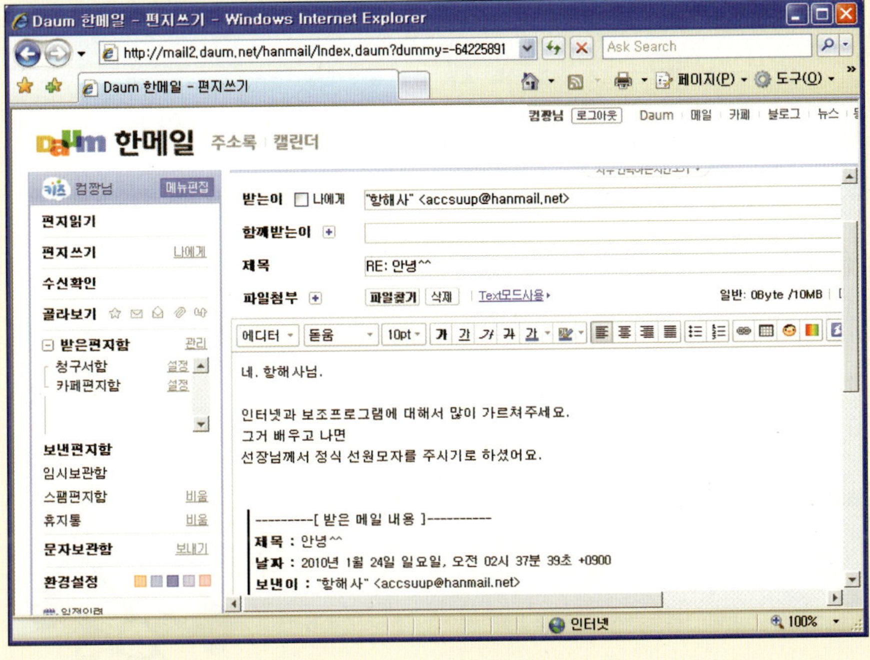

❶ 메일을 읽은 창에서 [답장] 단추 클릭
❷ 내용을 입력한 후 [보내기] 단추 클릭하여 편지 보내기

13 소포는 어떻게 보내나요?

▶ 파일을 첨부하여 편지를 보내 보자.
▶ 첨부된 파일을 확인해 보자.

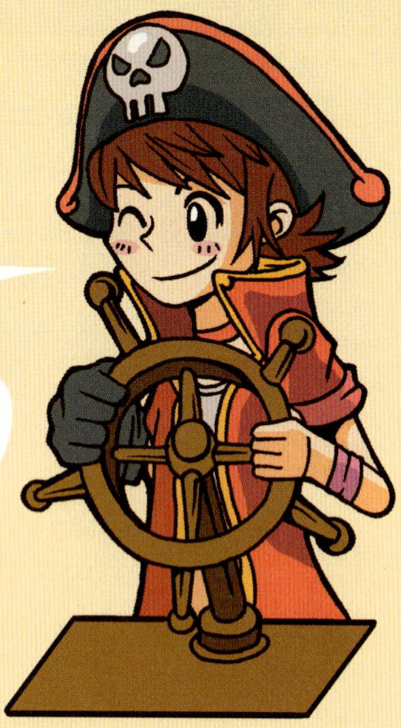

월   일

오늘의 임무

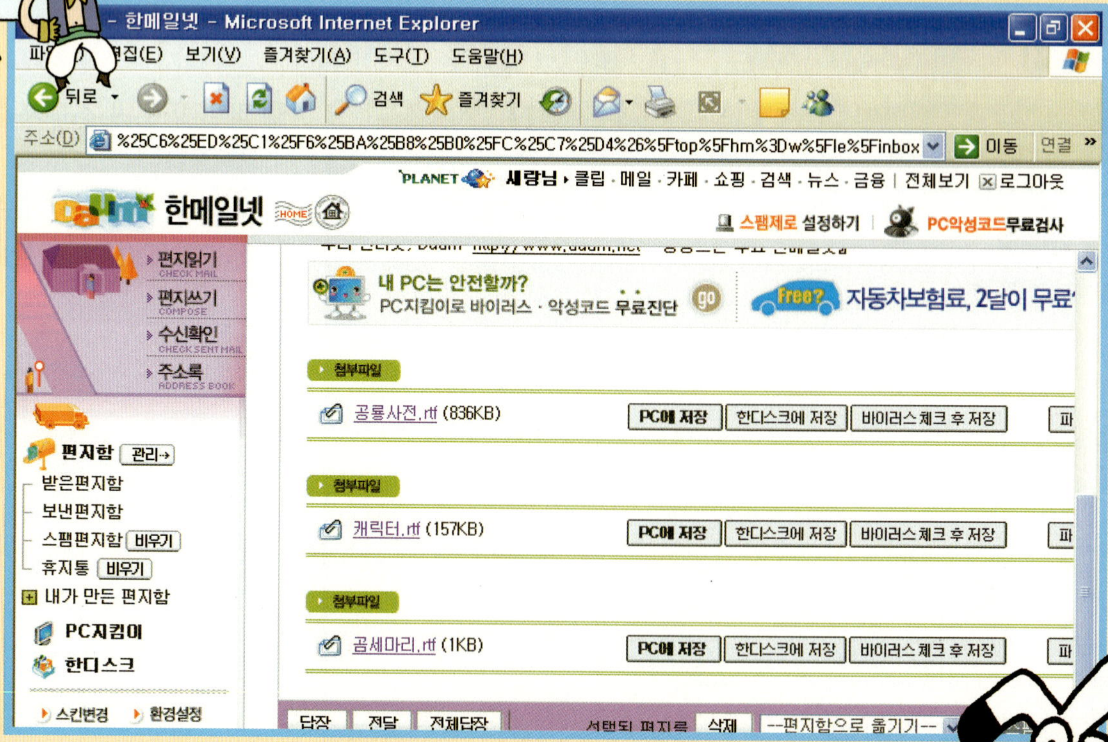

❶ 소포를 보내 보자

01 다음 사이트(http://www.daum.net)에 로그인하고 [메일]–[편지쓰기]를 차례로 클릭합니다.

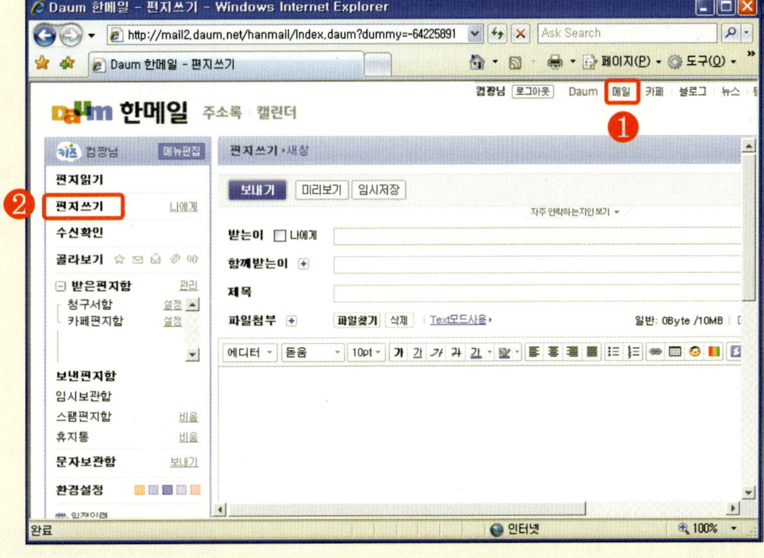

02 받는 이와 제목, 내용을 입력한 후 [파일찾기] 단추를 클릭합니다.

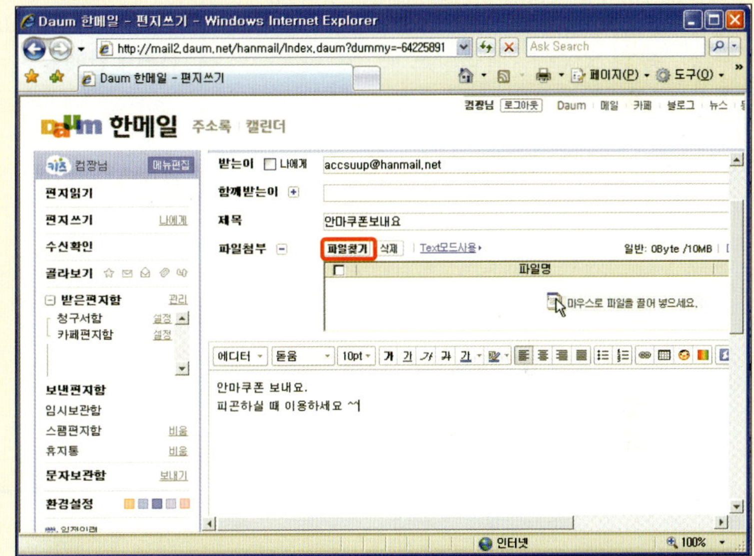

03 [열기] 대화 상자가 나타나면 '안마쿠폰' 파일을 선택한 후 [열기]를 클릭합니다.

04 파일 첨부가 끝나면 [파일 첨부]란에 첨부한 파일의 이름과 크기 등의 내용이 표시됩니다. [보내기] 단추를 클릭하여 메일을 보냅니다.

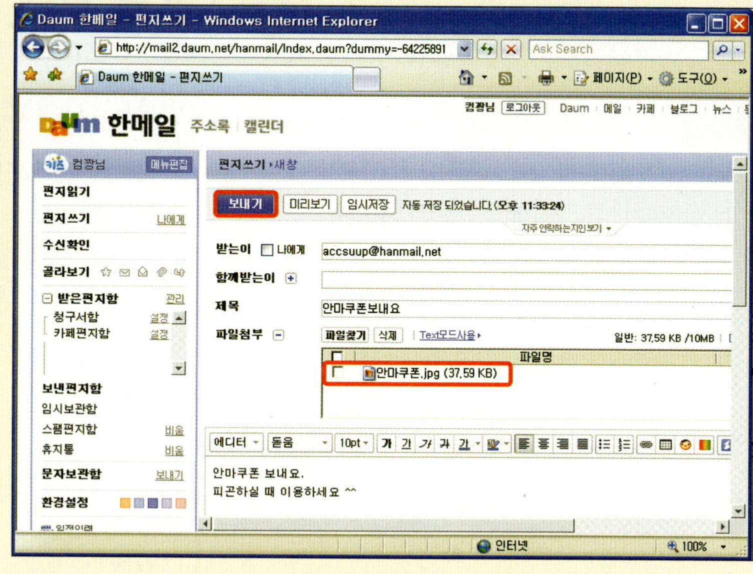

05 보낸 메일을 읽었는지 확인하려면 [수신확인]을 클릭합니다. 메일을 읽었으면 '읽음'으로 표시되며, 아직 읽지 않았으면 '읽지않음'으로 표시됩니다.

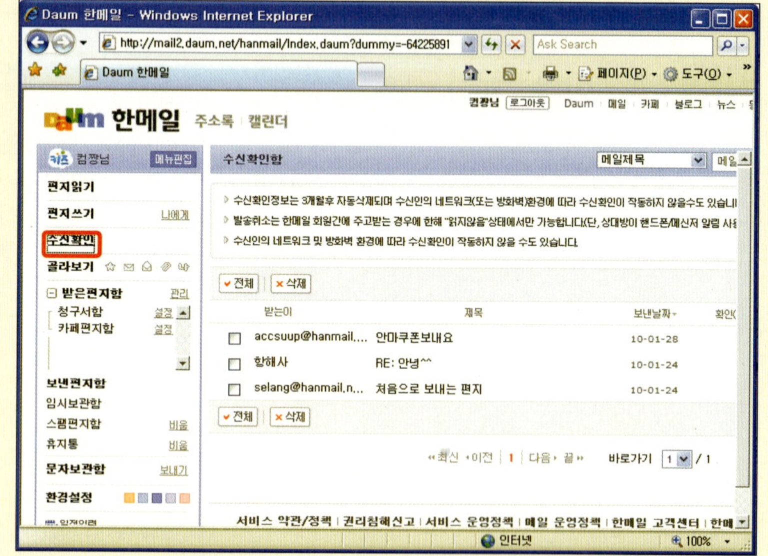

06 수신확인란에 있는 내용들을 지울 수도 있습니다. [전체] 단추와 [삭제] 단추를 차례로 클릭합니다.

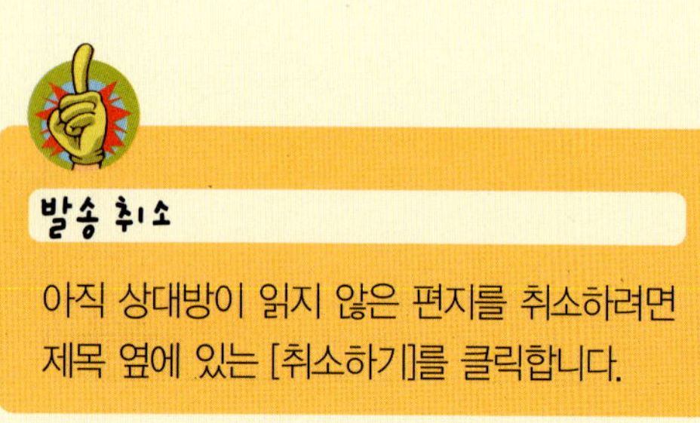

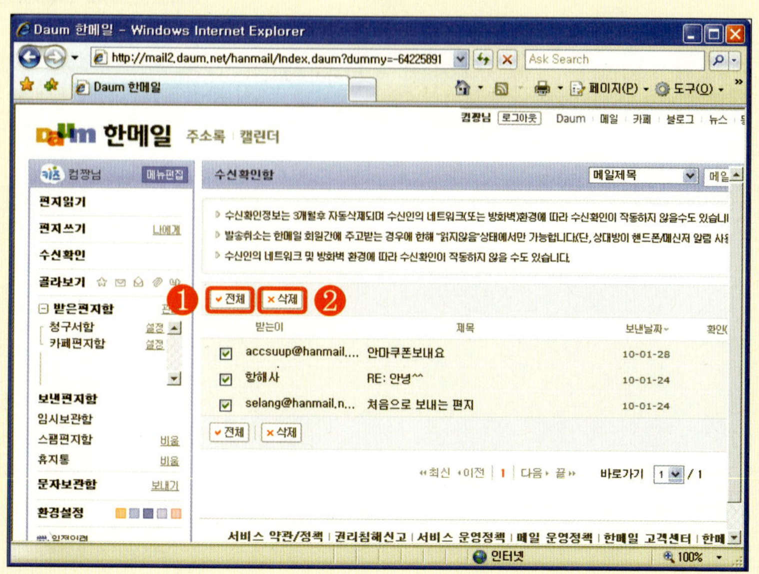

❷ 소포를 확인해 보자

01 다음 사이트(http://www.daum.net)에서 [편지읽기]를 클릭하고 편지의 제목을 클릭합니다.

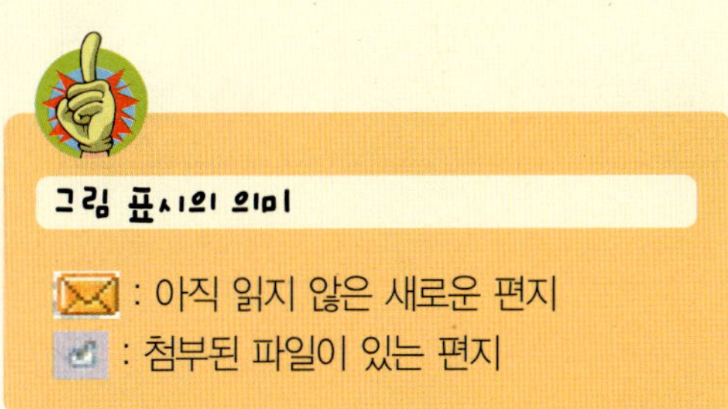

그림 표시의 의미

✉ : 아직 읽지 않은 새로운 편지

📋 : 첨부된 파일이 있는 편지

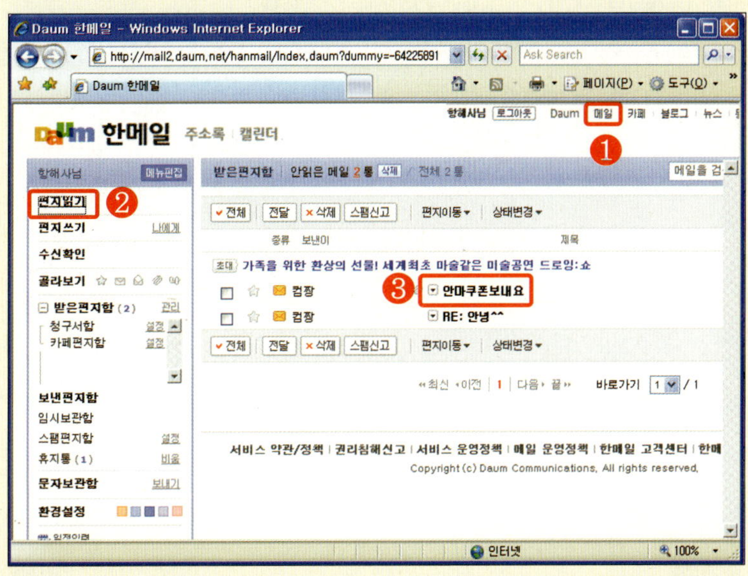

02 새로 온 편지를 읽어봅니다. 첨부 파일이 함께 배달된 편지로군요.

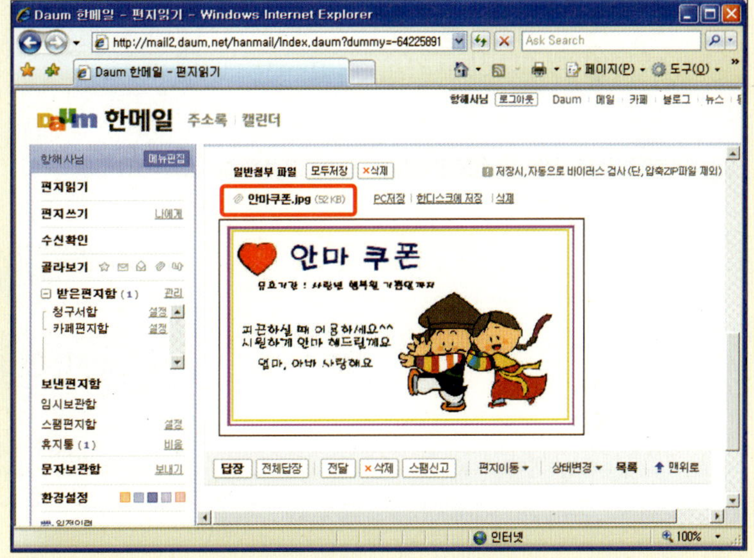

03 첨부된 그림 파일을 내 컴퓨터에 저장하려면 첨부된 파일명을 마우스 오른쪽 단추로 클릭하여 [다른 이름으로 대상 저장]을 선택합니다.

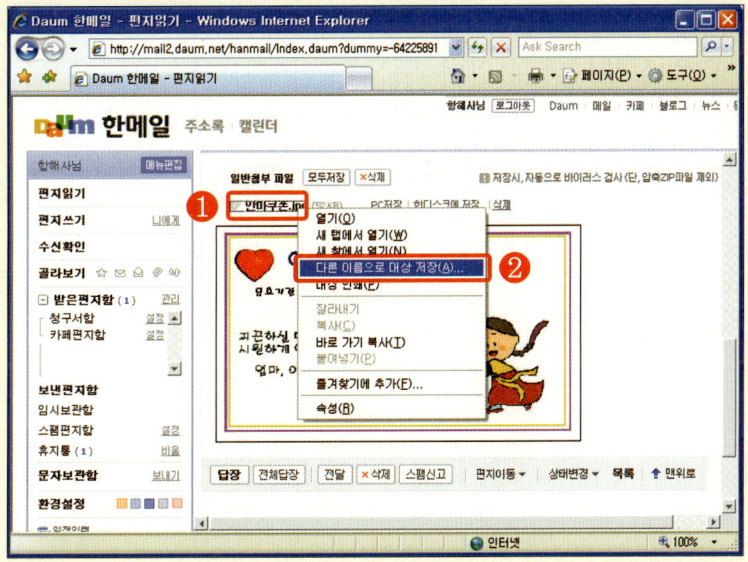

04 [다른 이름으로 저장] 대화 상자가 열립니다. 저장 위치는 '바탕 화면'으로 설정하고, 파일 이름은 "안마쿠폰받은것"으로 입력한 후 [저장]을 클릭합니다.

05 바탕 화면에 그림 파일이 저장되었습니다. 그림을 확인하려면 '안마쿠폰받은것' 아이콘을 더블 클릭합니다.

06 [Windows 사진 및 팩스 뷰어]가 실행되면서 안마 쿠폰 그림이 보여집니다.

01. 파일 첨부하여 보내기

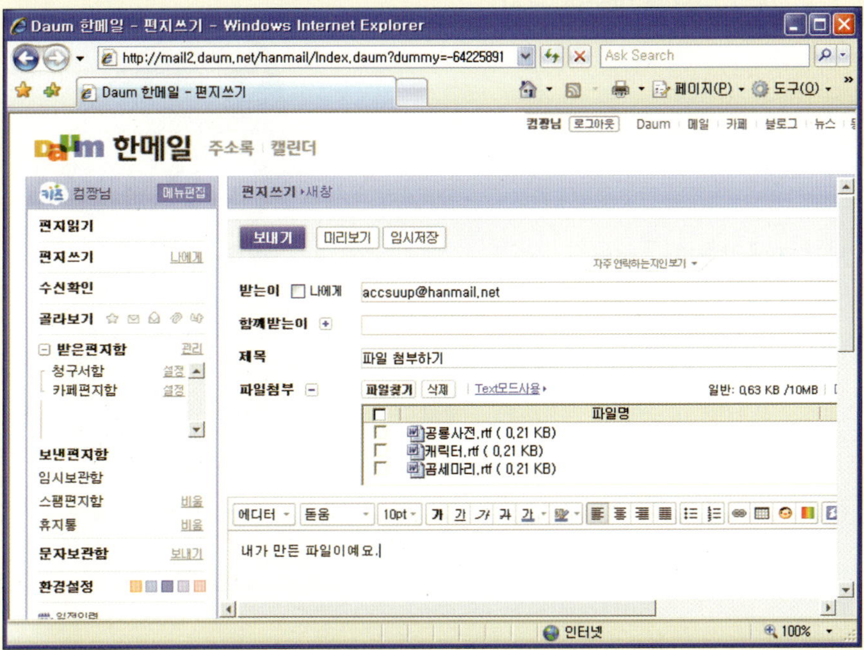

❶ 다음 사이트(http://www.daum.net)에 로그인하여 [메일]-[편지쓰기]를 차례로 클릭

❷ 친구에게 편지쓰기(받는 이, 제목, 내용 입력)

❸ [파일 찾기]를 클릭하고 저장된 '공룡사전.rtf', '캐릭터.rtf', '곰세마리.rtf' 파일을 차례로 첨부하기

❹ [보내기]를 클릭하여 메일 보내기

02. 첨부 파일을 내 컴퓨터에 저장하기

❶ 다음 사이트(http://www.daum.net)에 로그인하여 [메일]-[편지읽기]를 차례로 클릭

❷ 파일이 첨부된 메일의 제목 클릭

❸ 메일 내용을 읽어보고, 첨부된 파일을 마우스 오른쪽 단추로 클릭하여 [다른 이름으로 대상 저장]을 선택

❹ 바탕 화면으로 저장하기

14 우리 집은 공사 중

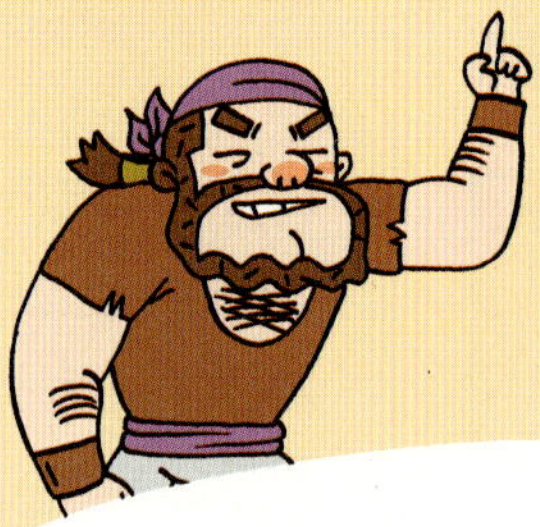

▶ 회원 가입을 해 보자.
▶ 개인 정보를 바꾸어 보자.

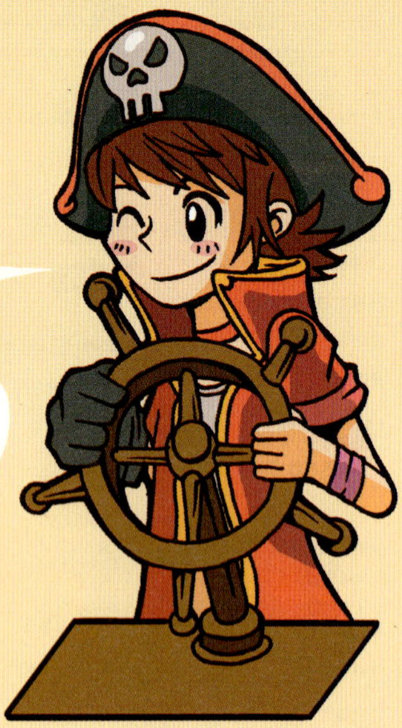

월   일

오늘의 임무

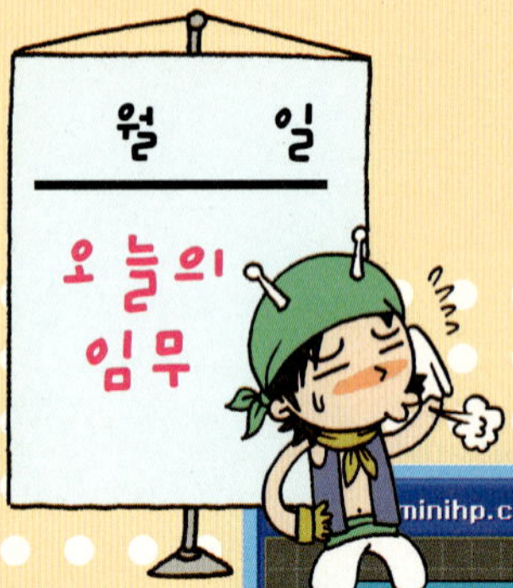

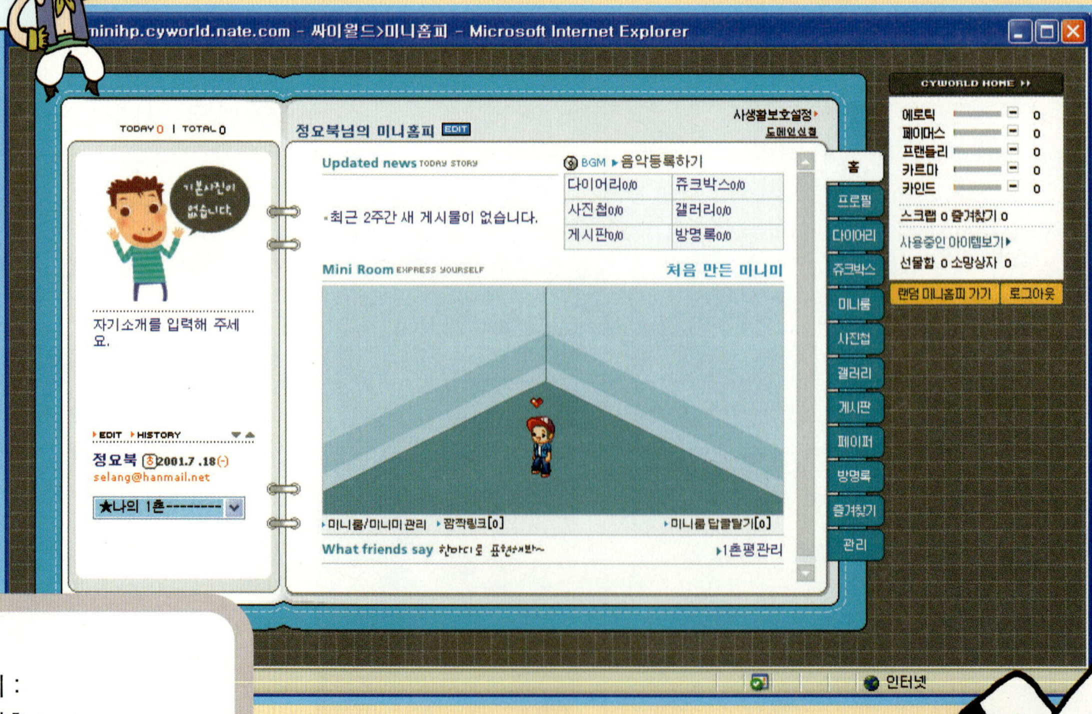

싸이월드
- 아이디 :
- 비밀번호 :

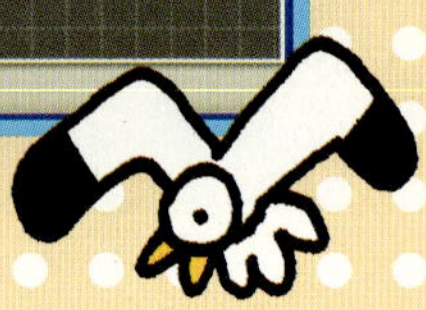

❶ 집을 짓기 전에 하는 기초 공사

01 네이트 사이트(http://www.nate.com)에 접속하고 [회원 가입]을 클릭합니다.

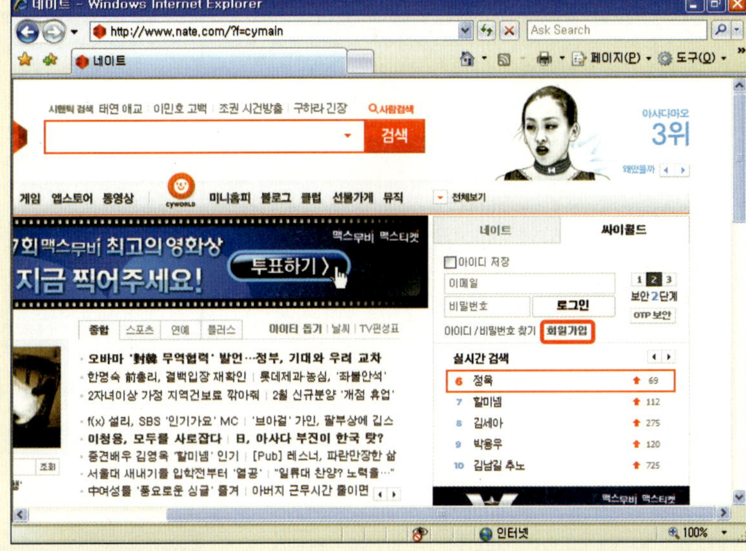

02 회원 유형의 '일반(한국인)'을 선택한 후 [가입하기] 단추를 누릅니다. 성명과 주민등록번호를 입력한 후, [가입여부 확인 및 실명 인증]을 클릭합니다.

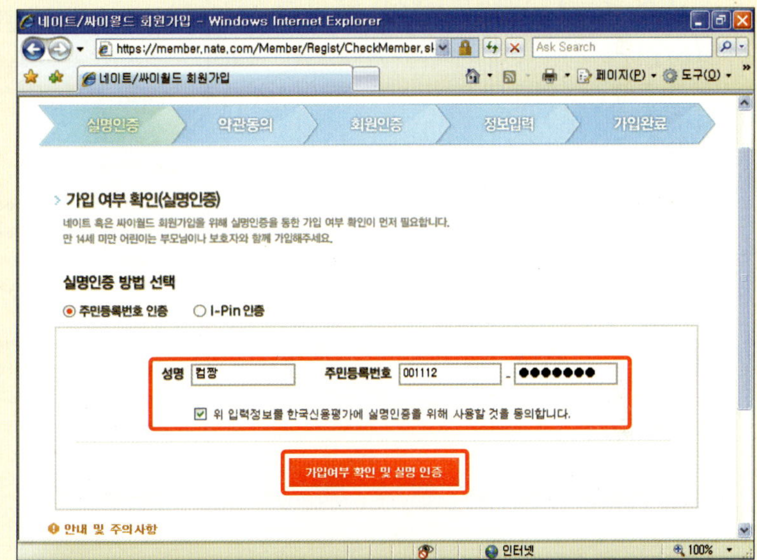

03 '네이트+싸이월드 가입'을 선택하고, [가입하기] 단추를 클릭하면 이용약관을 확인할 수 있습니다. 약관을 잘 읽어본 후 [다음 단계로]를 클릭합니다.

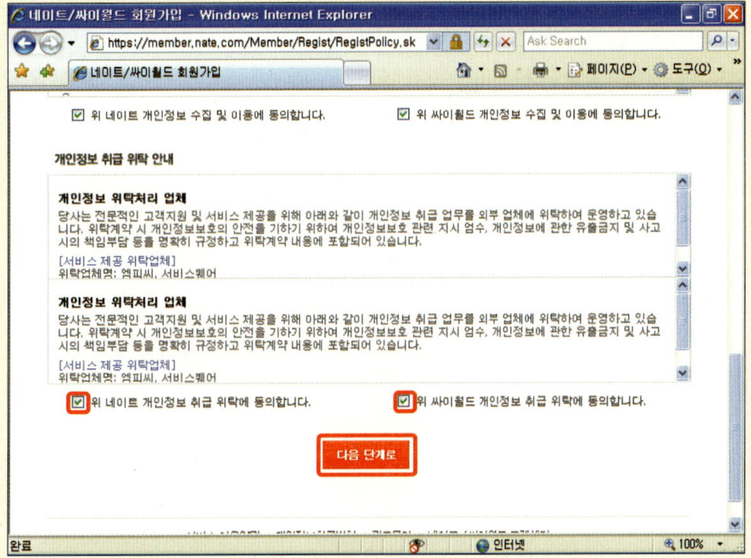

04 14세 미만인 경우 부모님의 인증을 받아야 합니다. 부모님의 정보를 입력하여 가입 동의를 받습니다.

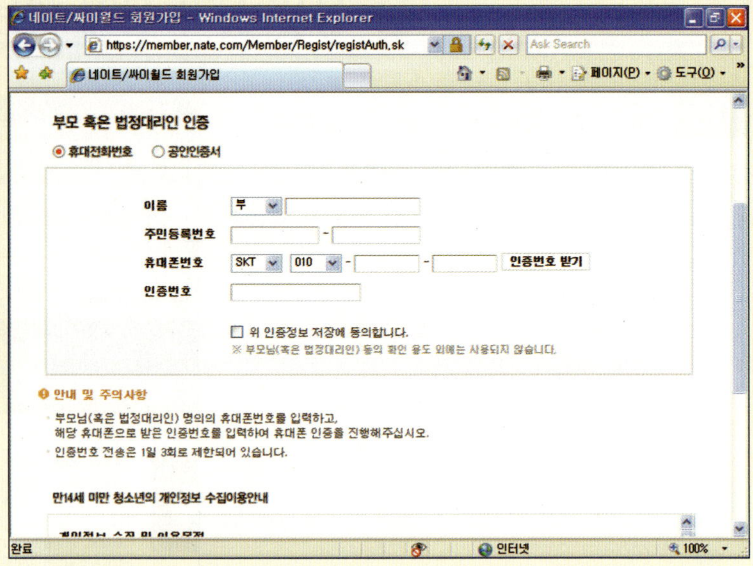

05 부모님의 가입 동의를 받은 후, 사용할 아이디와 회원 정보를 입력합니다.

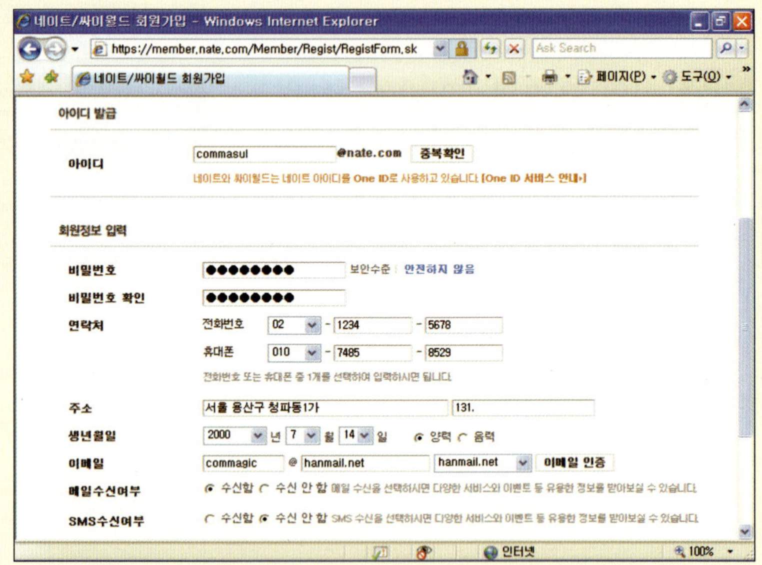

06 회원 가입이 완료되었습니다. 회원 가입이 완료되면서 미니홈피도 함께 만들어집니다.

❷ 개인 정보를 바꾸어 보자

01 회원 가입할 때 입력했던 여러 가지 정보는 나중에 변경할 수 있습니다. 네이트 첫 화면에서 [회원 정보 수정] 메뉴를 선택합니다.

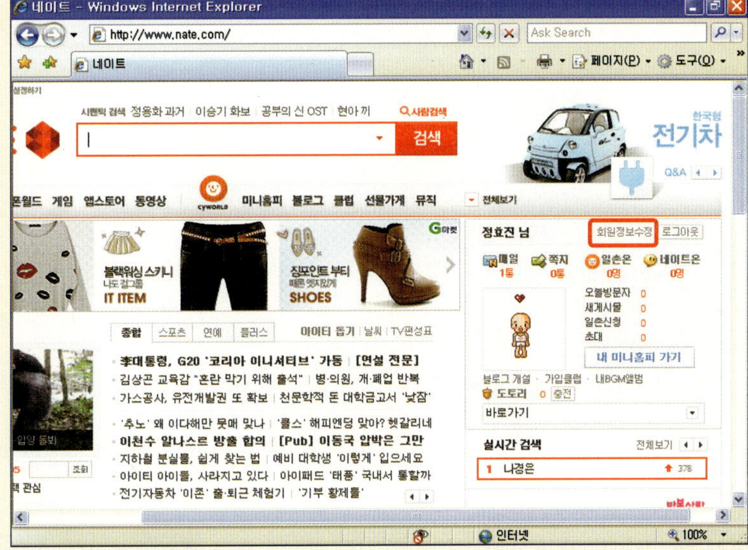

02 개인 정보는 중요한 내용이기 때문에 비밀번호를 다시 확인합니다. 비밀번호를 입력한 후 [확인]을 클릭합니다.

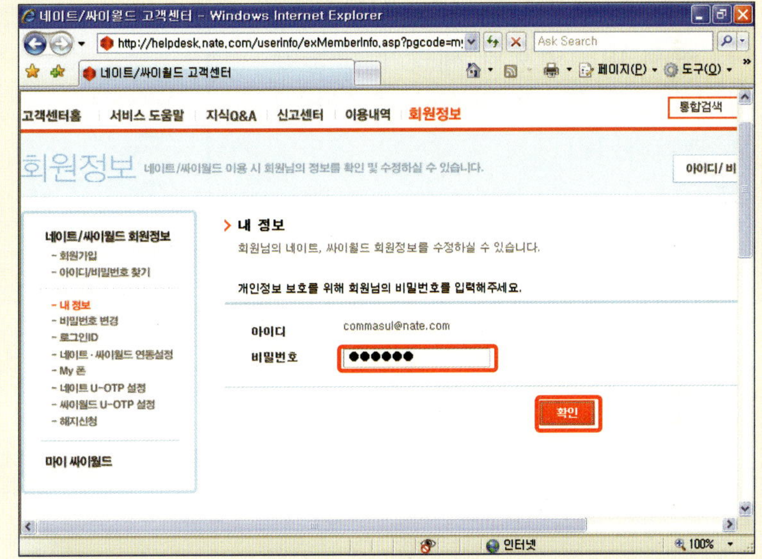

03 입력한 비밀번호가 맞으면 개인 정보를 수정할 수 있습니다. 수정할 정보를 입력한 후 [확인]을 클릭합니다.

04 수정이 완료되었음을 나타내는 창이 나타나면 [확인]을 클릭합니다.

비밀번호 변경

회원 가입 후에는 다른 사람에게 나의 비밀번호가 알려지는 것을 예방하기 위하여 수시로 바꿔주는 것이 좋습니다.

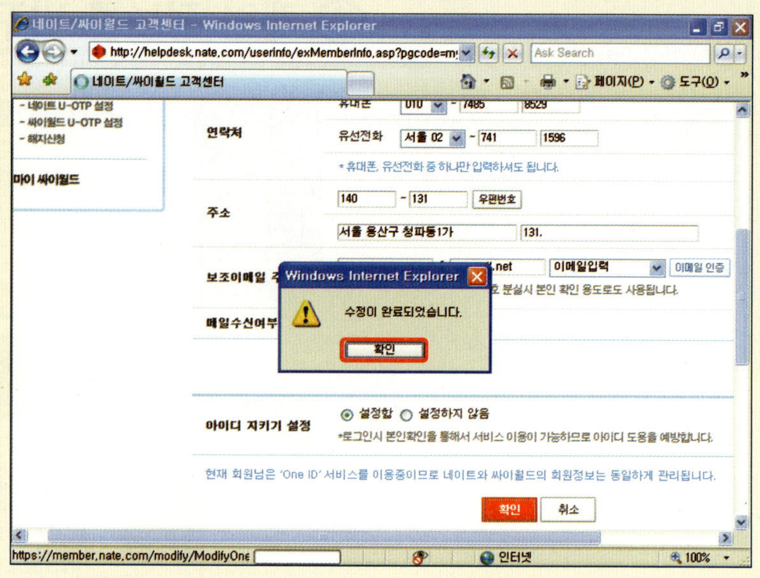

05 비밀번호를 변경하기 위해 [비밀번호 변경] 메뉴를 선택합니다. 현재 비밀번호와 새롭게 사용할 비밀번호를 두 번 입력한 후 [확인]을 클릭합니다.

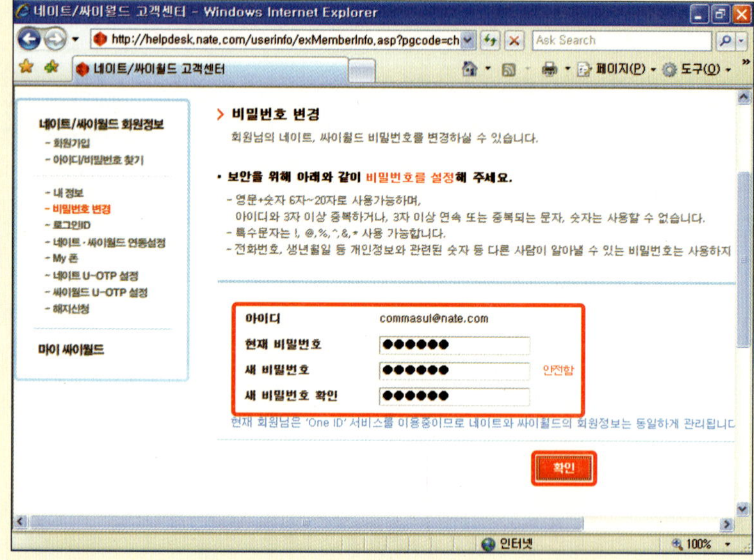

06 비밀번호가 변경되었음을 알려주는 대화 상자가 나타나면 [확인]을 클릭합니다. 다음부터 네이트에 접속할 때는 새로운 비밀번호를 입력해야 합니다.

1. 미니미 바꾸기

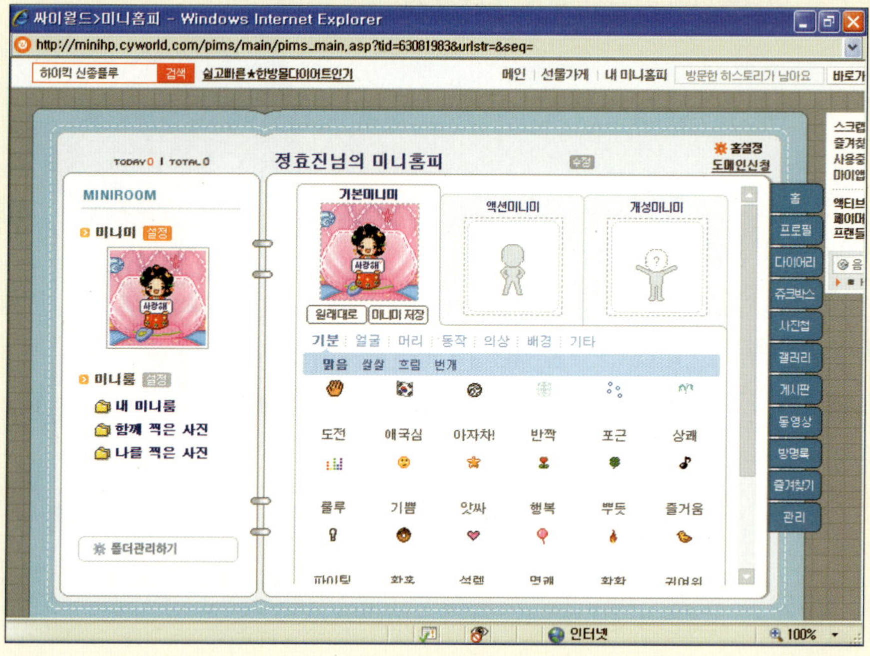

① 미니홈피의 중앙에서 [미니미 만들기] 클릭
② 기분, 얼굴, 머리, 동작 등을 차례로 선택하고, [미니미 저장] 클릭

02. 미니미에 말풍선 추가하기

① [미니룸]-[미니룸 설정] 클릭
② [말풍선] 클릭
③ [말풍선 추가] 클릭
④ 입력란에 "저의 미니홈피에 와주셔서 감사합니다."라고 입력한 후 [확인] 클릭
⑤ [미니룸 저장] 클릭
⑥ 오른쪽 메뉴에서 [홈]을 클릭하여 말풍선 확인

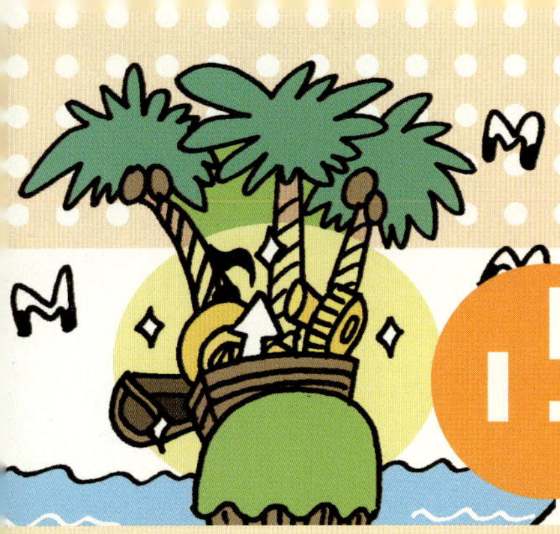

우리 집에 놀러오세요

▶ 그림의 형식을 바꾸어 보자.
▶ 미니홈피에 그림과 글을 올려 보자.

월   일
오늘의
임무

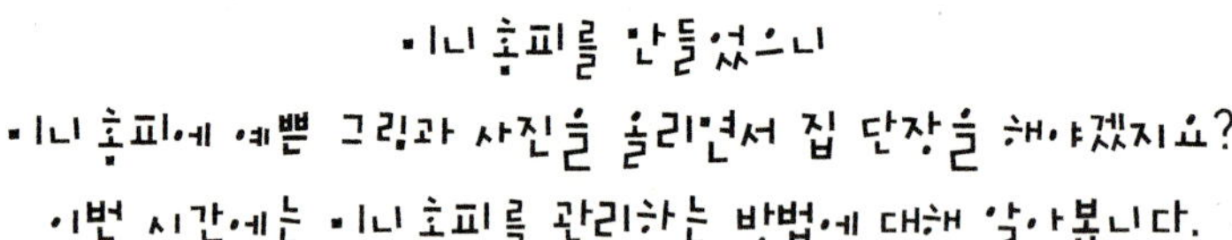

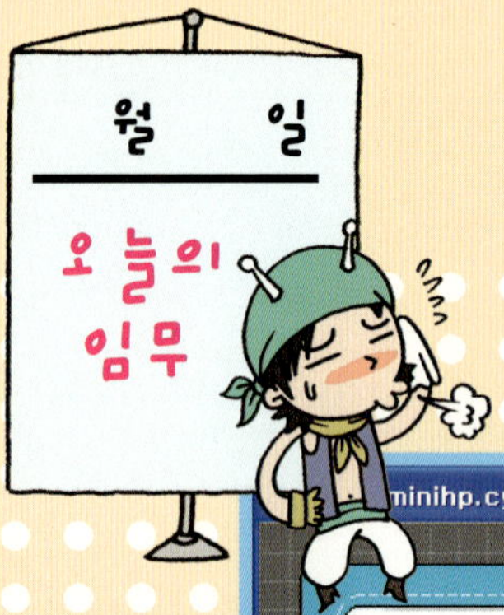

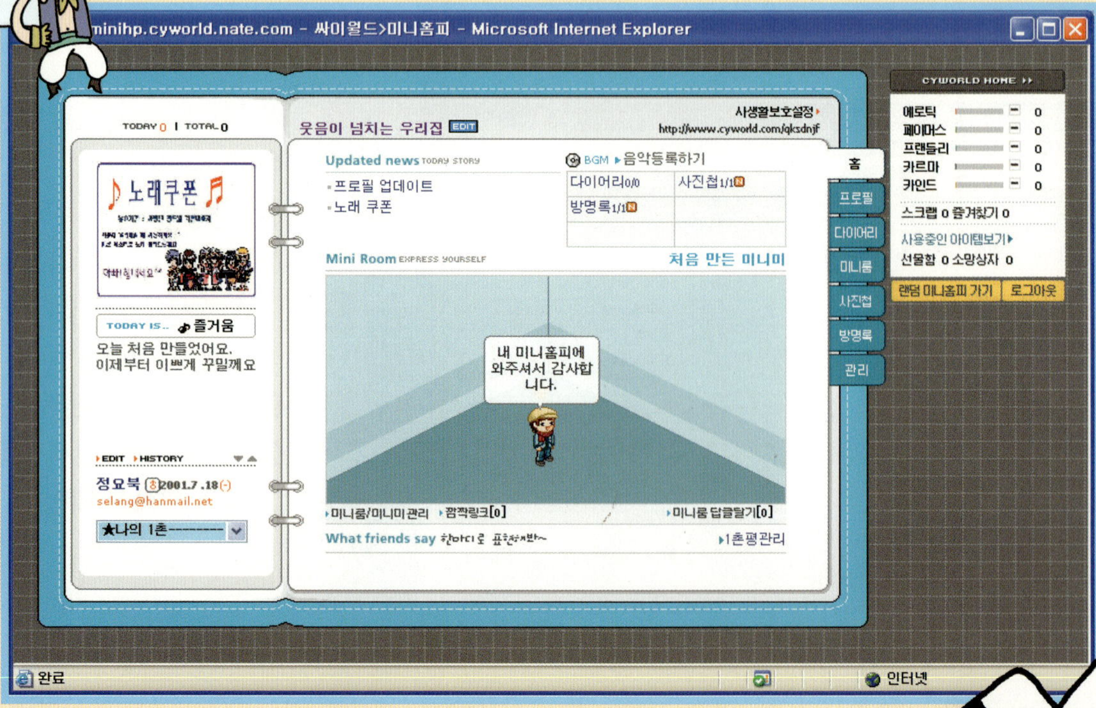

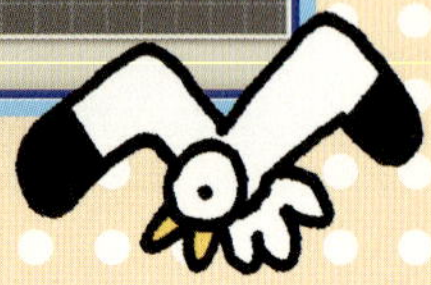

❶ 미니홈피에 폴더를 만들어 보자

그림이나 사진을 미니홈피에 올릴 때는 [사진첩]을 이용합니다. 그런데 분류를 하지 않고 사진첩에 넣어버리면 복잡해지겠지요? 그림과 사진의 특징에 맞는 방을 정해주고, 그 방에 해당 사진과 그림을 올리면 한결 보기 좋을 거예요.

01 [사진첩]을 선택한 후, 왼쪽 아래에 있는 [폴더 관리하기]를 클릭합니다. [폴더 추가]를 클릭하여 원하는 만큼의 폴더를 만들고 각 폴더의 이름을 입력합니다. 입력이 끝나면 [확인]을 클릭합니다.

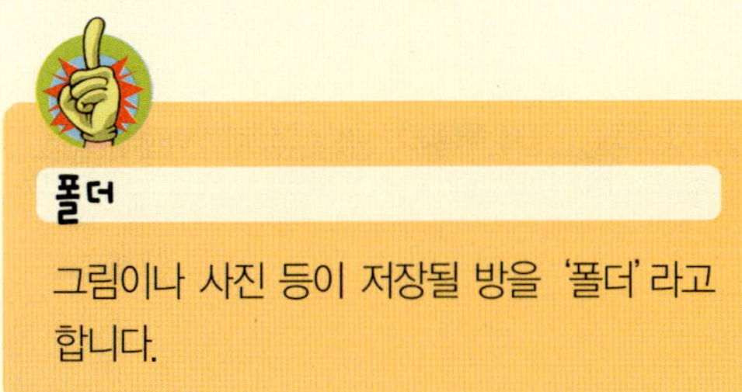

폴더

그림이나 사진 등이 저장될 방을 '폴더'라고 합니다.

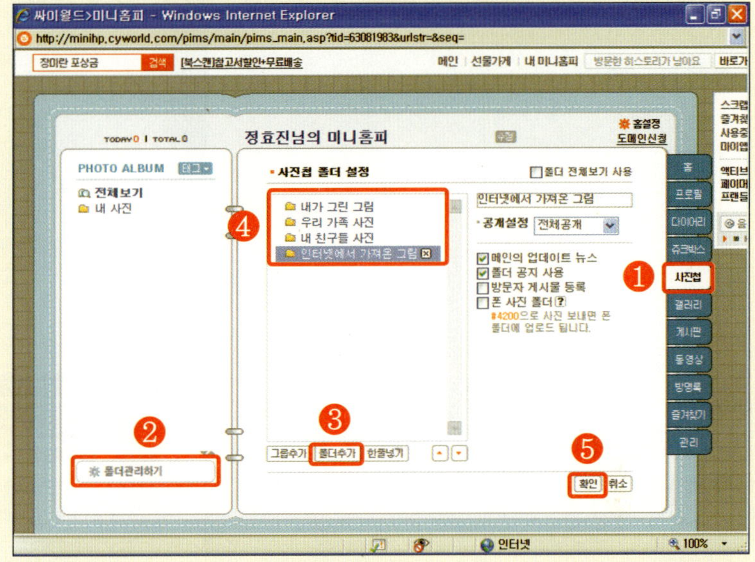

02 미니홈피 왼쪽에 여러 개의 폴더가 새롭게 만들어진 것을 볼 수 있습니다.

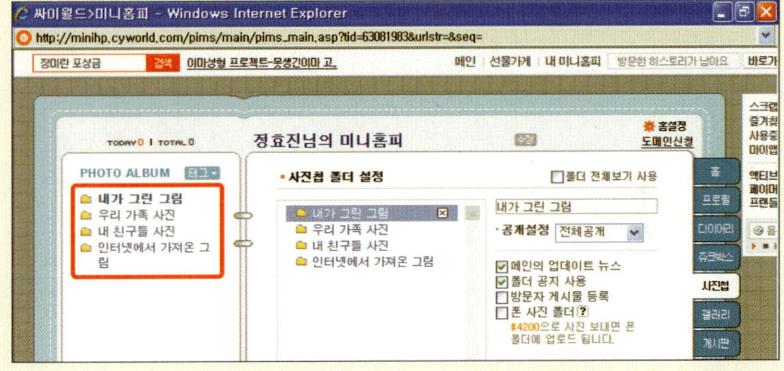

❷ 그림의 형식을 바꾸어 보자

01 내가 그린 그림을 올리기 위해서 [내가 그린 그림] 폴더를 선택하고 [사진 올리기]를 클릭합니다.

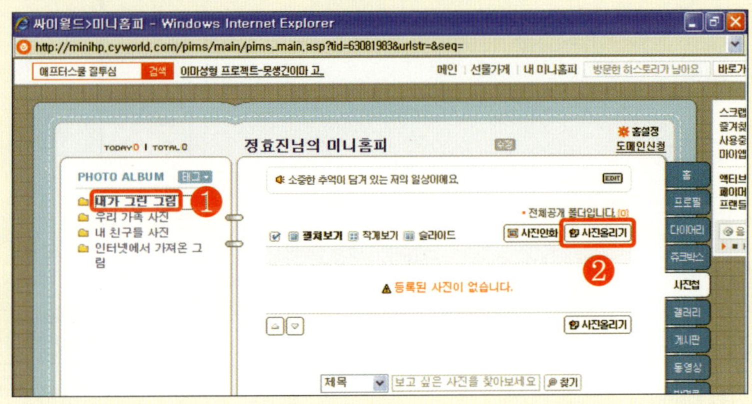

02 제목란에 그림 제목을 입력하고 내용 입력란에는 그림에 대한 글을 입력합니다. 이제 그림을 올리기 위해 [첨부]를 클릭합니다.

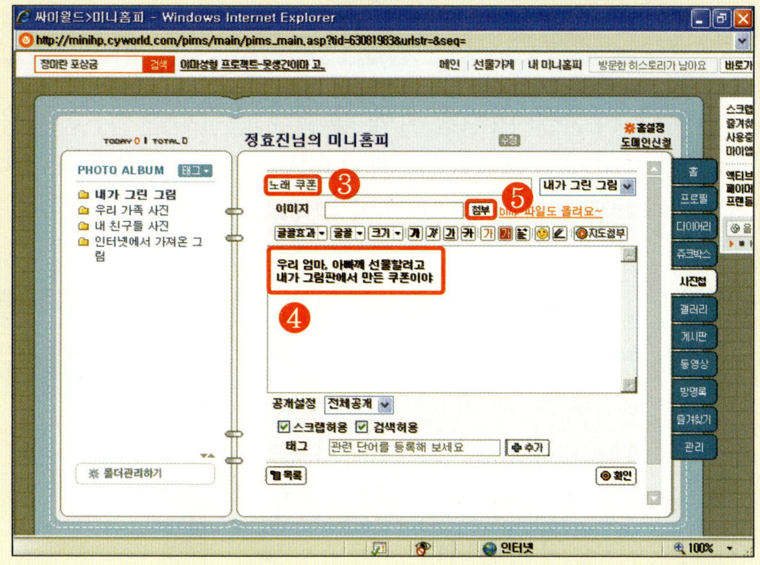

03 [이미지 편집툴] 대화 상자의 [사진 편집하기] 탭에서 [추가]를 클릭합니다.

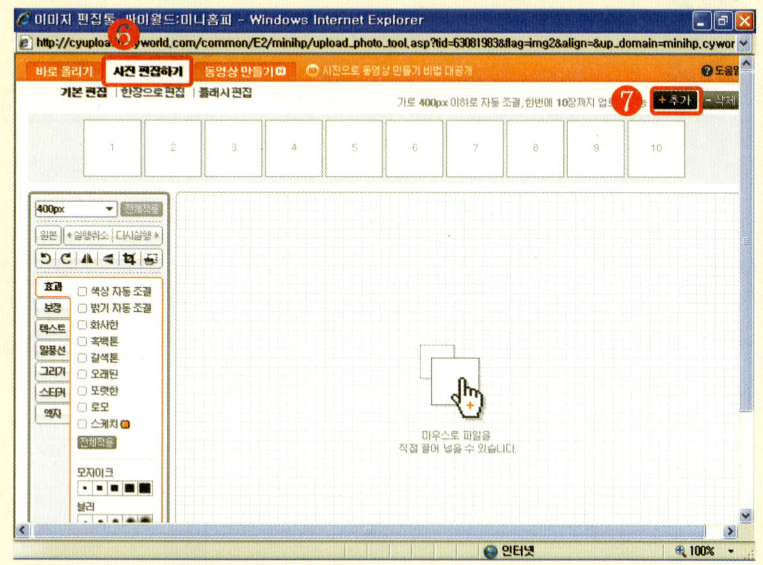

04 [열기] 대화 상자가 열리면 '노래쿠폰' 파일을 선택하고 [열기]를 클릭합니다.

05 [파일 올리기] 대화 상자의 [등록하기]를 클릭하여 그림 파일을 등록합니다.

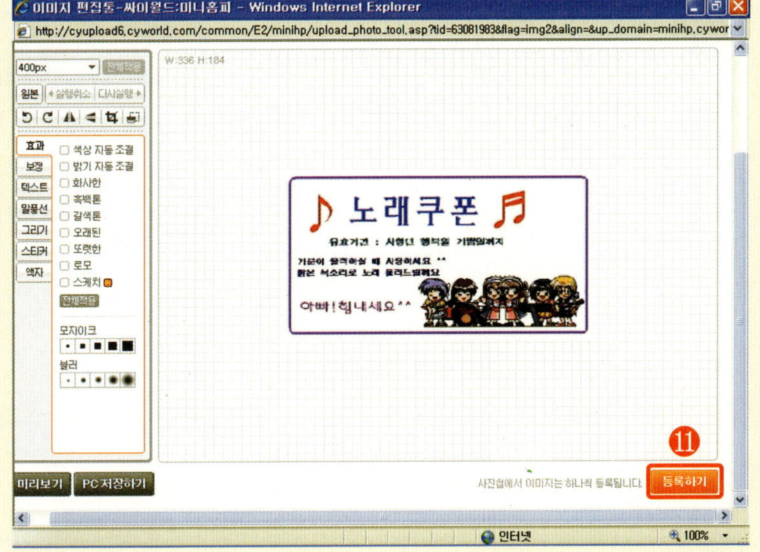

06 '노래쿠폰.jpg' 파일이 첨부 되었습니다. [확인]을 클릭하여 그림을 미니홈피에 등록합니다.

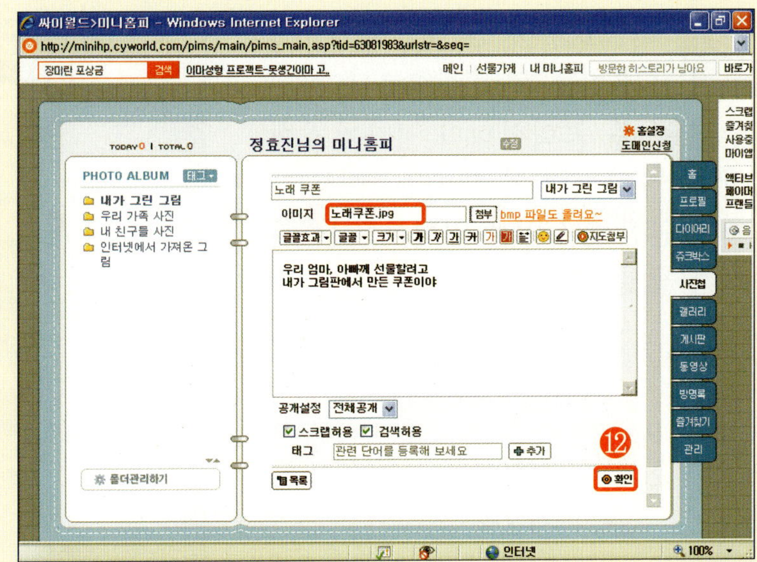

07 글과 그림이 근사하게 등록되었습니다. 이번에는 이 그림을 미니홈피의 첫 화면에 나타나게 하기 위해 [메인 등록]을 클릭합니다.

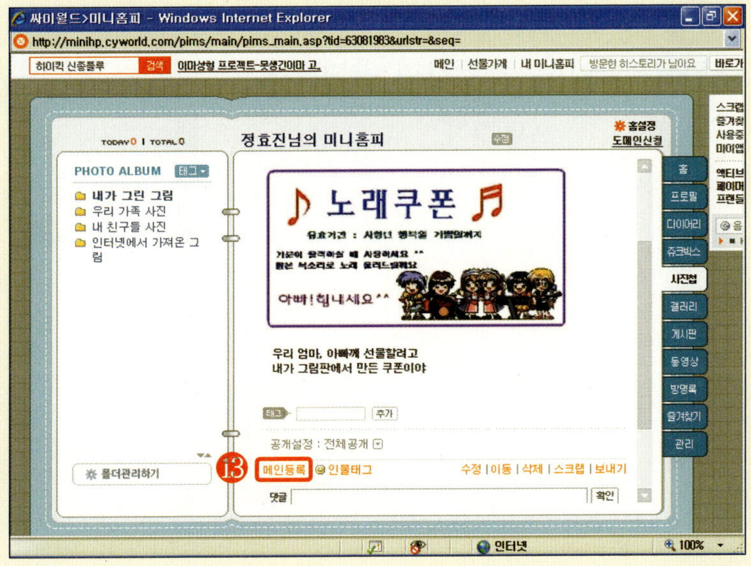

08 [홈] 단추를 클릭하여 미니홈피의 첫 화면으로 이동하면 화면 왼쪽에 노래쿠폰이 보이는군요!

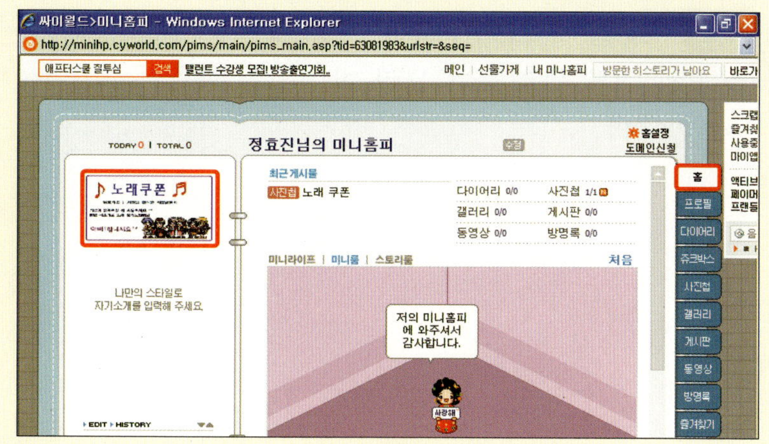

❸ 미니홈피의 다른 기능 이용하기

01 미니홈피의 첫 화면에서 '나만의 스타일로 자기소개를 입력해 주세요'를 클릭합니다. [자기소개 입력] 대화 상자가 열리면 [내용]란에 간단한 인사말을 입력하고 [등록하기]를 클릭합니다.

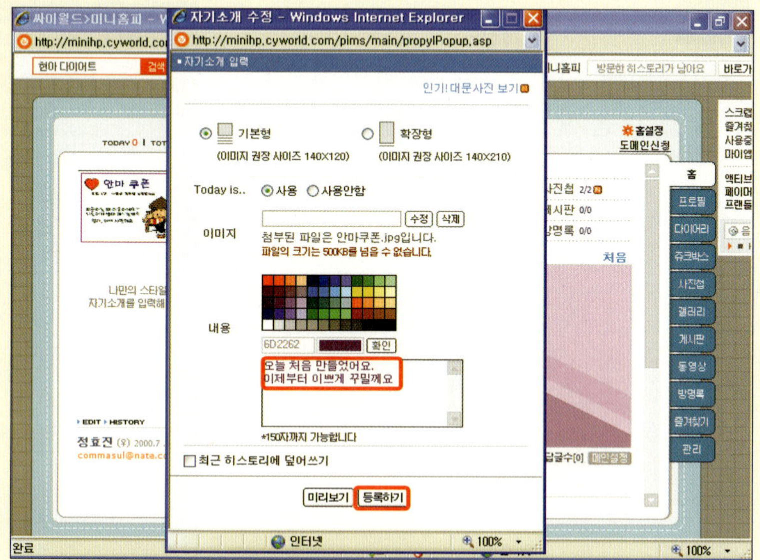

02 [방명록]을 클릭하여 글을 입력하고 [확인]을 클릭하면 방명록에 글을 남길 수 있습니다.

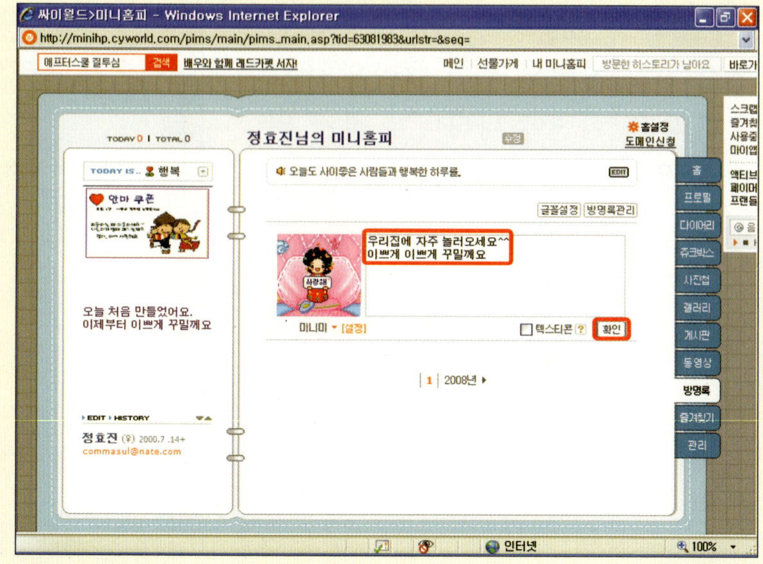

1. 친구의 미니홈피를 방문하여 방명록에 글 남기기

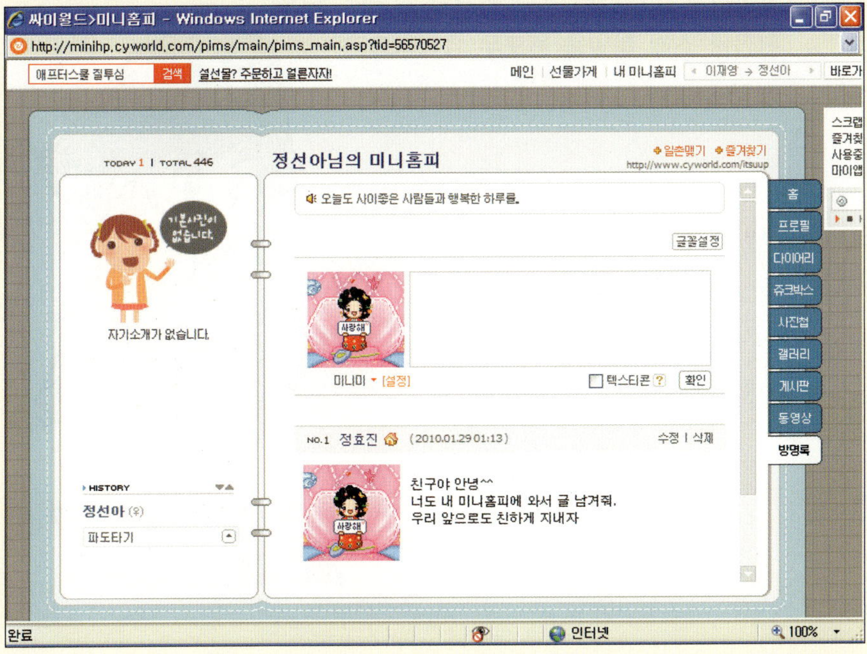

1 주소 표시줄에 친구의 미니홈피 주소 입력
(여기서는 "http://cyworld.nate.com/qksdnjf"를 입력했습니다.)
2 방명록에 글 입력
3 같은 방법으로 2명 이상의 친구 미니홈피의 방명록에 글 남기기

2. 미니홈피의 사진첩에 강아지 사진 3장 등록하기

1 네이트 사이트(http://nate.com)에서 "강아지 그림"을 입력하고 [검색] 클릭
2 강아지 그림을 찾아서 내 컴퓨터에 저장
3 내 미니홈피에 강아지 사진 등록하기
4 같은 방법으로 2장의 강아지 사진을 더 등록하기

재밌지? 무섭지? 신기하지?

▶ 인터넷에서 소리 파일을 다운로드 받아 보자.
▶ 녹음기를 사용하여 소리 파일을 편집해 보자.
▶ 편집된 소리 파일을 윈도우 효과음으로
　지정해 보자.

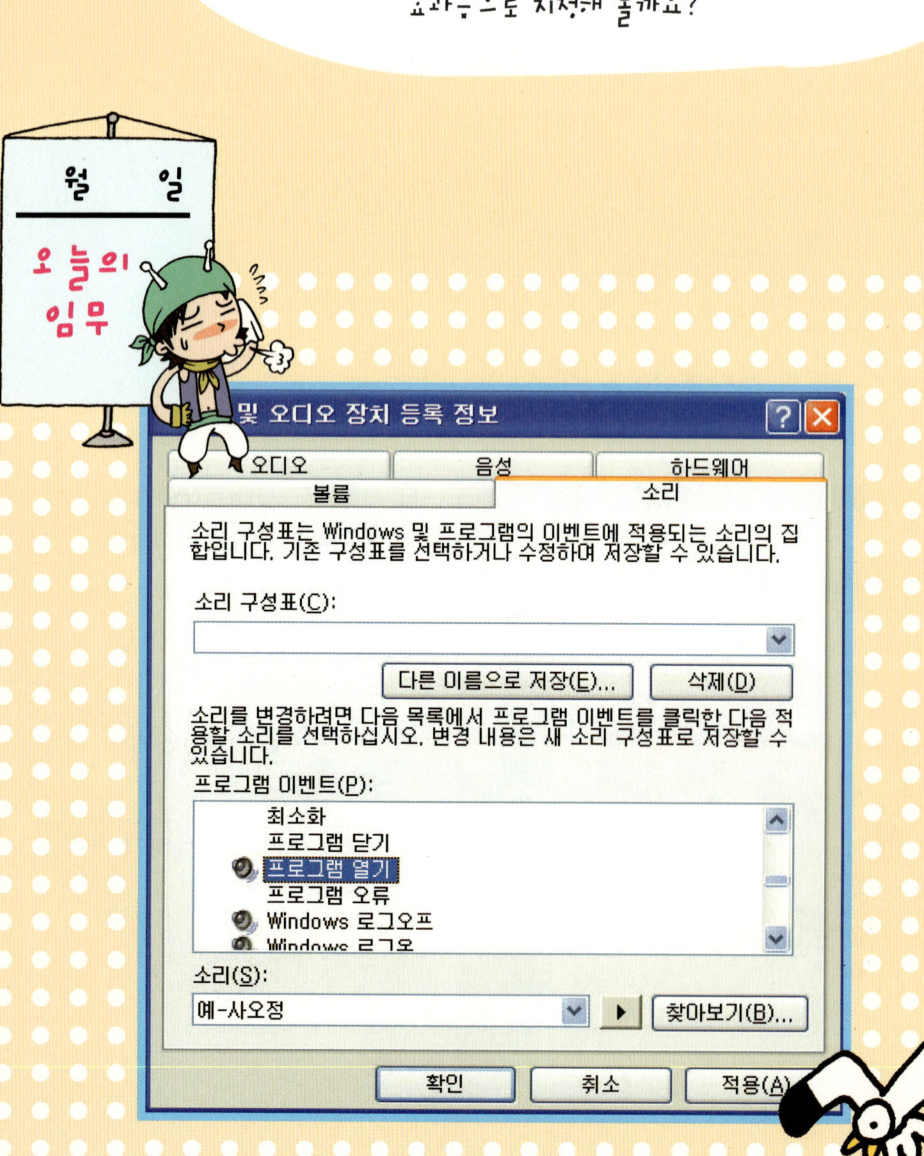

❶ 소리 파일을 다운로드 받기

01 인터넷을 실행하고 마이크로소프트(http://office.microsoft.com) 홈페이지에 접속하여, [클립 아트]를 클릭한 후, 검색어에 '환호'를 입력하고, 검색 항목을 '소리'로 선택합니다.

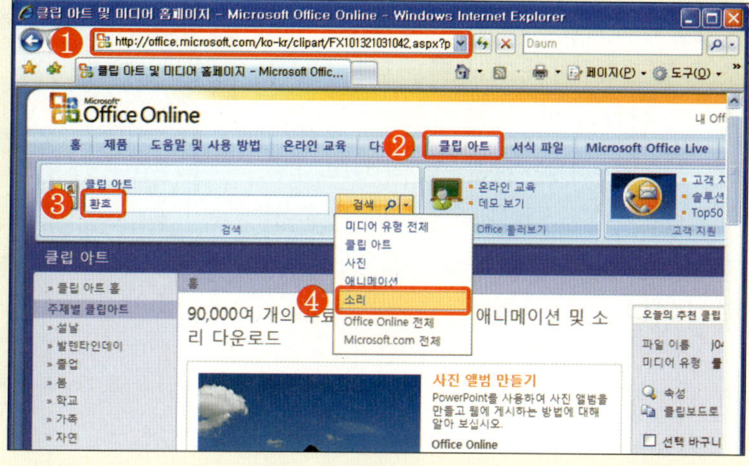

02 소리 파일 목록에서 스피커 모양의 그림을 누르면 미리듣기를 할 수 있습니다. 마음에 드는 소리를 선택한 후, '항목 다운로드'를 클릭합니다.

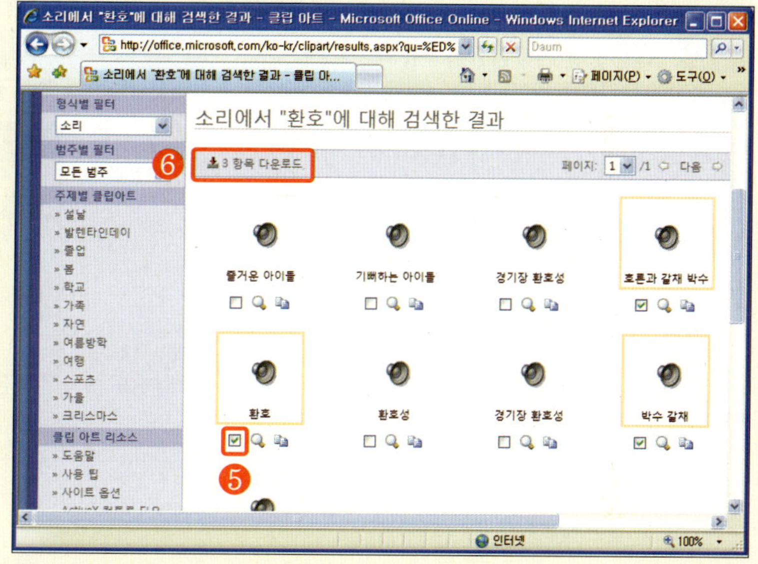

03 [지금 다운로드] 단추를 클릭한 후, [열기] 단추를 클릭하면 선택한 소리 파일이 내 컴퓨터로 저장됩니다. 이렇게 다운로드받은 파일은 [내 그림\Microsoft Clip Organizer] 폴더에 저장됩니다. 같은 방법으로 소리 파일 몇 가지를 더 저장해 봅니다.

다운로드받은 파일의 이름은 '환호성.wav', '불꽃놀이.wav', '새소리.wav'로 이름을 바꾸어 [내문서\홍길동] 폴더로 복사하였습니다.

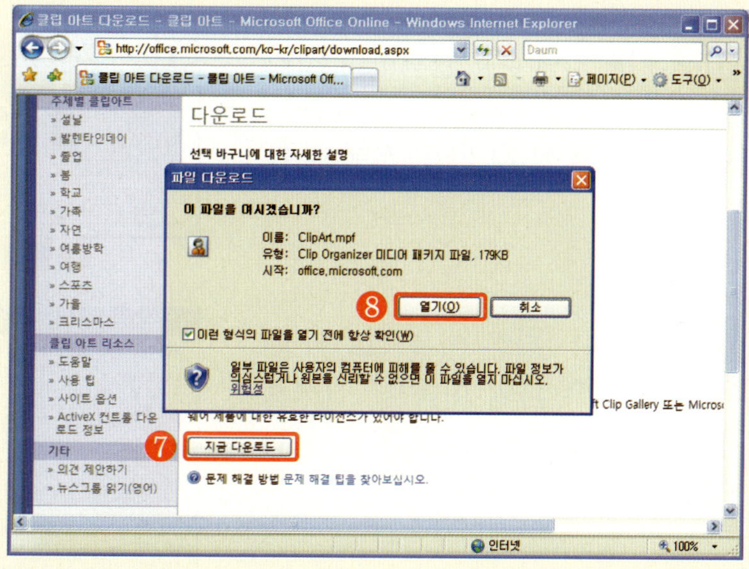

❷ 녹음기 사용하기

01 [시작]-[모든 프로그램]-[보조프로그램]-[엔터테인먼트]-[녹음기]를 선택하여 녹음기를 실행합니다. [파일]-[열기]를 선택하고 [열기] 대화 상자에서 소리 파일(불꽃놀이.wav)을 선택하고 [열기]를 클릭합니다.

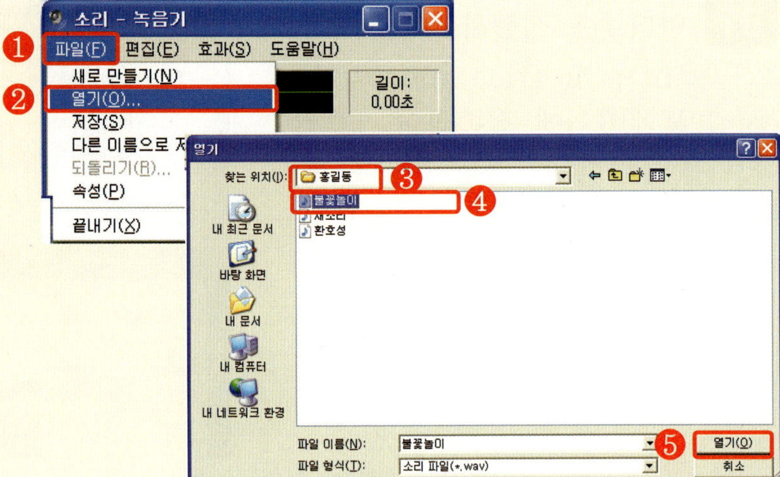

02 [소리 - 녹음기] 대화 상자에서 [파일]-[다른 이름으로 저장]을 선택합니다. [다른 이름으로 저장] 대화 상자에서 [변경]을 클릭한 후 형식에서 'PCM'을 선택하고 [확인]을 클릭합니다.

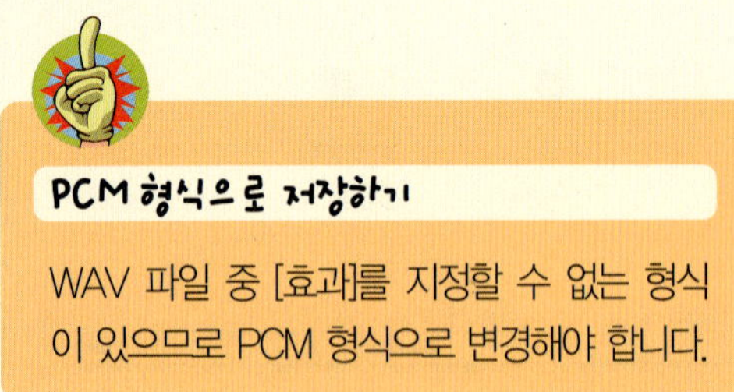

PCM 형식으로 저장하기

WAV 파일 중 [효과]를 지정할 수 없는 형식이 있으므로 PCM 형식으로 변경해야 합니다.

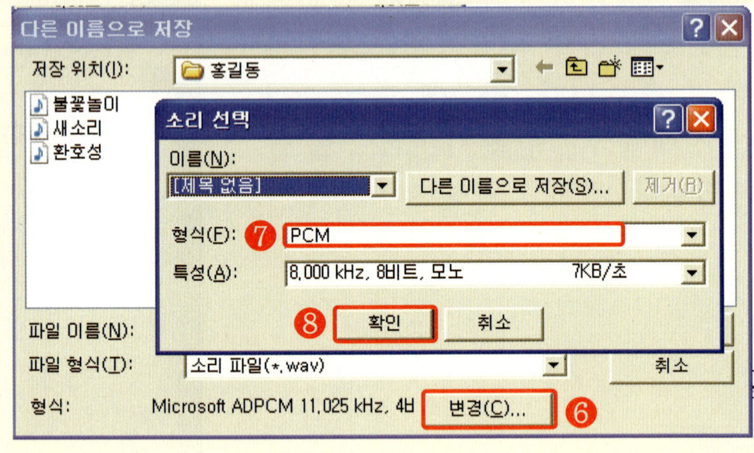

03 ▶ 단추를 클릭하여 소리를 들어봅니다. 이번에는 [효과]-[반대 방향으로 재생]을 선택해 봅니다.

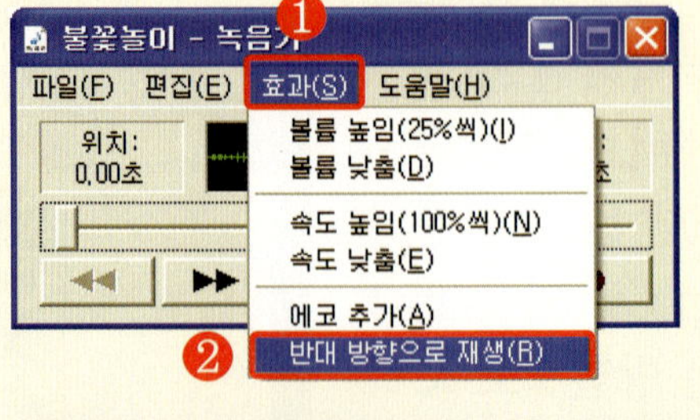

04 [파일]-[다른 이름으로 저장]을 선택한 후 파일 이름을 "거꾸로 재생"으로 입력하고 [저장]을 클릭하여 저장합니다.

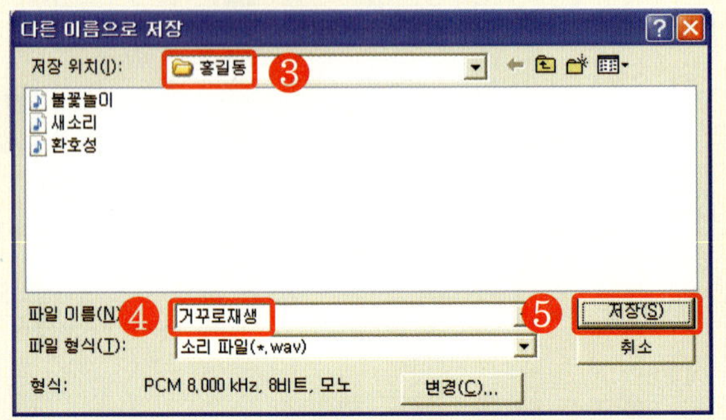

❸ 윈도우 효과음 지정하기

01 [시작]-[제어판]을 선택하여 [제어판] 창이 열리면 [사운드 및 오디오 장치]를 더블 클릭하여 실행합니다.

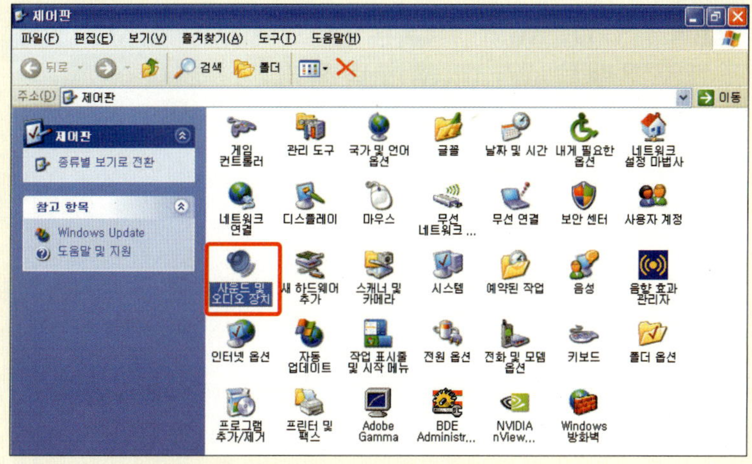

02 [사운드 및 오디오 장치 등록 정보] 대화 상자가 나타나면 [소리] 탭을 클릭합니다. 프로그램 이벤트는 '프로그램 열기'로 선택하고 [찾아보기]를 클릭합니다.

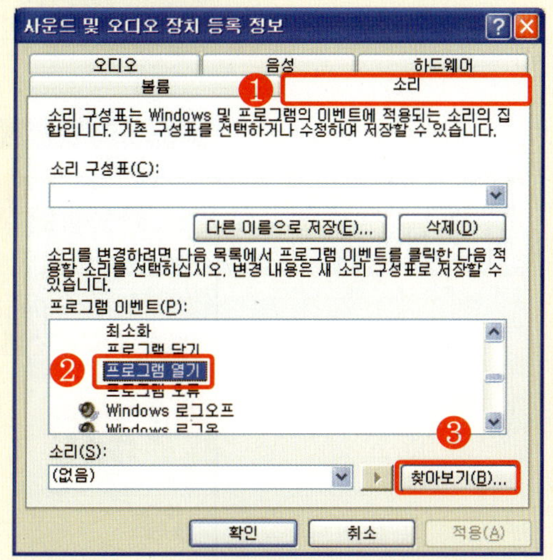

03 [프로그램 열기 소리 찾아보기] 대화 상자가 열리면 '새소리' 파일을 선택한 후 [확인]을 클릭합니다. [프로그램 열기 소리 찾아보기] 대화 상자에서 [확인]을 클릭하여 소리 지정을 끝냅니다.

❹ 프로그램 소리 들어 보기

01 [시작]-[모든 프로그램]-[보조프로그램]-[Windows 탐색기]를 선택하여 프로그램을 열어보면 '새소리.wav' 소리가 들립니다.

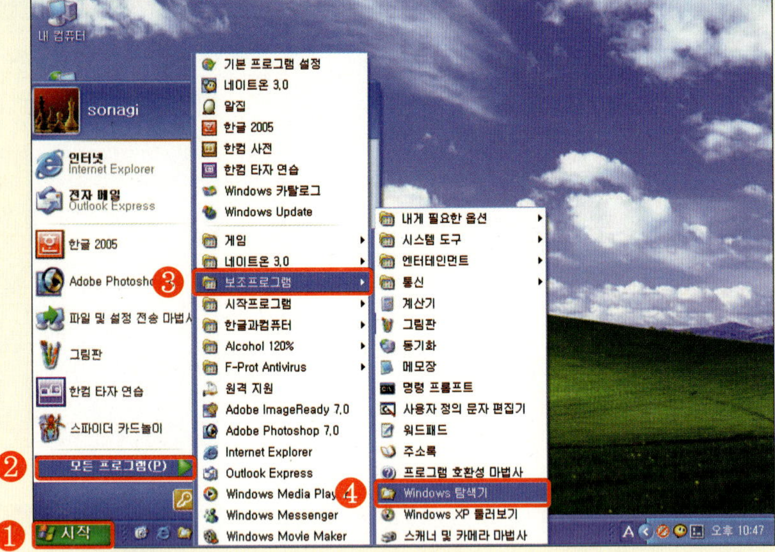

02 같은 방법으로 '프로그램 닫기'를 선택한 후 '불꽃놀이.wav' 소리 파일을 지정하여 소리를 들어 봅니다.

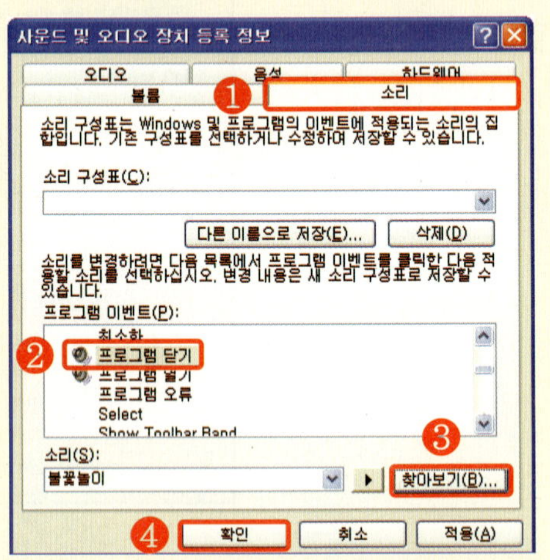

03 지정된 소리 파일을 해제하려면 [사운드 및 오디오 장치 등록 정보] 대화 상자의 [소리] 탭에서 프로그램 이벤트 '프로그램 열기'를 선택하고 소리에서 '없음'을 지정합니다. 같은 방법으로 '프로그램 닫기'의 소리도 해제합니다.

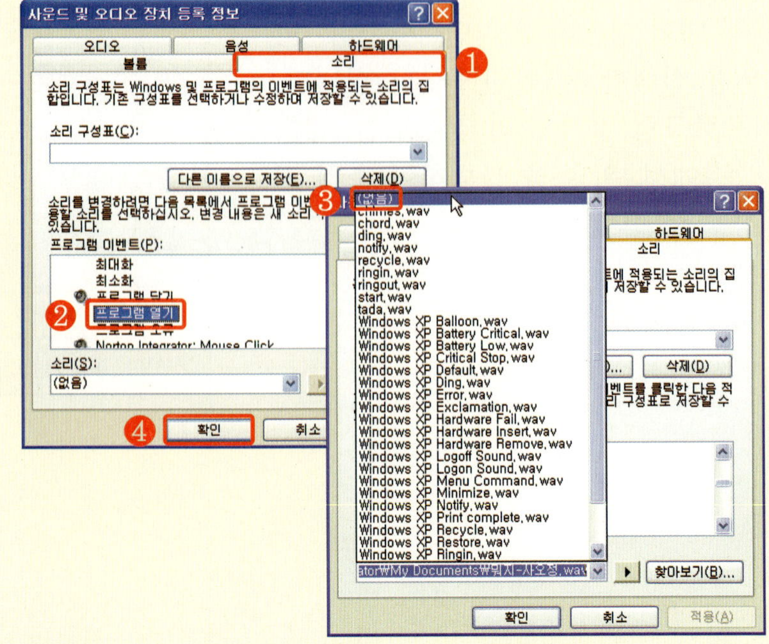

1. 여러 개의 소리 파일을 하나로 병합하기

① 마이크로소프트(http://office.microsoft.com) 사이트에서 동물의 소리 다운로드받기
② 녹음기를 실행시켜, 다운로드받은 파일 불러오기
③ [효과]–[속도 높임]과 [에코 추가] 지정
④ [편집]–[파일 병합]을 선택하여 다른 소리 파일과 병합
⑤ [효과]–[반대 방향으로 재생]을 선택하여 소리 들어보기

2. 창을 최대화시킬 때마다 '무서운 소리'가 실행되도록 지정하기

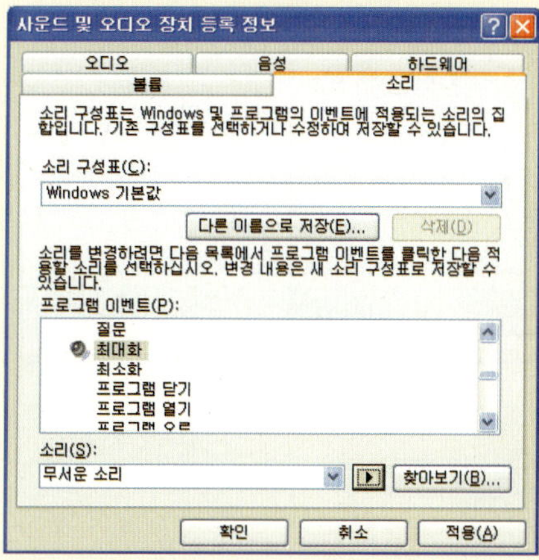

① [시작]–[제어판]을 선택하고 [사운드 및 오디오 장치] 실행
② [소리] 탭의 [프로그램 이벤트]–[최대화] 항목을 선택
③ [찾아보기]를 클릭하여 '무서운 소리' 지정
④ [최대화] 항목의 '무서운 소리' 효과 해제

03. 미니홈피에 방금 만든 파일을 등록하기

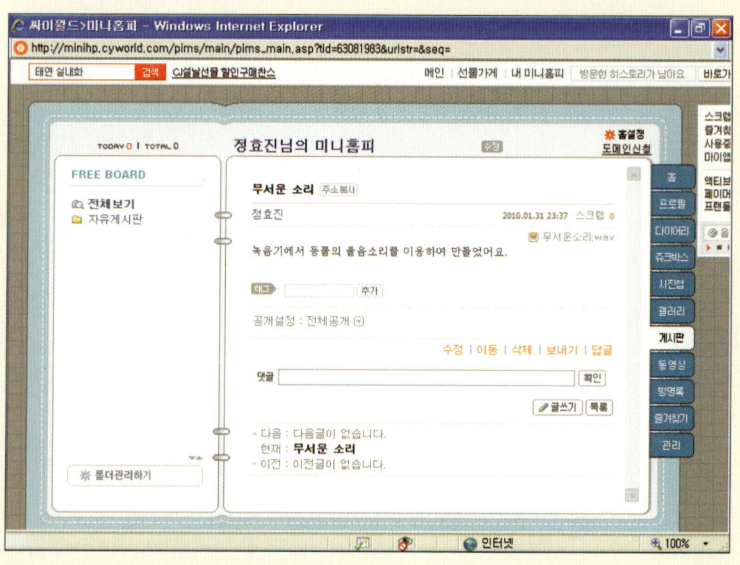

① 내 미니홈피의 [게시판]으로 이동
② [글쓰기]를 클릭하고 제목을 입력
③ [파일] 단추를 클릭하고 '무서운 소리' 파일 선택
④ 내용을 입력하고 [확인]을 클릭하여 소리 파일 등록

내공 평가하기

① 재미있는 소리를 만들어 친구에게 메일로 보내 봅시다.

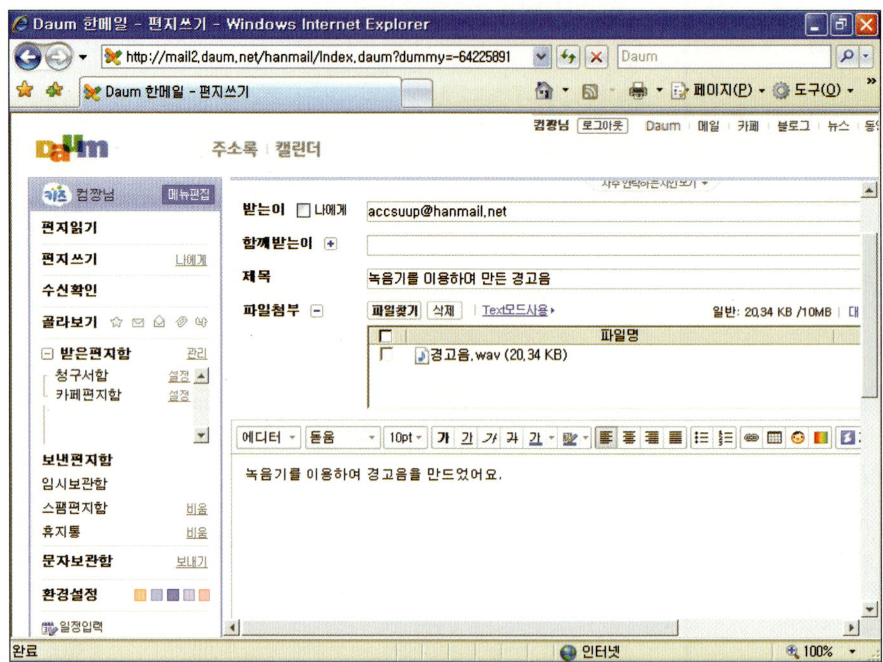

❶ 'http://wav.pe.kr' 사이트에 접속하여, [BUTTON] 클릭
❷ 다운로드 받을 소리를 선택하여 소리 다운로드받기
❸ [시작]–[모든 프로그램]–[보조프로그램]–[엔터테인먼트]–[녹음기]를 클릭하여 녹음기 실행하기
❹ 다운로드 받은 2개의 파일을 병합하여, 다른 이름(경고음.wav)으로 저장하기
❺ 메일로 소리 파일(경고음.wav)을 첨부하여 편지 보내기

 획득 아이템   풀이 시간 ① ___ 분
② ___ 분

② **윈도우 XP 스크린세이버를 다운로드 받아 설치하고, 친구에게 메일로 보내 봅시다.**

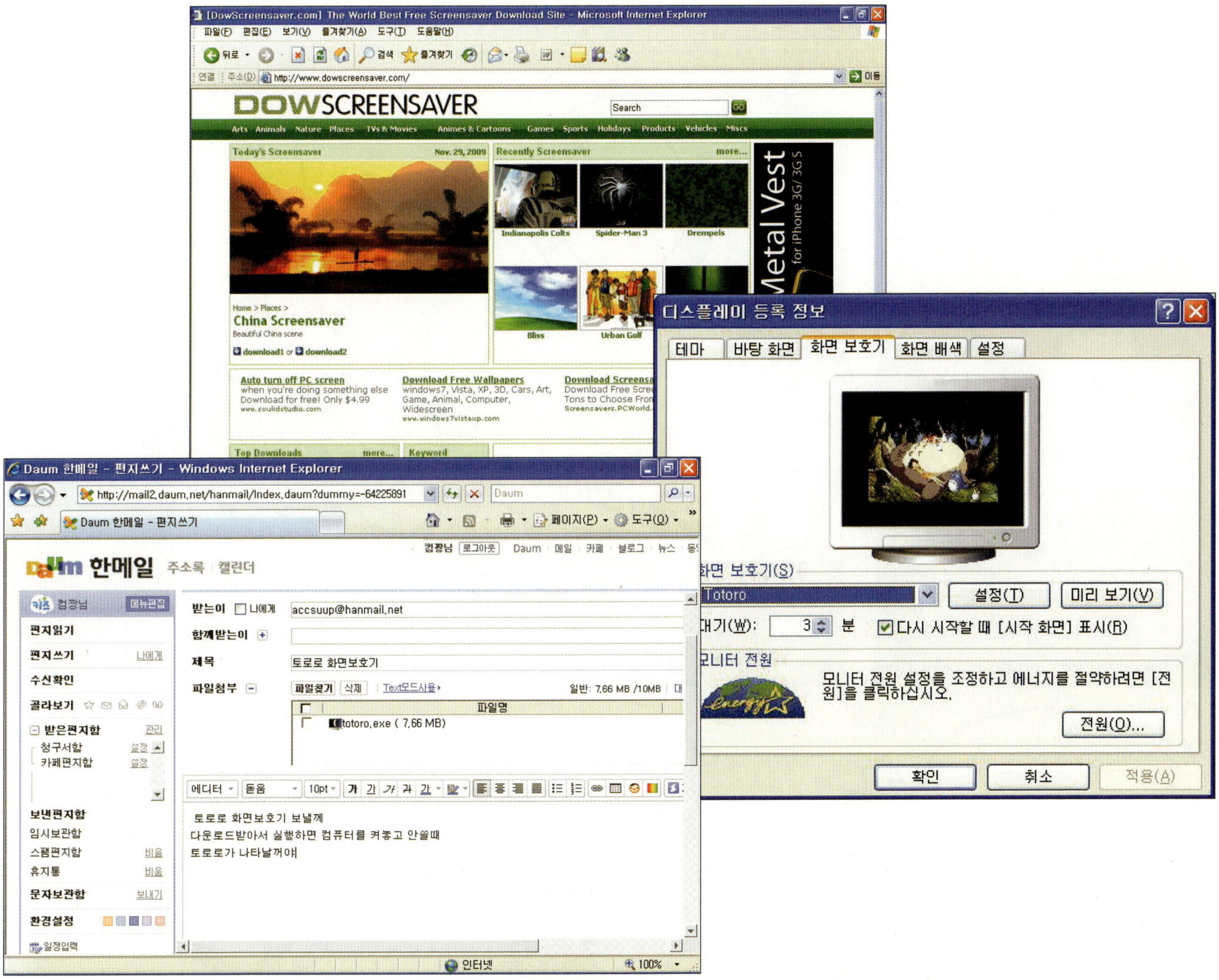

❶ 'http://www.dowscreensaver.com'에 접속하기
❷ 검색창에 'Totoro'를 입력하여 토토로 스크린세이버를 찾아 바탕 화면에 다운로드
❸ 바탕 화면으로 다운로드받은 'Totoro' 아이콘을 더블 클릭하여 설치하기
❹ 설치가 끝난 후 바탕 화면에서 마우스 오른쪽 단추를 클릭하고 [속성] 선택하기
❺ [디스플레이 등록 정보] 대화 상자의 [화면 보호기] 탭에서 'Totoro'를 선택하고 [확인]을 클릭하여 스크린세이버 적용
❻ 다음 사이트(http://www.daum.net)에 접속하여 로그인하기
❼ [편지쓰기]를 클릭하여 파일을 첨부한 후 편지 보내기

윈도우 XP 호의 일등선원 컴짱

그런 게 있을리 없잖니~
인터넷해에 있는 익스플로러 섬에는
동영상 기능과 인터넷 검색,
프로그램 다운로드,
컴퓨터 관리에 필요한
온갖 기능들이 있단다.
그러면 그 중에
저도 하나 주실 거죠?
네??
주세요~! 주세요~!
오올~
아..
그게..
그냥 그러지 말고
저한테만 하나
살짝 주세요.
비밀 지킬게요~
윤석!
다같이 나누어
가져야지!
선원 모두에게
인터넷 정보를
찾을 수 있는
마법 열쇠를
줄 생각이었다.
쏙
쏙
딱!
어이쿠!
저 마법열쇠를 받으면
나중에 선장이 될 때까지
걸고 다닐 거예요!
아~~ 멋지겠다!
히히히
네가..
선장?

17 내 맘대로 만들어 보는 영화

▶ 무비 메이커에서 그림과 소리를 불러오자.
▶ 동영상 파일을 만들어 보자.

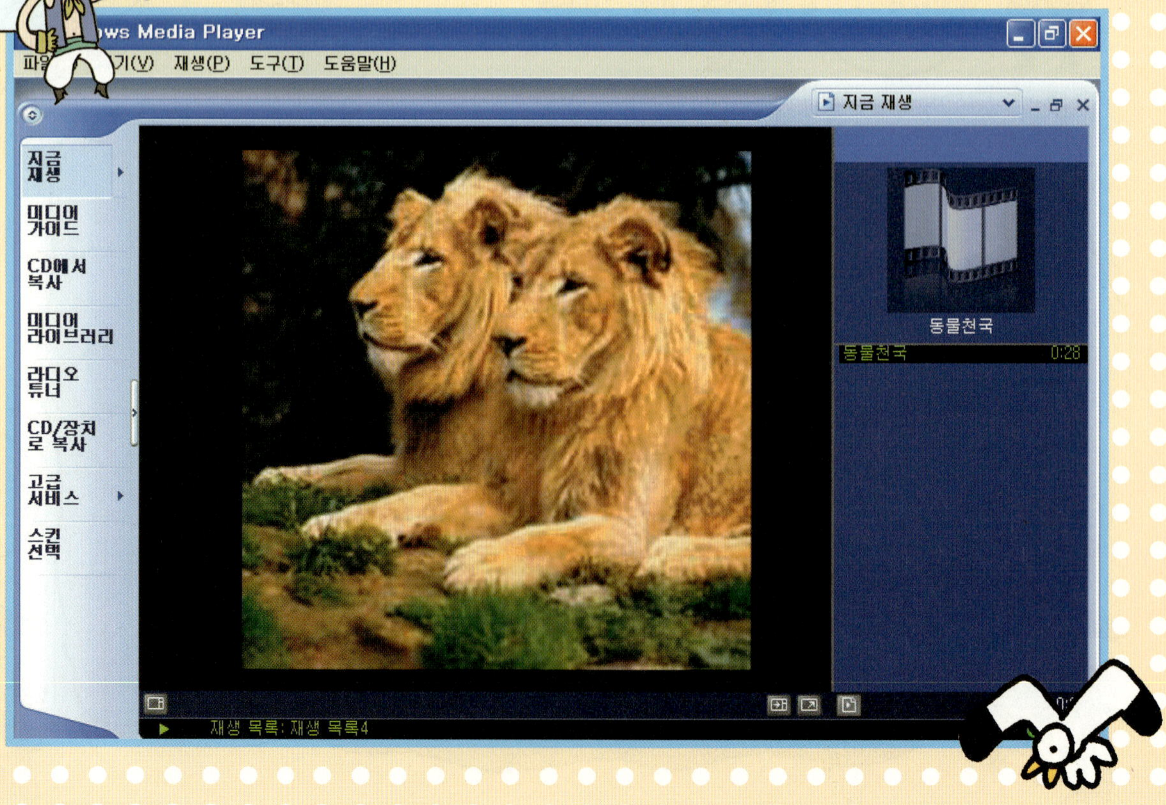

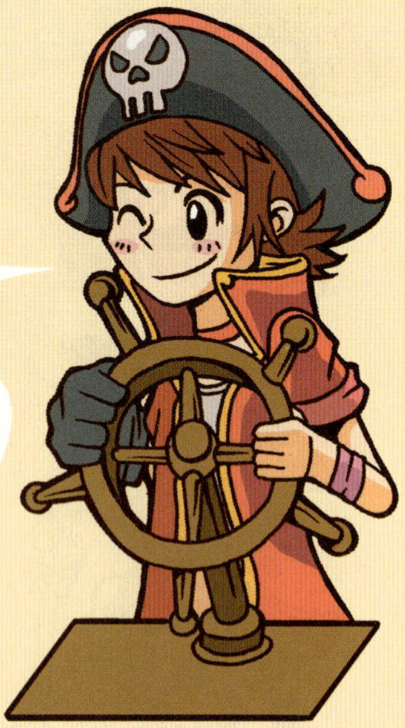

① 그림과 소리를 가져오기

먼저 인터넷에서 동영상을 만드는 데 사용할 그림과 소리 파일을 다운로드 받아야 합니다.

01 네이버백과사전(http://100.naver.com)에서 "호랑이"를 입력하고 [검색]을 클릭합니다. 호랑이 사진을 찾아 '영화–호랑이'로 저장합니다.

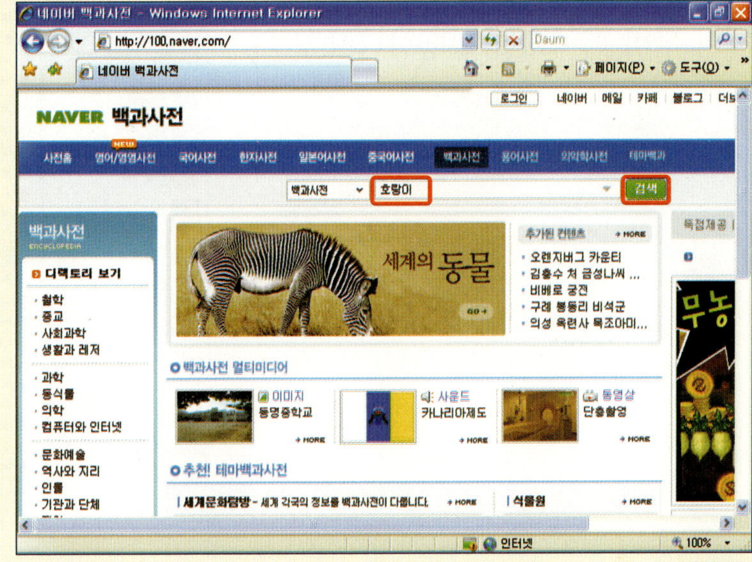

02 마이크로소프트(http://office.microsoft.com) 사이트에 접속하여, 클립아트 중 '호랑이' 소리를 검색하여 다운로드받습니다.

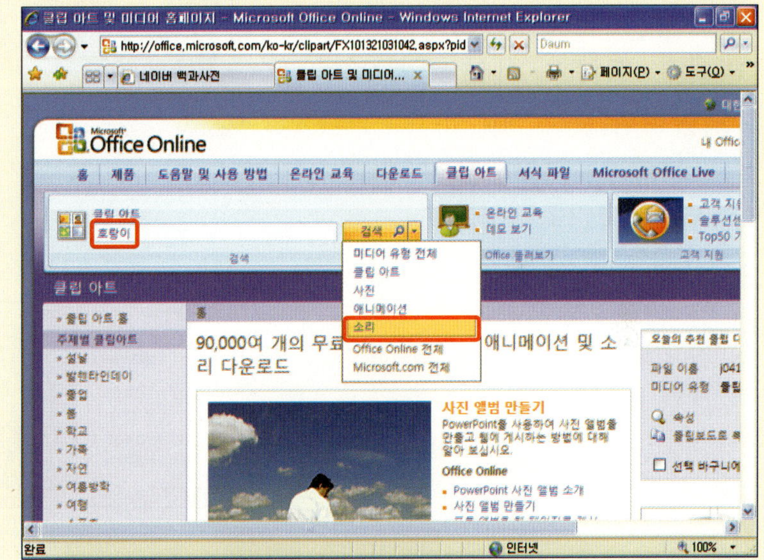

03 1번과 2번의 방법을 반복하여 동물 사진과 울음 소리를 저장합니다.(호랑이, 고양이, 닭, 소, 오리)

❷ 영화 만들기

01 [시작]-[모든 프로그램]-[Windows Movie Maker]를 선택하여 무비 메이커를 실행합니다.

02 무비 메이커가 실행되면 [보기]-[시간 표시 막대]를 선택하고 '비디오 캡처'-'사진 가져오기'를 클릭합니다.

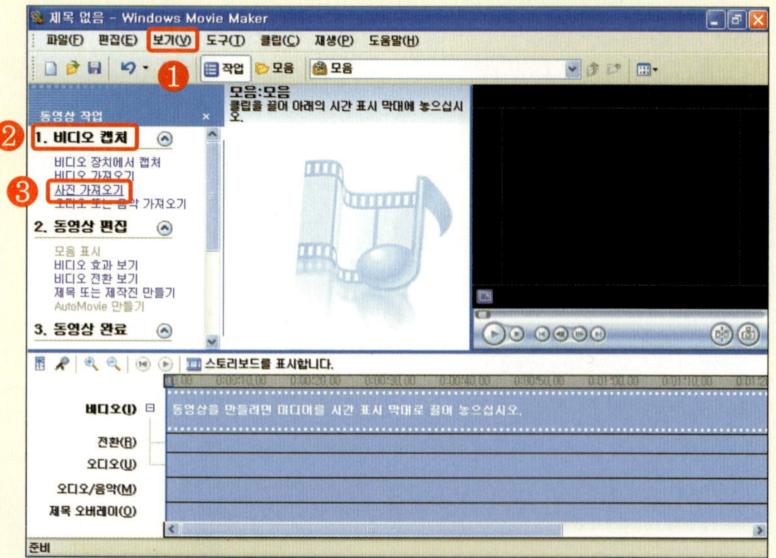

03 [파일 가져오기] 대화 상자가 표시되면 조금 전에 다운로드 받은 사진 5장을 마우스로 드래그하여 선택하고 [가져오기]를 클릭합니다.

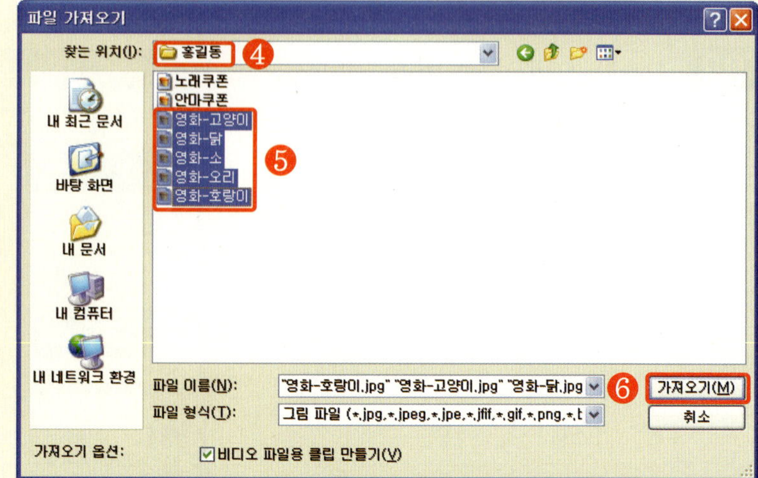

04 같은 방법으로 [오디오 또는 음악 가져오기]를 클릭하여 다운로드 받은 소리 파일 5가지를 모두 가져오기합니다.

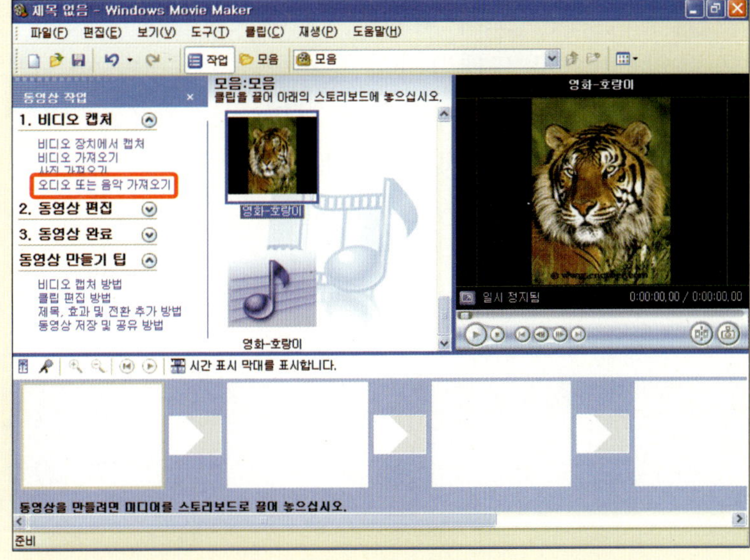

05 첫 번째에 있는 고양이 사진을 화면 하단의 [비디오] 난으로 드래그합니다.

06 다른 사진들도 모두 [비디오] 난으로 드래그하여 등록합니다.

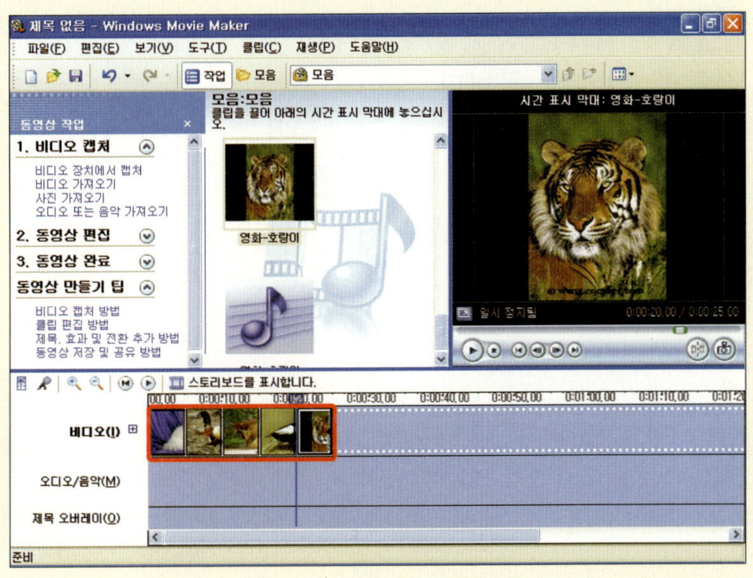

07 이번에는 소리 파일을 [오디오/음악] 란으로 드래그하여 등록합니다. ▶을 클릭하여 재생해 보면서 사진과 소리가 잘 맞도록 위치를 조절합니다.

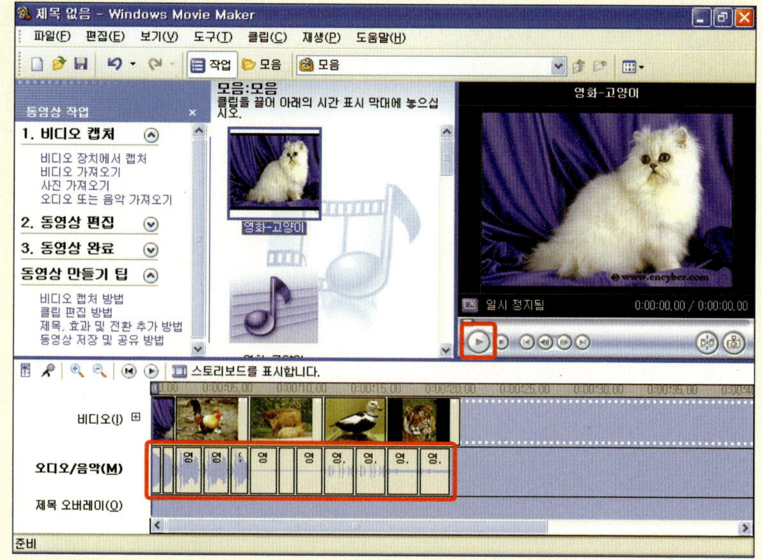

08 [동영상 편집]의 [비디오 효과 보기]를 클릭하고 비디오 효과 중 [모자이크]를 클릭하여 고양이 그림 위로 드래그하여 효과를 적용합니다. 다른 사진에도 효과를 적용합니다.

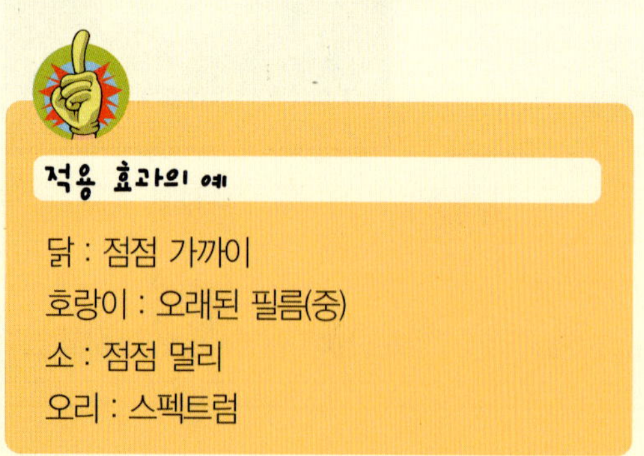

적용 효과의 예

닭 : 점점 가까이
호랑이 : 오래된 필름(중)
소 : 점점 멀리
오리 : 스펙트럼

09 이번에는 동영상에 제목과 제작진을 삽입해 봅니다. [제목 또는 제작진 만들기]를 클릭하고 제목을 추가할 위치를 묻는 창이 나오면 [끝 부분에 제작진]을 선택합니다.

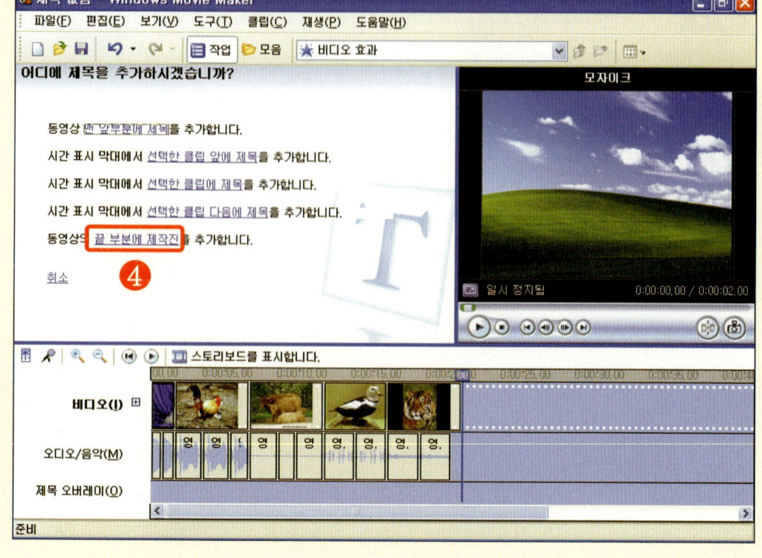

10 마지막으로 자막에 나올 문구를 입력한 뒤 [제목 애니메이션 변경]을 클릭합니다.

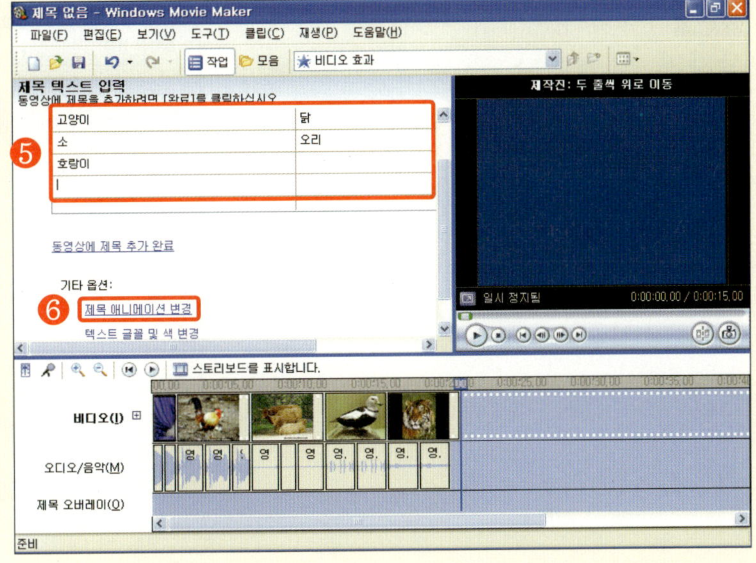

11 '이름'으로 '제작진 : 미러'를 선택하고 [동영상에 제목 추가 완료]를 클릭합니다.

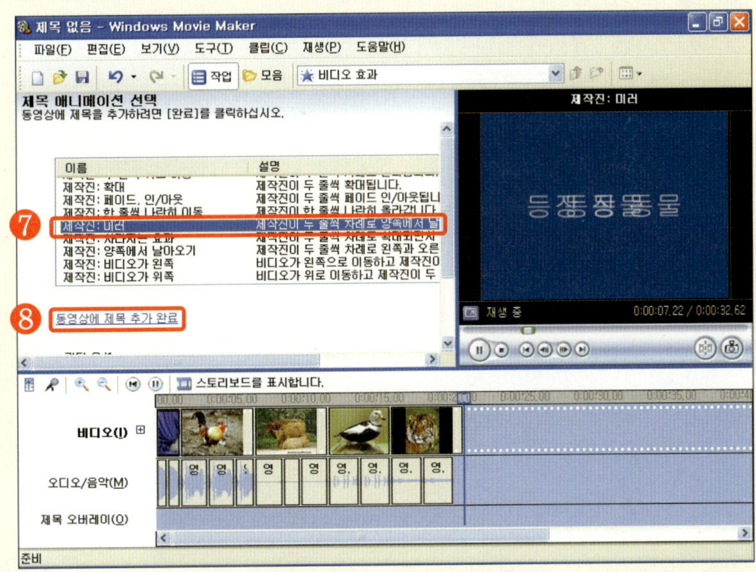

12 [비디오] 난의 그림 마지막에 제작진이 삽입된 것을 확인할 수 있습니다. [파일]-[동영상 파일 저장]을 선택합니다.

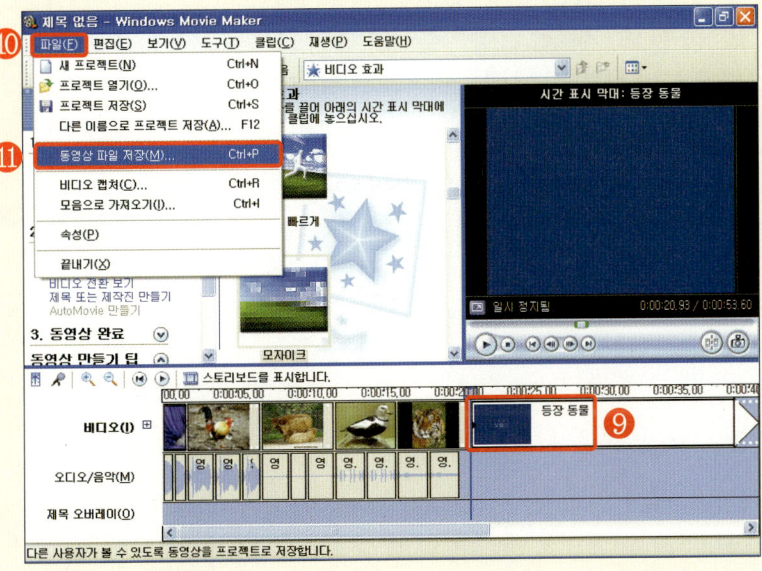

13 [동영상 저장 마법사] 대화 상자가 열립니다. 동영상 저장 위치로 '내 컴퓨터'를 선택하고 [다음]을 클릭합니다.

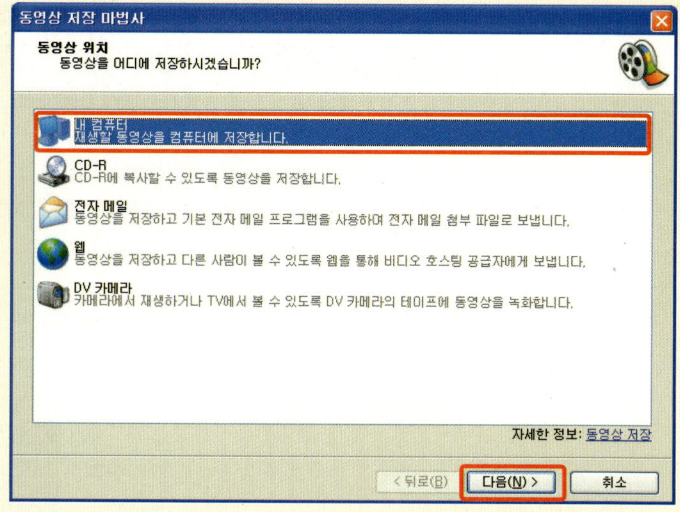

14 동영상의 파일 이름으로 "동물천국"을 입력하고 저장 위치는 [찾아보기]를 클릭하여 지정한 후 [다음]을 클릭합니다.

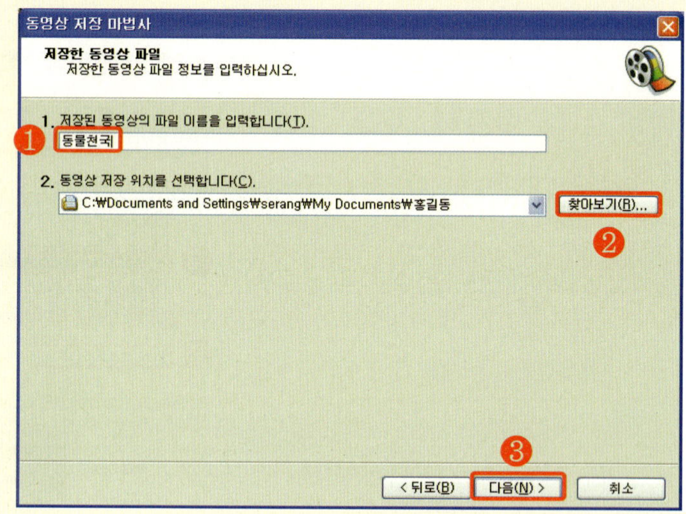

15 동영상 설정의 선택 사항 중 첫 번째에 있는 '내 컴퓨터에서 최고 품질로 재생(권장)'을 선택하고 [다음]을 클릭합니다. 모든 설정 사항이 끝나면 동영상이 저장됩니다. 저장이 끝난 후 [동영상 저장 마법사] 창이 나타나면 [마침]을 클릭하여 저장을 끝냅니다.

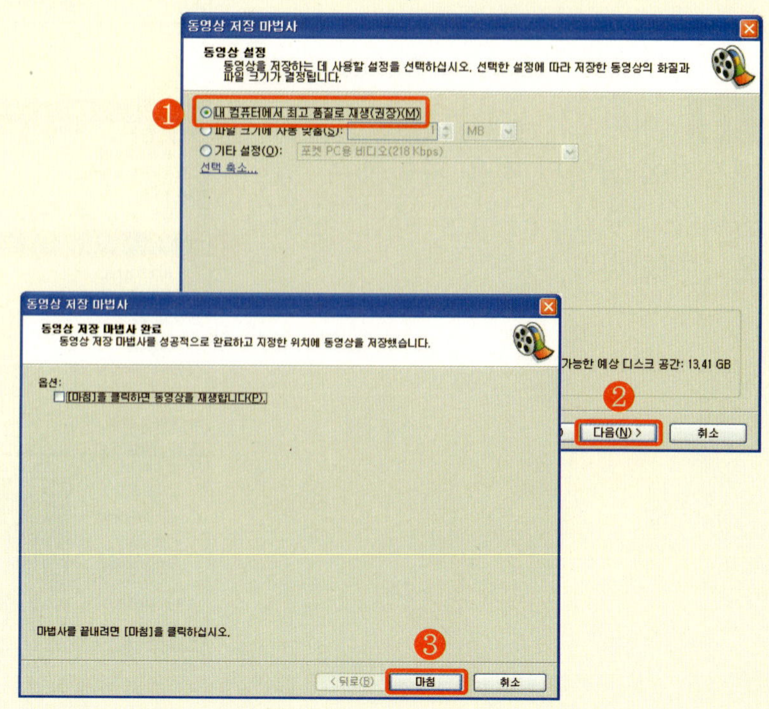

1. 경복궁에 대한 사진을 찾아서 동영상으로 만들고 미니홈피에 등록하기

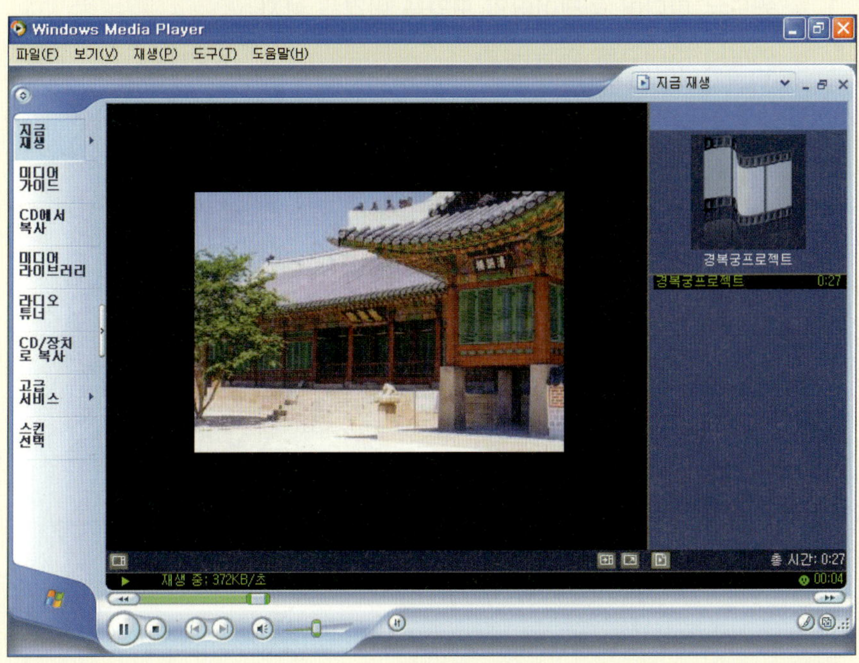

❶ 야후꾸러기 사이트(http://kr.kids.yahoo.com)에서 경복궁 사진을 찾아 저장하기

❷ 무비 메이커를 실행한 후 '경복궁' 사진을 비디오에 등록하고 비디오 전환 효과를 지정하기

❸ [파일]-[동영상 파일 저장]을 선택하여 '경복궁프로젝트'로 저장하기

❹ 미니홈피에서 [게시판]-[글쓰기]를 클릭하여 저장한 동영상 파일을 등록하기

2. 캐릭터 동영상 만들기

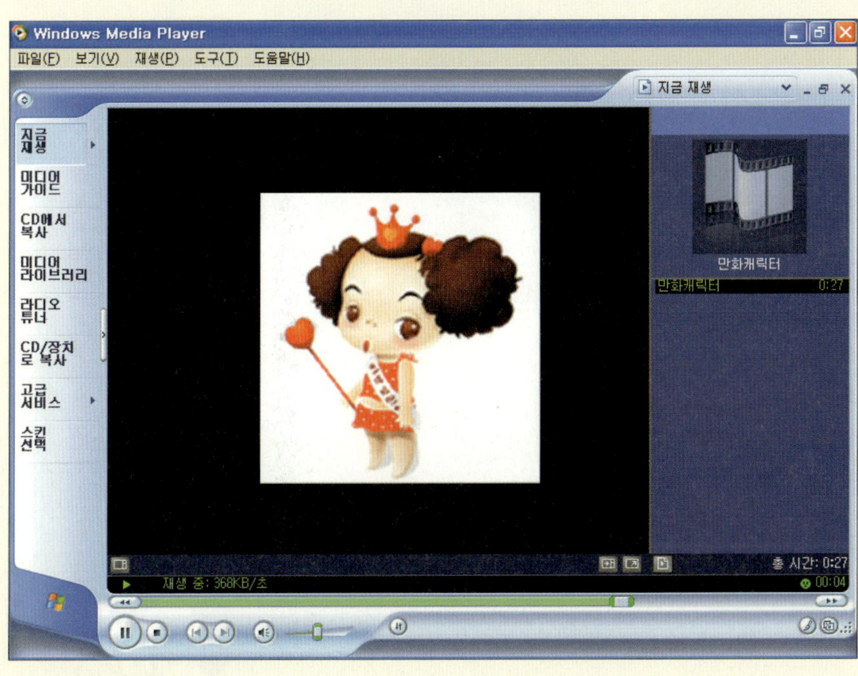

❶ 쥬니어 네이버 사이트(http://jr.naver.com)에서 [플래시 극장] 클릭하기

❷ 마음에 드는 캐릭터를 마우스 오른쪽 단추로 클릭하고 [다른 이름으로 저장]을 선택하여 저장하기

❸ 무비 메이커를 실행하여, 저장한 그림 파일을 가져오기

❹ 비디오에 등록시키고, 전환 효과를 지정하여 동영상 완성하기

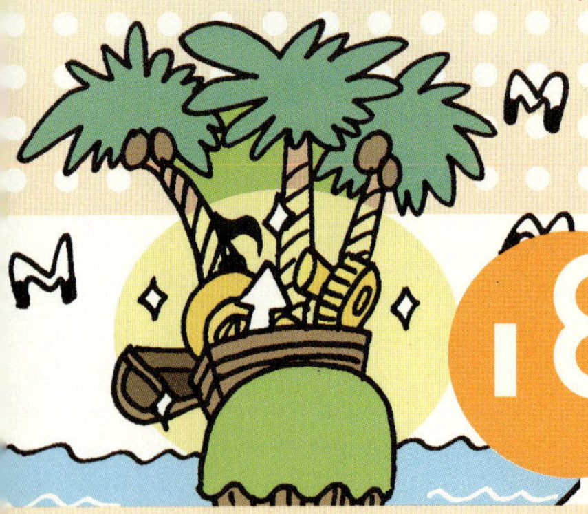

18 노래 듣고, 영화 보고

- 윈도우 미디어 플레이어에서 노래를 들어 보자.
- 윈도우 미디어 플레이어의 모양을 변경해 보자.
- 인터넷 라디오를 들어 보자.

컴퓨터를 이용하여 노래를 듣고 영화를 감상하려면
어떻게 해야 할까요?
윈도우 미디어 플레이어(Windows Media Player)를 이용하여
노래를 감상하고 윈도우 미디어 플레이어를 멋지게 꾸며봅시다.

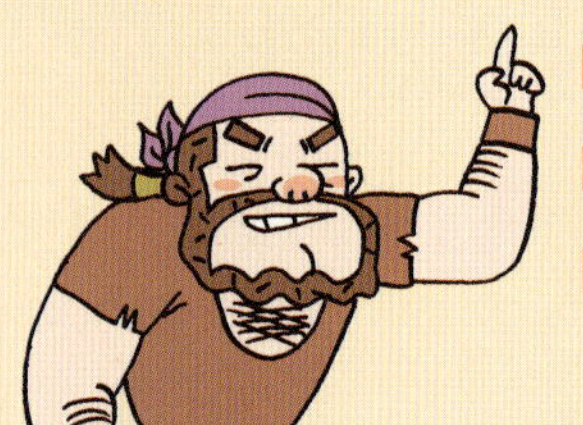

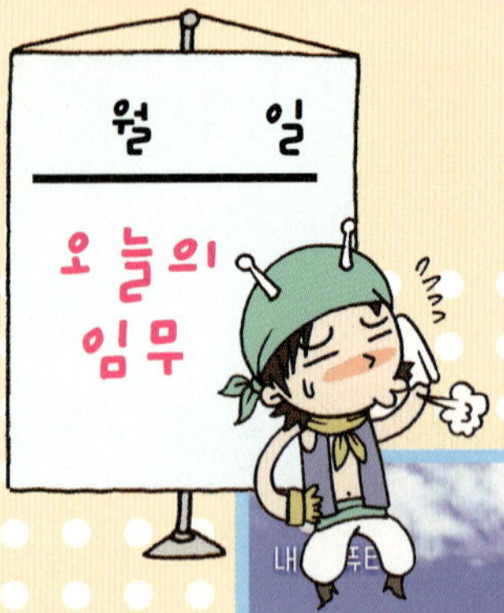

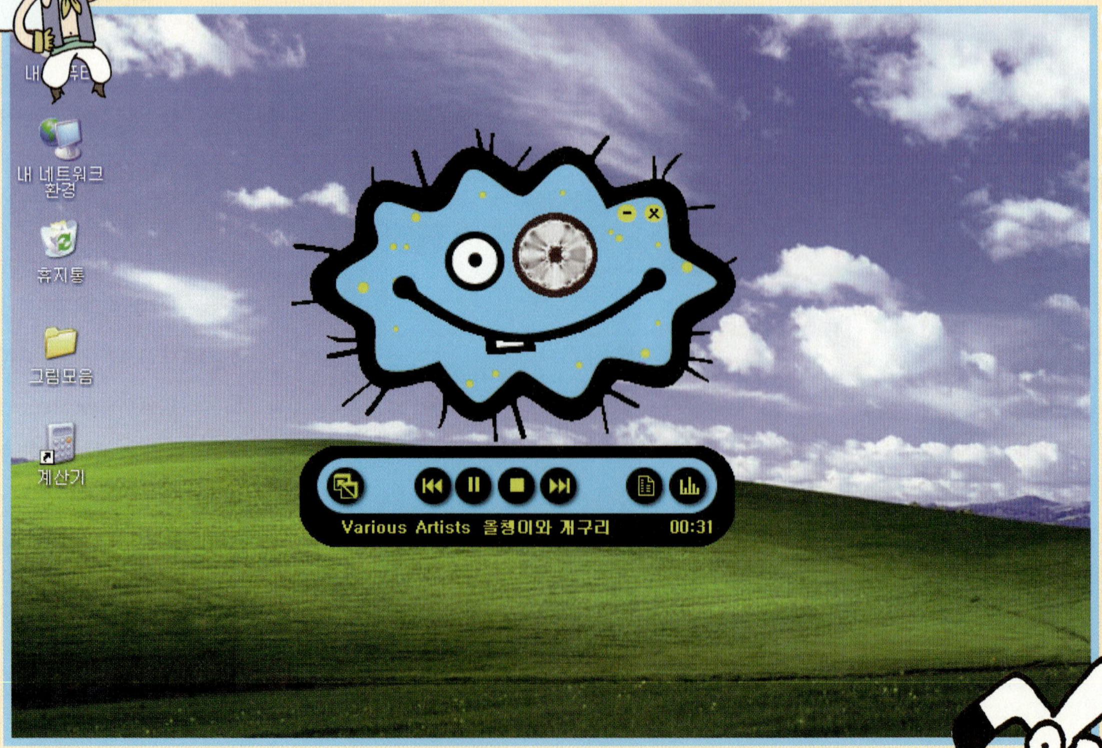

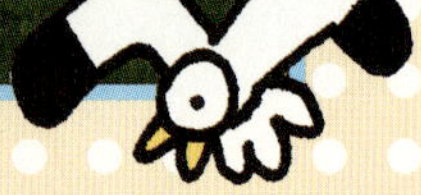

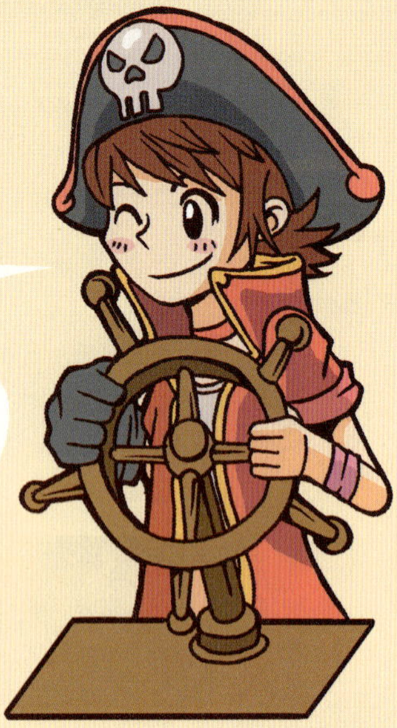

❶ 나만의 노래 목록을 만들어요

01 노래를 듣기 위해서 [시작]-[모든 프로그램]-[Windows Media Player]를 차례로 선택합니다.

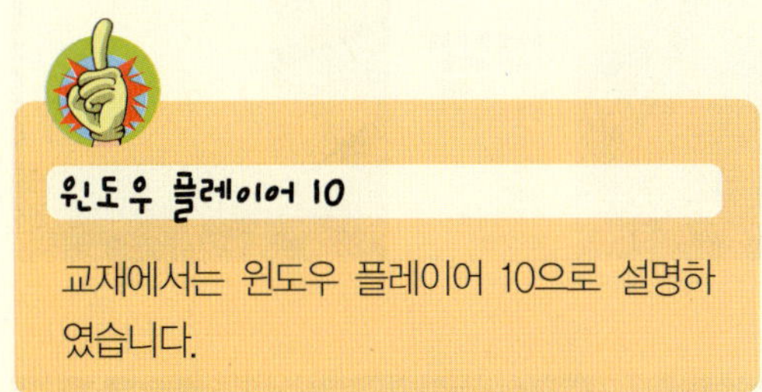

윈도우 플레이어 10

교재에서는 윈도우 플레이어 10으로 설명하였습니다.

02 윈도우 미디어 플레이어가 실행되면 마우스 오른쪽 단추를 누른 후 [파일]-[열기]를 선택합니다.

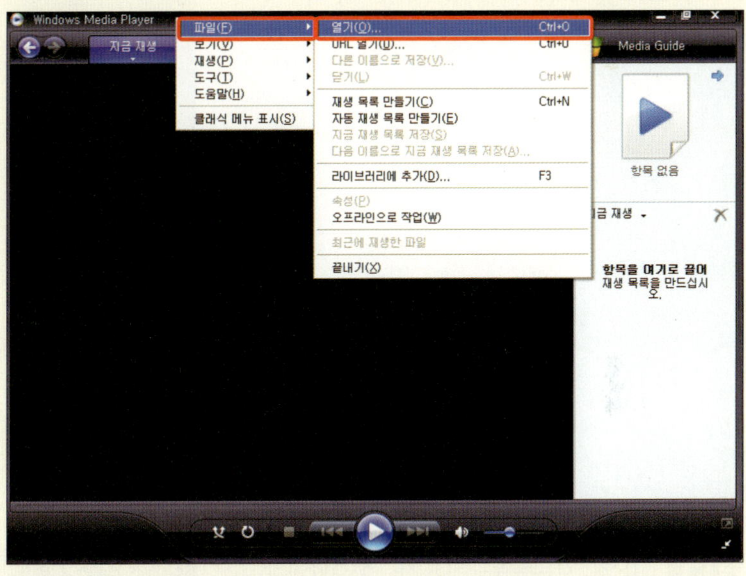

03 [내 문서]-[윈도우-인터넷]-[18강] 폴더에서 제공된 음악 파일을 선택하고 [열기]를 클릭하면 선택한 노래를 들을 수 있습니다.

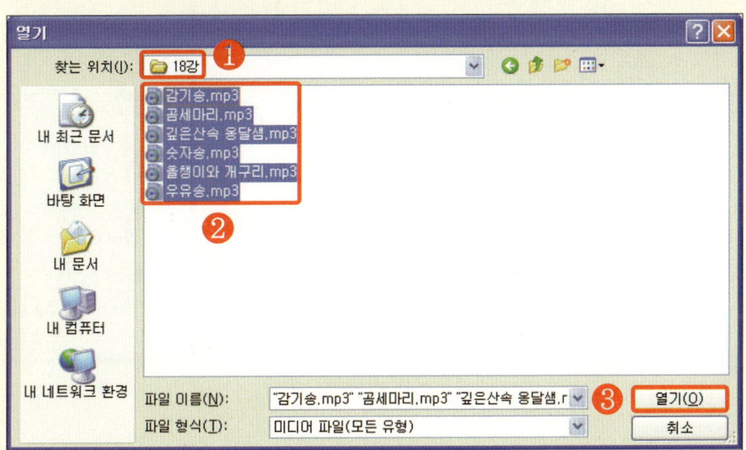

04 노래가 재생되면서 [비디오 및 시각화] 창에 재미있는 효과가 표시됩니다. 시각화 효과를 변경하려면 마우스 오른쪽 단추를 누른 후 원하는 효과를 선택합니다.

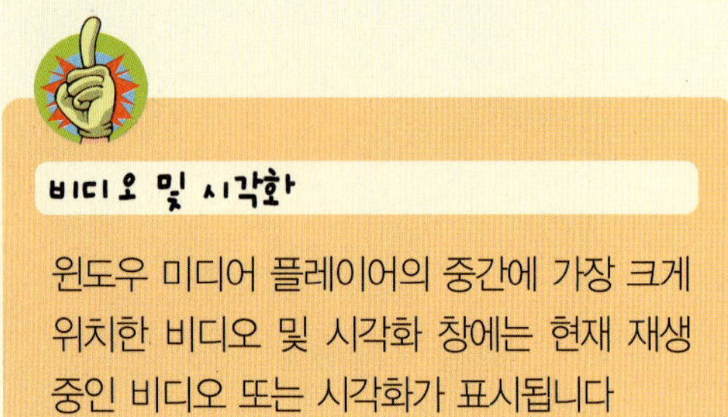

비디오 및 시각화

윈도우 미디어 플레이어의 중간에 가장 크게 위치한 비디오 및 시각화 창에는 현재 재생 중인 비디오 또는 시각화가 표시됩니다

05 같은 노래들을 다음에도 똑같이 듣고 싶다면 '지금 재생 목록'을 클릭한 후 [재생 목록을 다른 이름으로 저장]을 선택합니다.

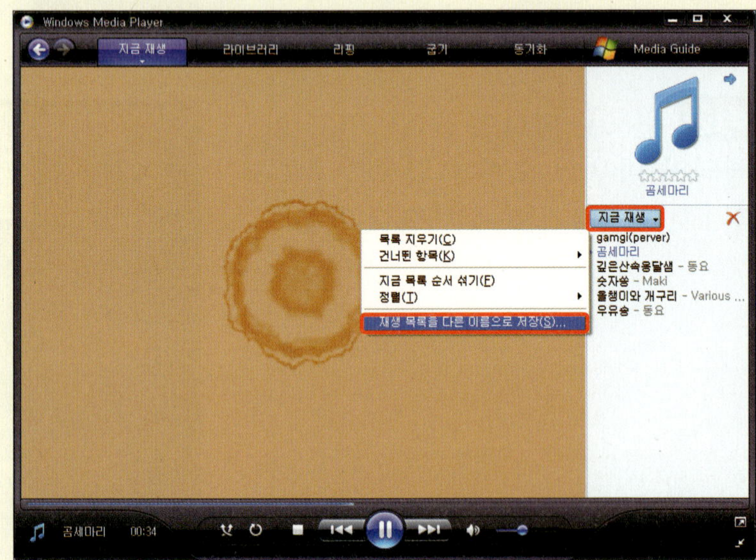

05 파일 이름을 "내가 좋아하는 노래"로 입력하고 [저장]을 클릭합니다.

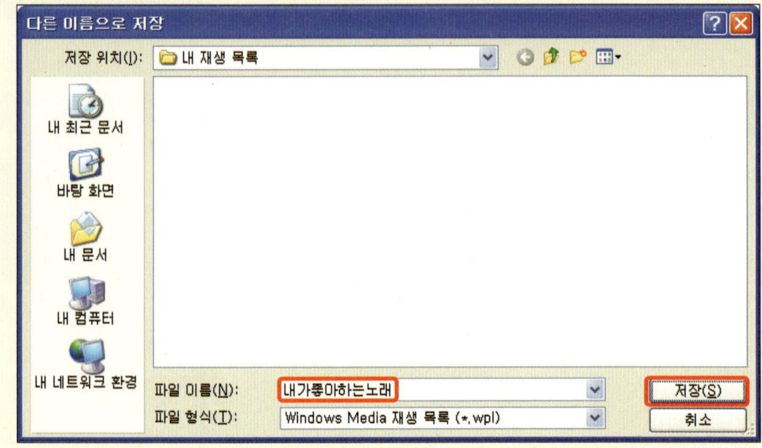

❷ 인터넷 라디오를 들어요

01 MSN라디오를 듣기 위해 'Media Guide'를 선택한 후, www.windowsmedia.com를 클릭합니다.

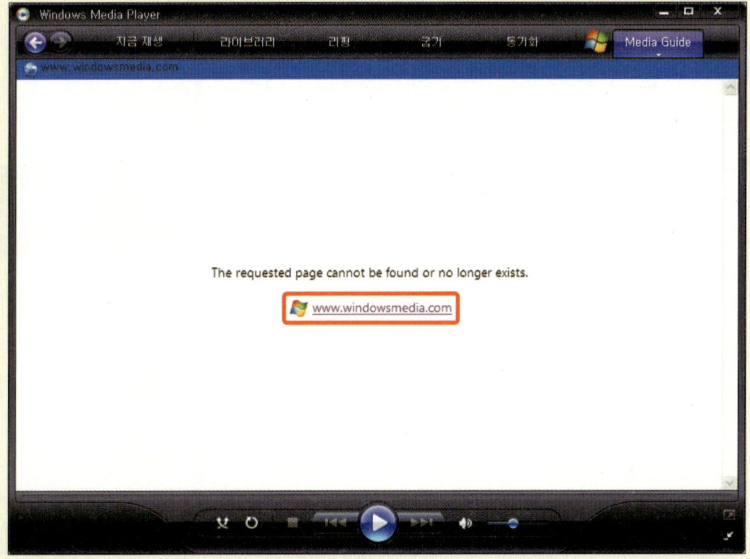

02 방송국의 목록이 나타납니다. 장르에서 '댄스+전자 음악'을 선택합니다.

03 스크롤 바를 아래로 내린 후 원하는 방송국 이름의 아래에 있는 '듣기'를 클릭하여 라디오 방송을 들어봅니다.

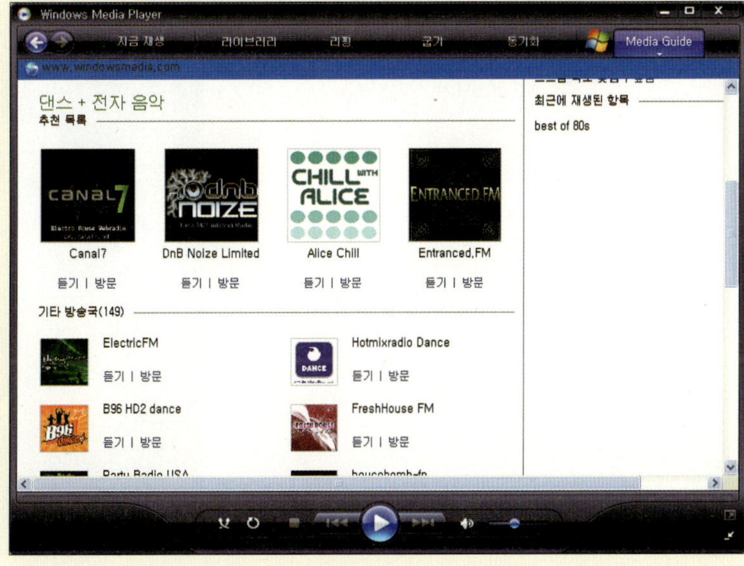

❸ 옷을 갈아 입혀요

01 윈도우 미디어 플레이어의 스킨을 변경하려면 [보기]-[스킨 선택]을 선택합니다.

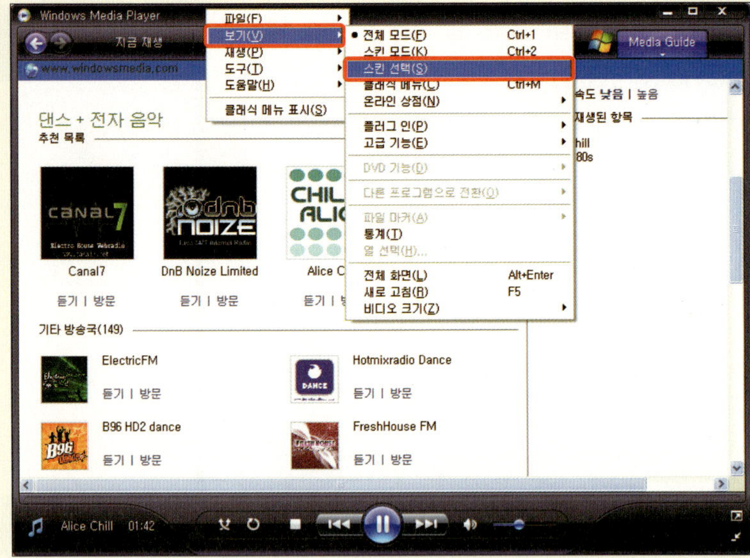

02 스킨 목록 중에서 맘에 드는 스킨을 선택한 후 [스킨 적용]을 클릭합니다.

스킨 추가

스킨 추가를 클릭하면 인터넷 사이트에서 다양한 멋진 스킨을 다운로드 받을 수 있습니다.

03 윈도우 미디어 플레이어가 선택한 스킨으로 바뀌었습니다.

1. 내가 만든 영화를 CD에 복사하기

❶ [파일]-[열기]를 선택하여 동영상 파일 불러오기
('동물천국.wmv', '만화캐릭터.wmv', '경복궁프로젝트.wmv')
❷ [파일]-[미디어를 다른 이름으로 저장]을 선택하여 '내가만든영화'로 저장하기

2. 인터넷에서 스킨을 다운로드 받아 변경하기

❶ [보기]-[스킨 선택]을 클릭하기
❷ '스킨 추가'를 선택하여 웹사이트로 이동하기
❸ 맘에 드는 스킨의 이름을 클릭하고 다운로드 받기
❹ 저장이 끝난 후 '스킨 적용'을 선택하여 스킨 변경하기

19

나는야 명탐정

▶ 우리 학교에 대해 알아보자.
▶ 지도를 찾아서 인쇄해 보자.
▶ 검색 엔진을 사용하여 정보를 찾아보자.

헉! 헉! 이 넓은 인터넷 세상에서
나한테 필요한 정보를 어떻게 찾지?
부릉! 부릉! 검색엔진을 이용하여
꼭꼭 숨어있는 정보를 찾아보세요.

월   일
오늘의
임무

daran   지도인쇄   인쇄하기   창닫기
경기 [성남-수정-수진2-4347]

인쇄

일반   옵션

프린터 선택

프린터 추가   대우
DP-2210
(KS)

상태: 준비됨   파일로 인쇄(F)   기본 설정(R)
위치:
설명: 프린터 찾기(D)...

페이지 범위
모두(L)   매수(C):   1
선택 영역(T)   현재 페이지(U)
페이지 지정(G):   1   한 부씩 인쇄(O)
단일 페이지 번호 또는 단일 페이지 범위를 입
력하십시오. 예를 들면 5-12와 같습니다.   1 2 3   1 2 3

인쇄(P)   취소   적용(A)

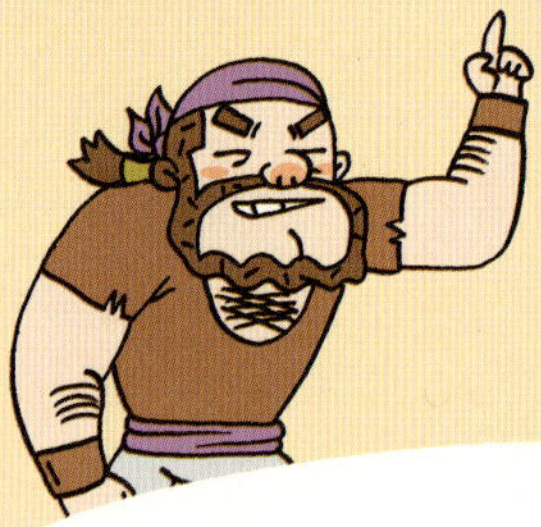

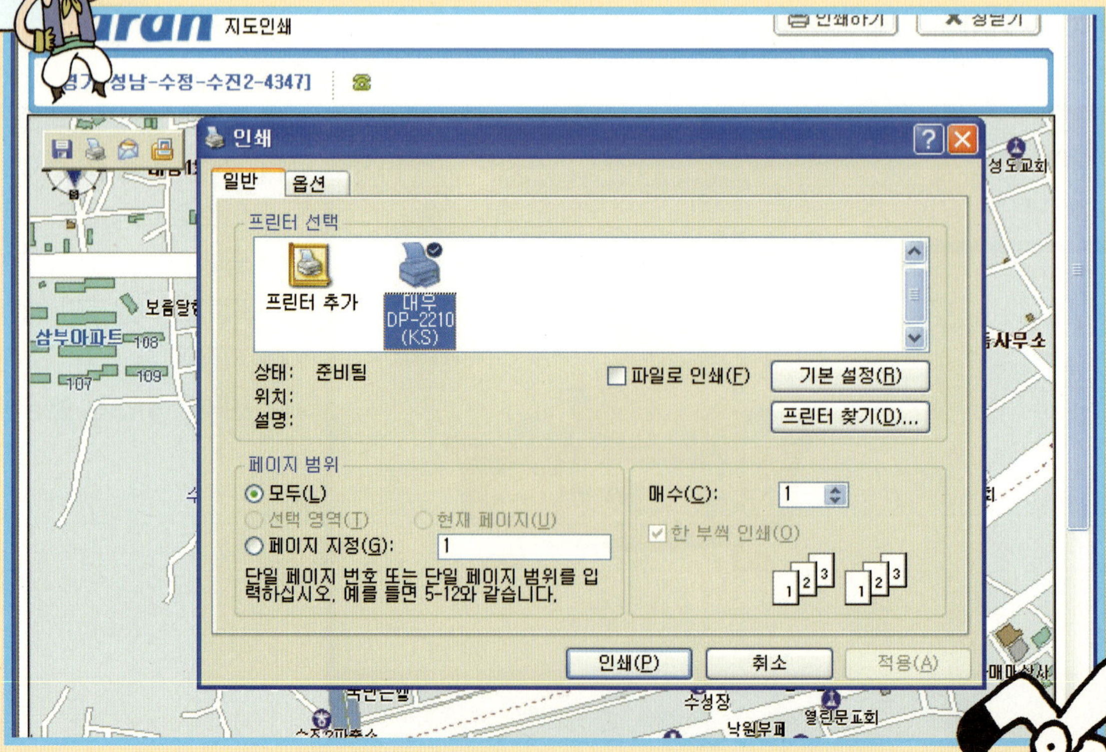

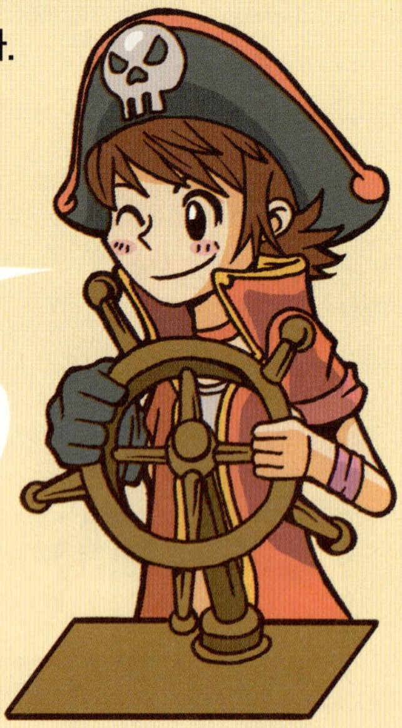

❶ 우리 학교에 대해 알아 보자

01 인터넷을 실행하여 파란 사이트(http://www.paran.com)에 접속하고, '전화번호'를 클릭합니다.

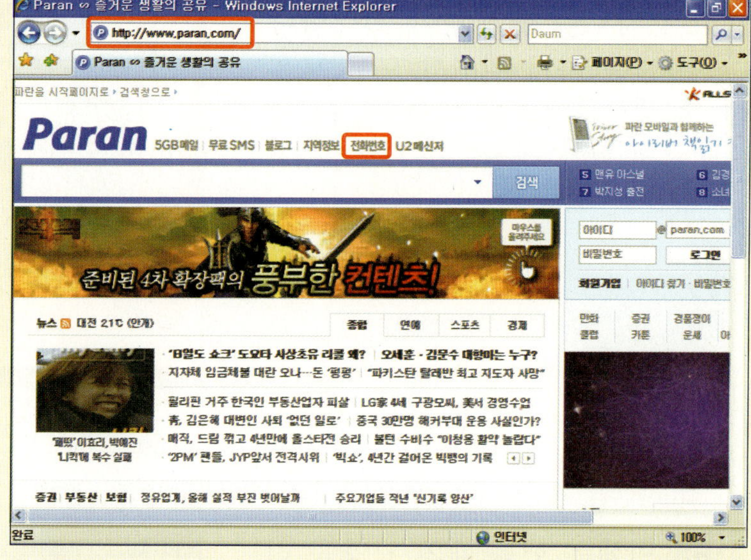

02 검색어란에 '수정초등학교'를 입력한 후 [검색]을 클릭합니다.

03 입력한 학교의 이름으로 여러 학교의 주소, 전화번호가 검색되어 나타납니다. 원하는 학교의 번호를 지도에서 선택한 후, '지도 펼쳐보기' 단추를 누릅니다.

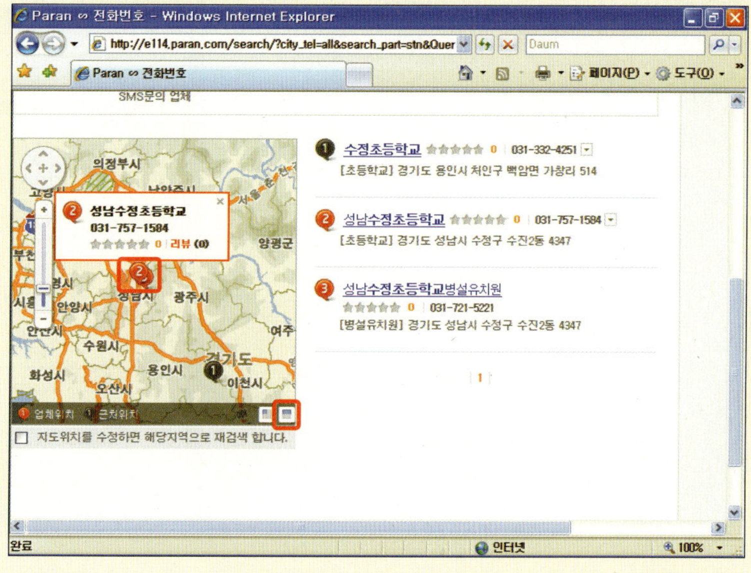

04 지도가 큰 화면으로 표시되면 화면 왼쪽의 확대축소도구를 이용하여 지도를 보기 좋게 확대합니다. 인쇄를 하기 위해서 도구 모음의 [인쇄] 아이콘을 누른 후 [인쇄 미리보기]를 선택합니다.

05 인쇄를 했을 때의 모양을 미리 확인할 수 있습니다. 종이의 제일 위와 아래에 사이트명과 페이지 수 등이 표시되는 것을 볼 수 있습니다. 이 부분을 인쇄하지 않기 위해서 인쇄 미리 보기 창에서 [페이지 설정] 아이콘을 클릭한 후 머리글과 바닥글에 있는 내용을 모두 지웁니다.

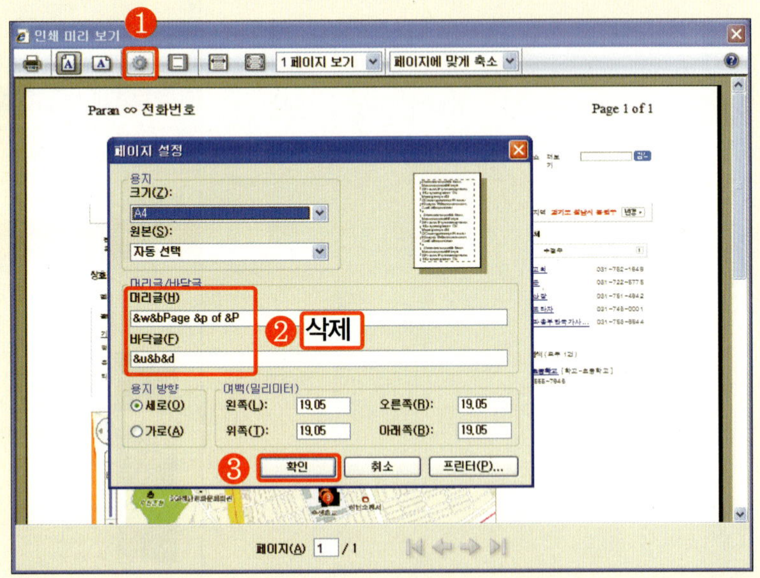

06 문서 인쇄 아이콘을 클릭한 후 [인쇄] 단추를 클릭하여 지도를 종이에 출력합니다.

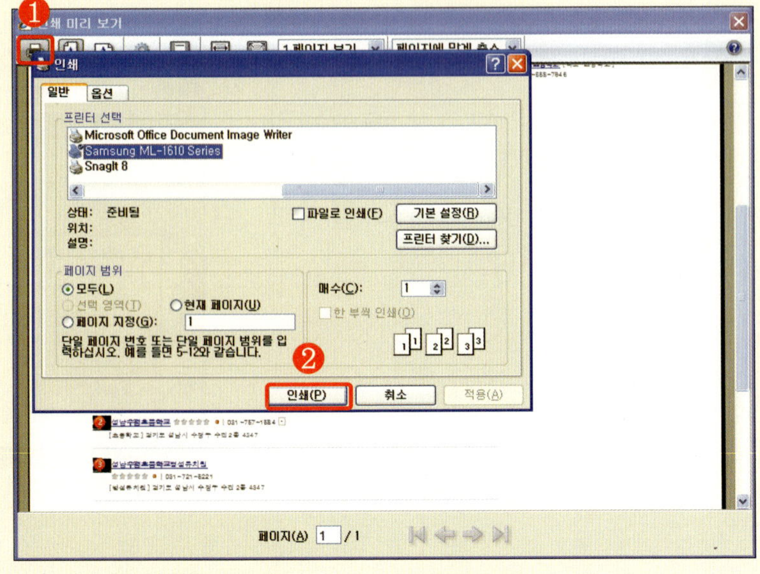

❷ 올림픽에 대한 자료 찾기

사전을 찾아보면 모르는 단어의 뜻을 알 수 있습니다. 인터넷에 있는 백과사전을 이용하여 '올림픽'에 대해 알아봅니다.

01 네이버 사이트(http://www.naver.com)에 접속하여 검색어란에 "올림픽"을 입력하고 [검색]을 클릭합니다.

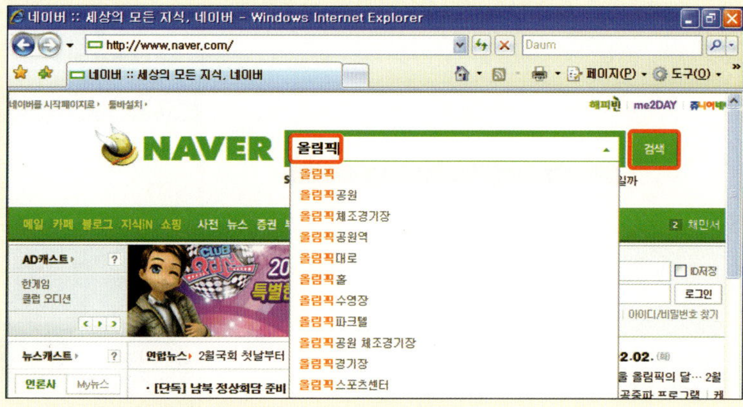

02 올림픽과 관련된 여러 가지 내용이 검색됩니다. 더 자세하게 보기 위하여 '백과사전 보기'를 클릭합니다.

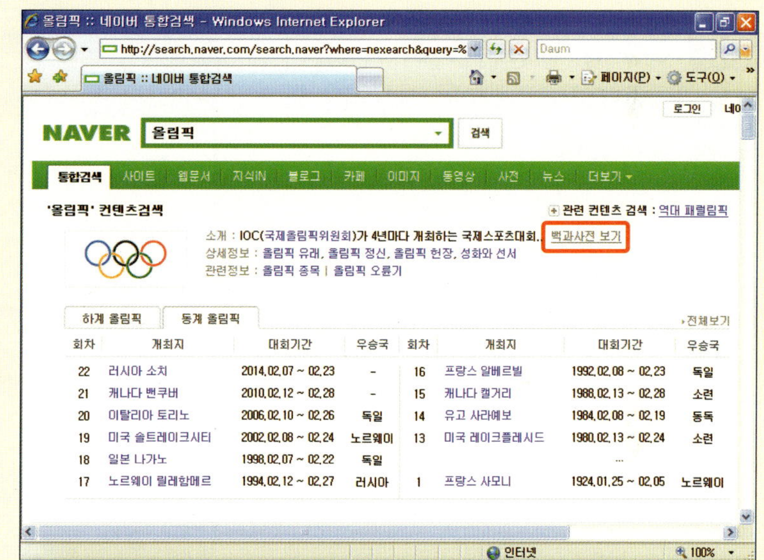

03 올림픽에 대한 더욱 자세한 정보를 볼 수 있습니다.

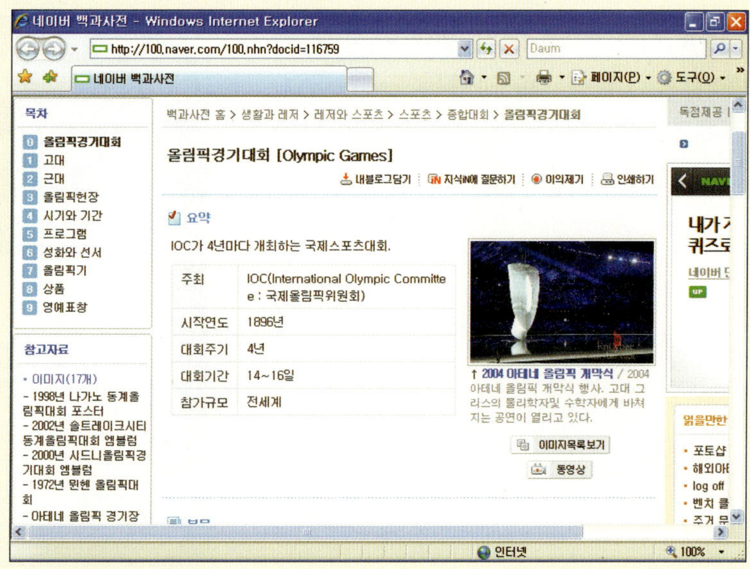

01 다음 사이트(http://www.daum.net)에 접속하여 검색어란에 "독도"를 입력하고 [검색]을 클릭합니다.

02 독도와 관련된 여러 개의 사이트가 검색되었습니다. '사이버 독도'를 클릭합니다.

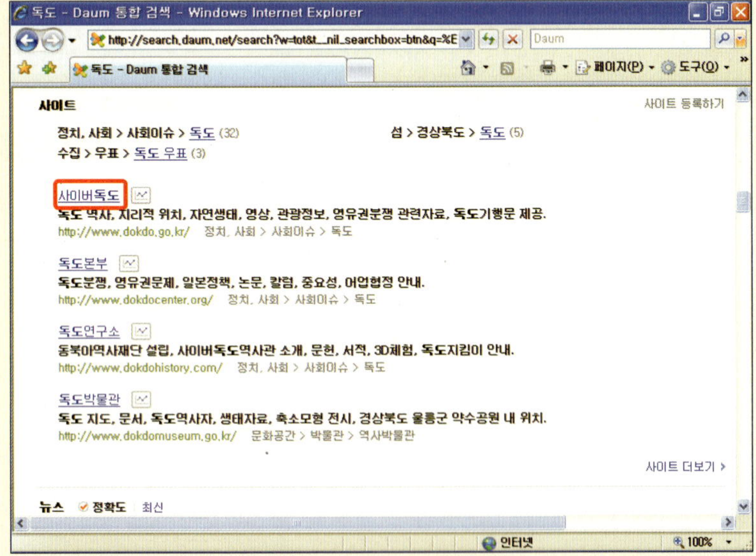

03 사이버 독도의 홈페이지가 열립니다. [우리 독도]-[독도 소개]를 차례로 클릭하면 독도에 대해서 자세히 알 수 있습니다.

1. 잠실에서 서울시청까지의 지하철 노선도 검색하기

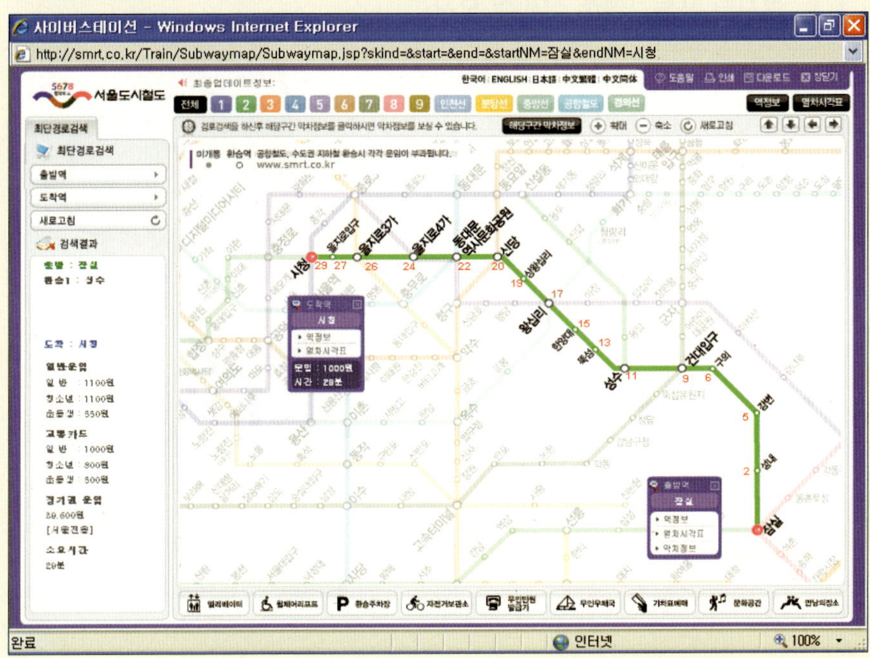

❶ 서울특별시도시철도공사 사이트(http://www.smrt.co.kr)에 접속

❷ 출발역은 '잠실', 도착역은 '시청'을 선택하고 [검색]을 클릭

2. '누룽지데이'에 대해 찾아보기

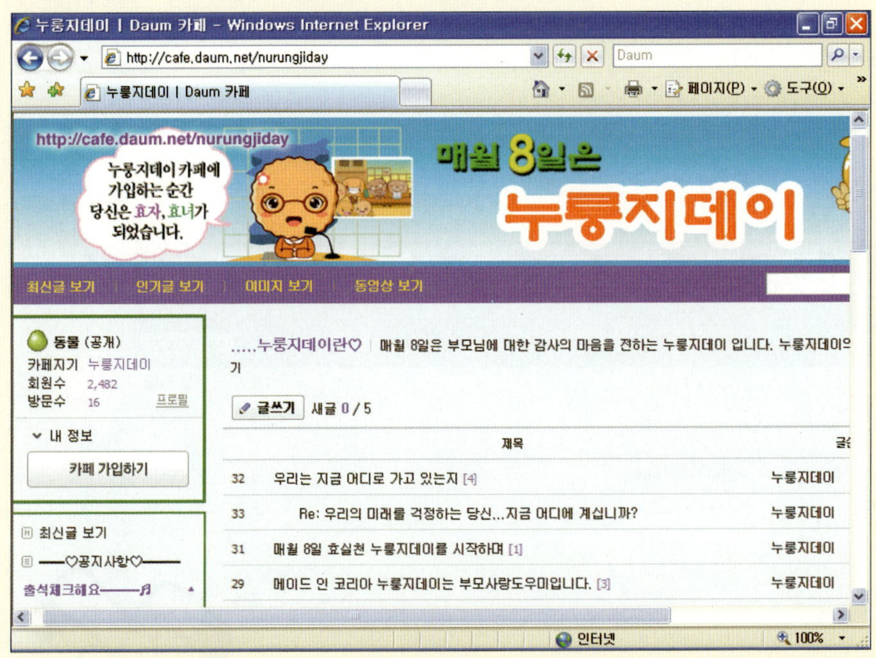

❶ 네이버 사이트(http://www.naver.com)에 접속하여 '누룽지데이'로 검색

❷ 검색된 사이트 목록 중 '효도하자닷컴' 사이트(http://www.hyodohaja.com)를 클릭하여 사이트 이동하기

❸ [누룽지데이]-[누룽지데이란?] 선택하여 내용 확인하기

20 나만 아는 보물섬

▶ 프로그램을 다운로드 받아 설치해 보자.
▶ 설치된 프로그램을 삭제해 보자.

❶ 프로그램 다운로드 받기

01 심파일 사이트(http://simfile.chol.com)에 접속하여, 통합검색의 검색어란에 "Butterfly Hunt"를 입력하고 [검색]을 클릭합니다.

02 검색 결과에서 "다양한 나비를 잡으면서 알파벳 공부도 Butterfly Hunt"의 가장 최신 항목을 선택합니다.

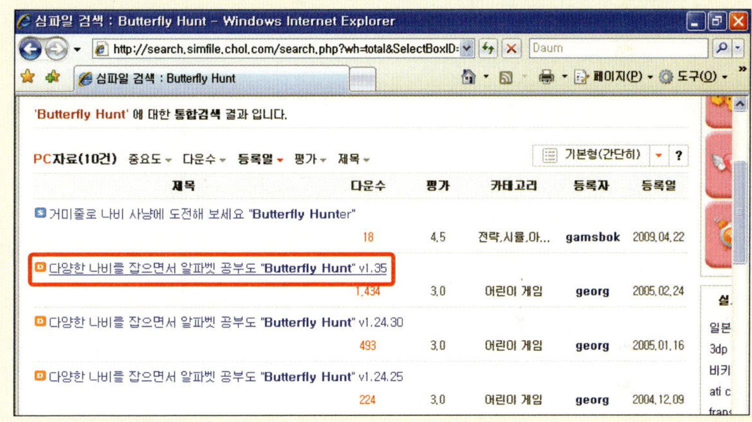

03 Butterfly Hunt 게임에 대한 설명이 나타나면, 게임을 내 컴퓨터에 저장하기 위해서 [Download NOW]를 클릭하고 로그인 창에서 다시 한 번 [로그인 없이 다운로드 받기]를 클릭합니다.

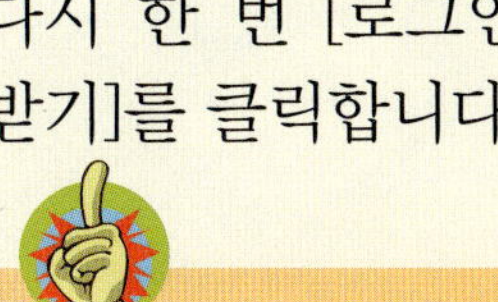

심파일 다운로드 컨트롤러 설치

다운로드가 실행되지 않으면 화면 아래의 [다운로드 가이드]를 클릭한 후 [심파일 다운로드 컨트롤러 installer]를 클릭하여 설치해야 합니다.

04 다운로드 대화 상자가 열리면 [폴더 변경]을 클릭합니다. 파일이 저장될 위치를 '바탕 화면'으로 지정하고 [선택]을 클릭합니다.

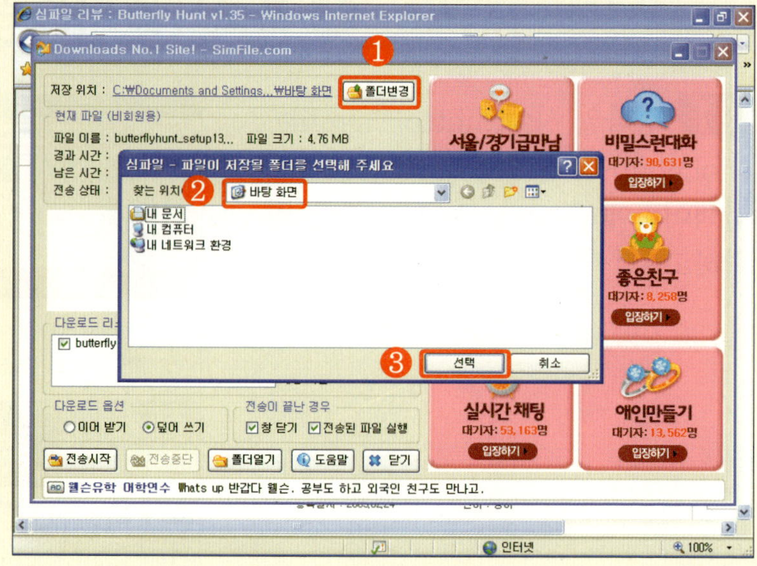

05 [전송 시작]을 클릭하면 파일 다운로드가 시작됩니다.

06 파일 다운로드가 끝나면 [닫기]를 클릭하고 바탕 화면을 확인합니다. 바탕 화면에 방금 다운로드 받은 파일이 표시되어 있는 것을 확인할 수 있습니다.

❷ 프로그램 설치하기

01 프로그램을 설치하기 위해서 다운로드 받은 파일 아이콘을 더블 클릭합니다. 설치 대화 상자가 나타나면 [Next]를 클릭합니다. 이용 약관이 나타나면 동의를 뜻하는 [I Agree]를 클릭합니다.

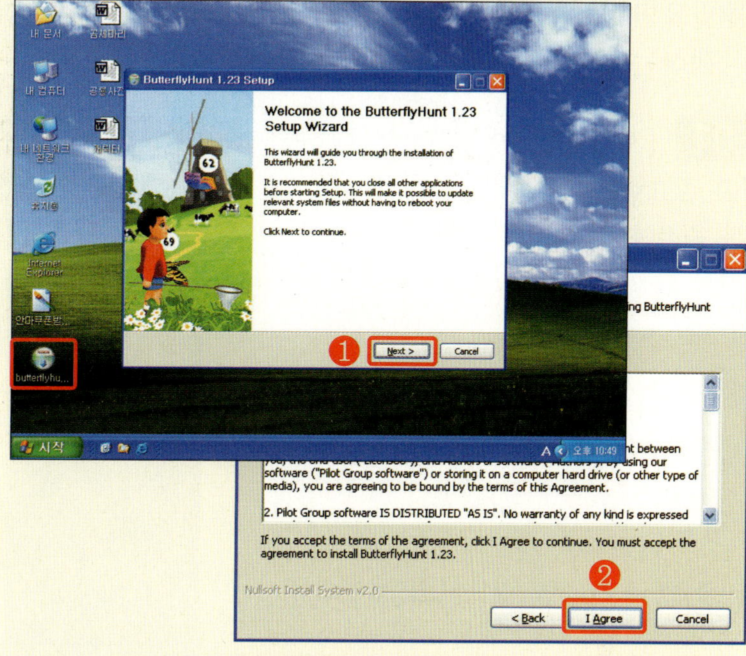

02 파일을 설치할 위치를 묻는 대화 상자가 나타납니다. 변경하지 않고 그대로 설치하려면 [Install]을 클릭합니다. [Finish]를 클릭하면 설치가 끝나면서 게임이 바로 실행됩니다.

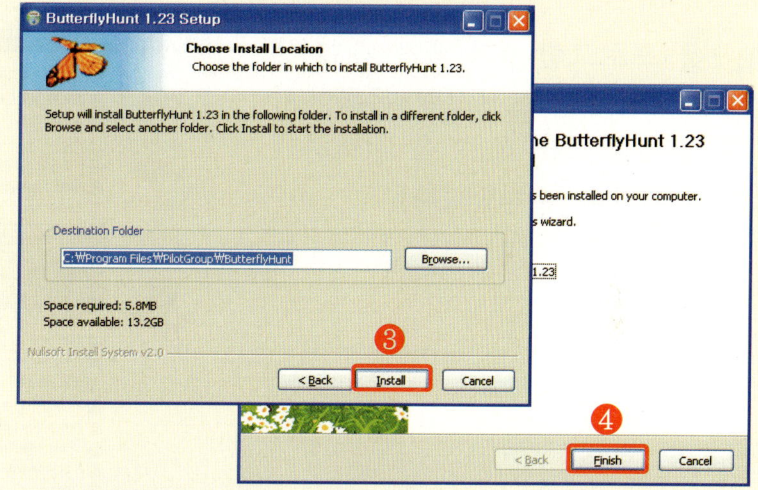

03 [Start Game]-[Acade]를 클릭하여 게임을 시작합니다.

게임 방법

이동 : ← / →
점프 : ↑
잠자리채 휘두르기 : Spacebar

❸ 프로그램 삭제하기

불필요한 프로그램이 많이 설치되어 있으면 컴퓨터 속도가 느려집니다. 필요없는 프로그램을 삭제하는 방법에 대해 알아봅니다.

01 [시작]-[제어판]을 실행하고 [프로그램 추가/제거] 아이콘을 더블 클릭합니다.

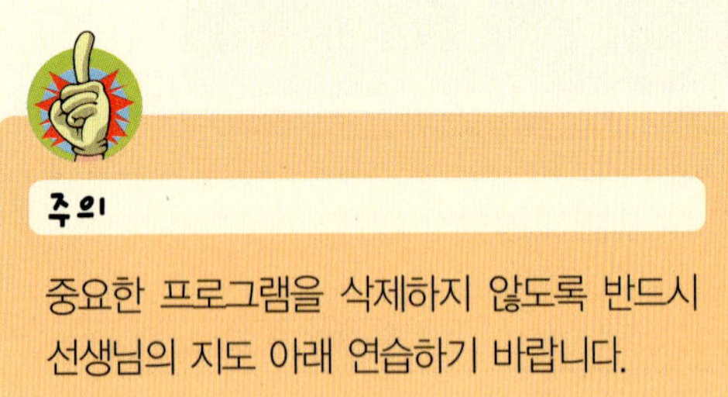

주의

중요한 프로그램을 삭제하지 않도록 반드시 선생님의 지도 아래 연습하기 바랍니다.

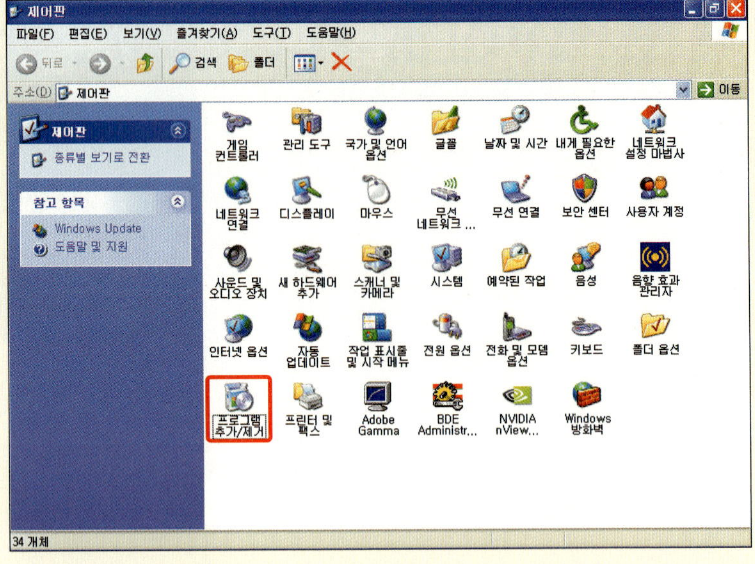

02 [프로그램 추가/제거] 대화 상자가 나타나면 프로그램 목록에서 'ButterflyHunt 1.23'을 선택하고 [변경/제거]를 클릭합니다.

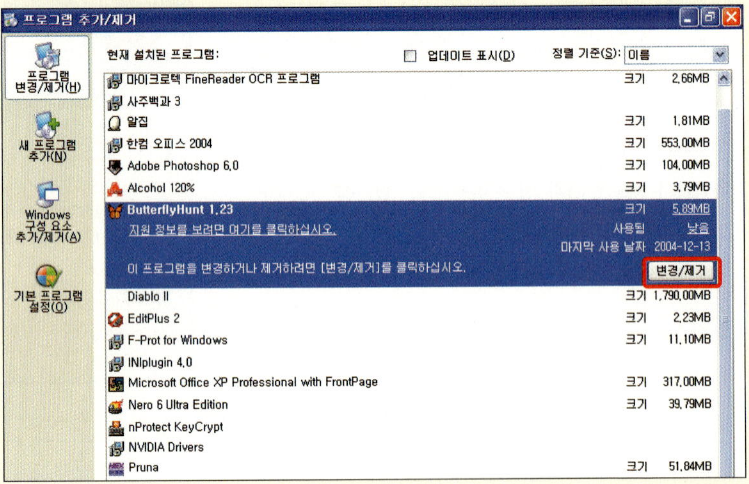

03 삭제할 것인지를 묻는 대화 상자가 나타납니다. [예]를 클릭하여 프로그램을 삭제합니다.

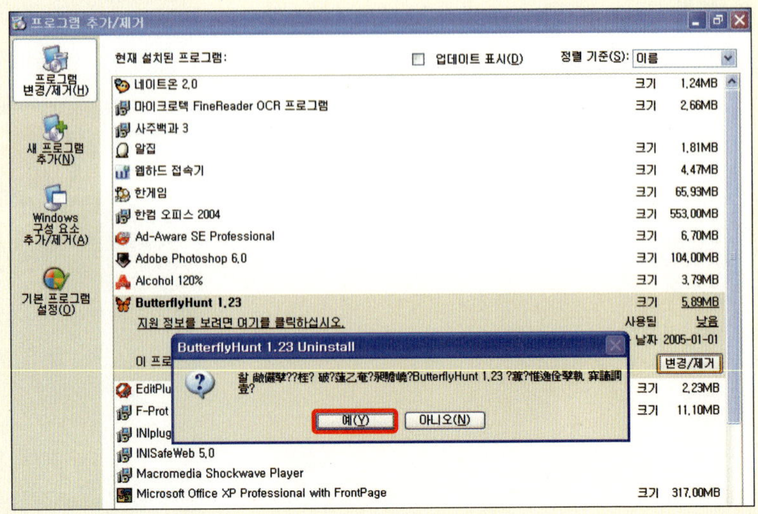

1. 만화 그림에 색칠하는 'Colorea v1.1' 게임 설치하기

❶ 심파일(http://simfile.chol
.com)에 접속하여 [어린이]를
클릭

❷ 만화 그림에 색칠하는 프로그
램인 'Colorea v1.1'을 찾아
다운로드 받고 설치하기

❸ 설치가 끝나면 게임을 실행하
여 직접 게임에 참여해 보기

2. 방금 설치한 프로그램 삭제하기

❶ [시작]-[제어판] 선택하기

❷ [프로그램 추가/제거] 아이콘
더블 클릭

❸ 대화 상자가 나타나면 프로그
램 목록 창에서 삭제할 프로
그램 클릭

❹ [변경/제거]를 클릭하여 해당
프로그램 삭제

21 보물섬으로 가는 지름길을 만들어요

▶ 즐겨찾기에 등록하고 구성을 변경해 보자.
▶ 즐겨찾기로 사이트에 접속해 보자.

❶ 즐겨찾기에 등록하기

01 인터넷을 실행하고 키즈짱 사이트(http://kids.daum.net)로 이동합니다.

02 즐겨찾기 추가 아이콘(⭐)을 클릭한 후, [즐겨찾기 추가] 메뉴를 선택합니다.

03 [즐겨찾기 추가] 대화 상자가 나타나면 사이트의 이름을 입력하고 [추가]를 클릭합니다.

01 쥬니어네이버 사이트(http://jr.naver.com)에 접속하여 즐겨찾기 추가( ) 아이콘을 클릭한 후 [즐겨찾기 관리] 메뉴를 선택합니다.

02 [즐겨찾기 관리] 대화 상자가 나타납니다. [새 폴더]를 클릭하고 폴더 이름은 "내가 좋아하는 곳"으로 입력합니다.

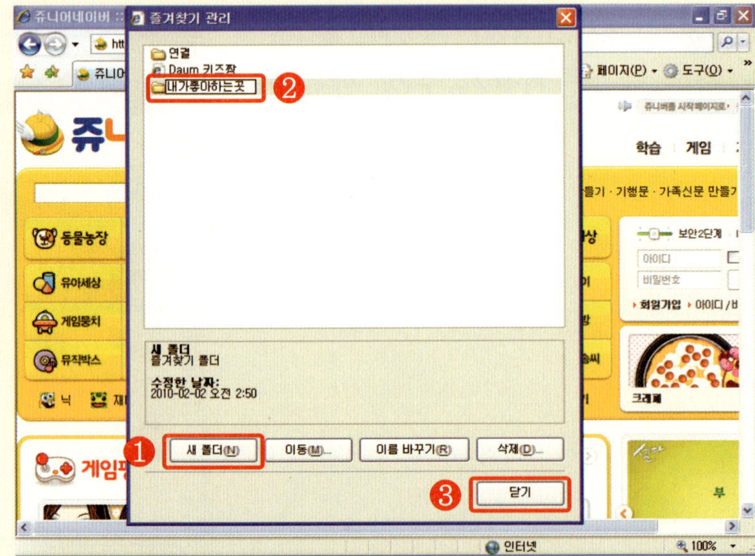

03 'Daum 키즈짱'을 누른 채로 '내가 좋아하는 곳' 폴더로 끌어다 놓습니다. [닫기]를 클릭하여 창을 닫습니다.

04 즐겨찾기 추가( ) 아이콘을 클릭한 후, [즐겨찾기 추가]를 선택합니다.

05 [즐겨찾기 추가] 대화 상자의 '위치 지정' 항목에서 '내가 좋아하는 곳'을 선택한 후 [추가]를 클릭합니다.

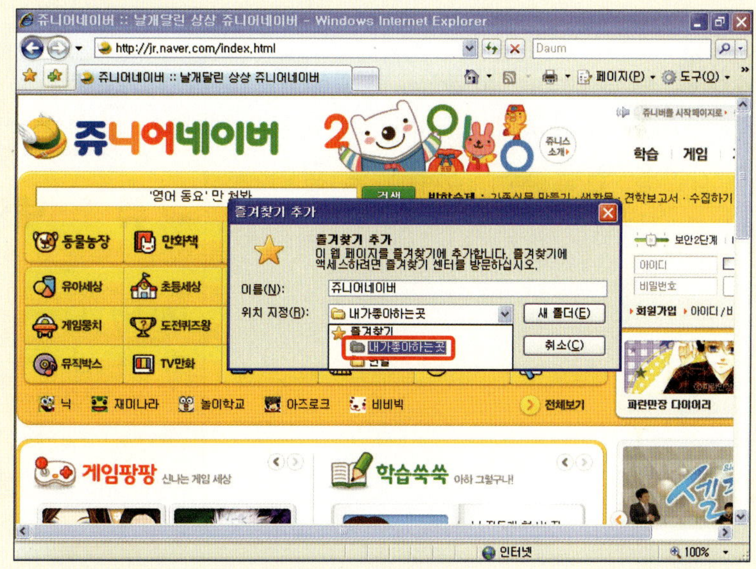

06 [즐겨찾기 센터]를 클릭한 후 '내가 좋아하는 곳'을 선택하면 '쥬니어네이버' 웹 사이트가 등록된 것을 확인할 수 있습니다.

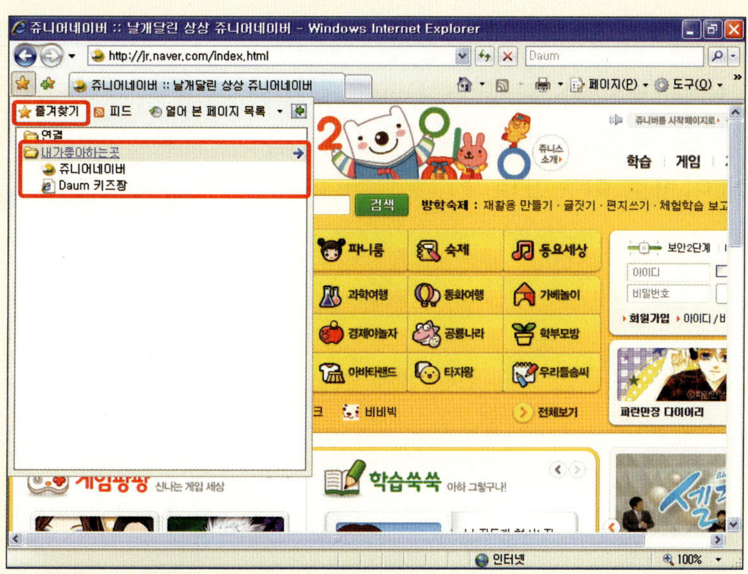

❸ 자주 가는 사이트 연결하기

01 [도구]-[도구 모음]-[링크] 메뉴를 차례로 선택하여, 연결 도구 모음을 화면에 표시합니다.

02 연결 도구 모음이 생겼습니다. 주소 표시줄에 표시된 사이트 아이콘을 연결 도구 모음으로 끌어다 놓습니다.

03 [즐겨찾기 센터]를 클릭한 후, '내가 좋아하는 곳' – 'Daum 키즈짱'을 차례로 선택하여 '키즈짱' 홈페이지로 이동합니다.

04 이제 [연결] 도구 모음에서, '쥬니어네이버'를 클릭하면 '쥬니어 네이버' 홈페이지로 이동합니다.

05 [즐겨찾기 센터]를 클릭한 후 [열어 본 페이지 목록]을 선택하면 최근에 방문했던 사이트 목록을 볼 수 있습니다.

06 여기에서 방문하고자 하는 사이트의 이름을 선택하면 해당 사이트로 바로 이동합니다.

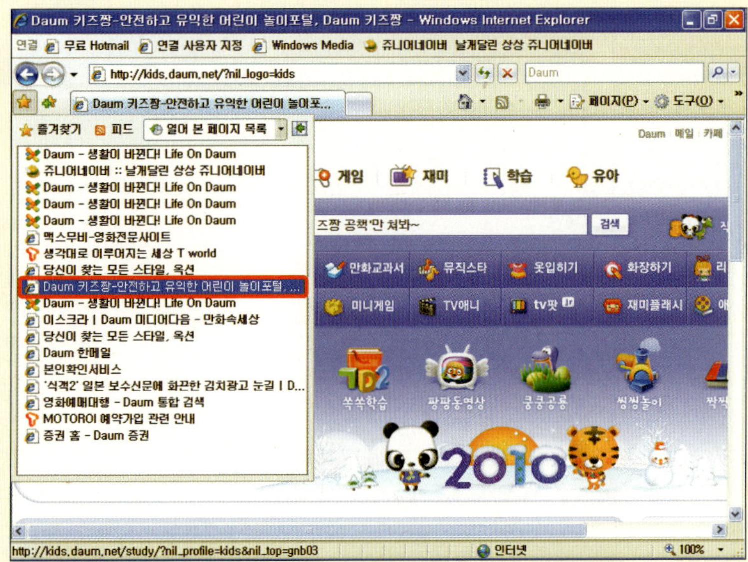

1. 즐겨찾기에 신문사 홈페이지 모으기

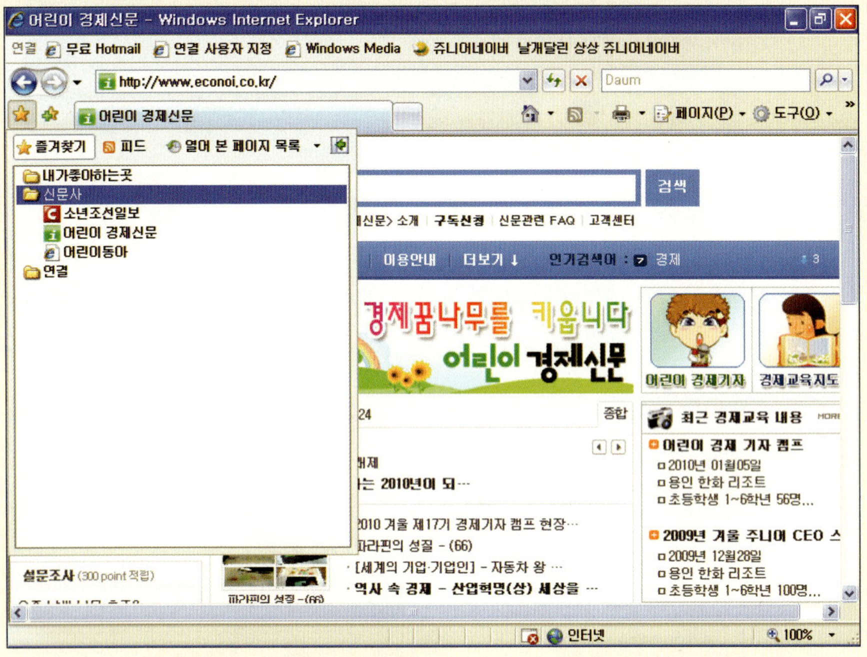

❶ [즐겨찾기]–[즐겨찾기 구성]에서 '신문사' 폴더 만들기
❷ 해당 사이트에 접속하고 [즐겨찾기]–[즐겨찾기 추가] 선택하기
  • 소년 조선일보 :
    http://kid.chosun.com
  • 어린이 동아일보 :
    http://kids.donga.com
  • 어린이경제신문 :
    http://www.econoi.co.kr

2. '신문사' 폴더 삭제하기

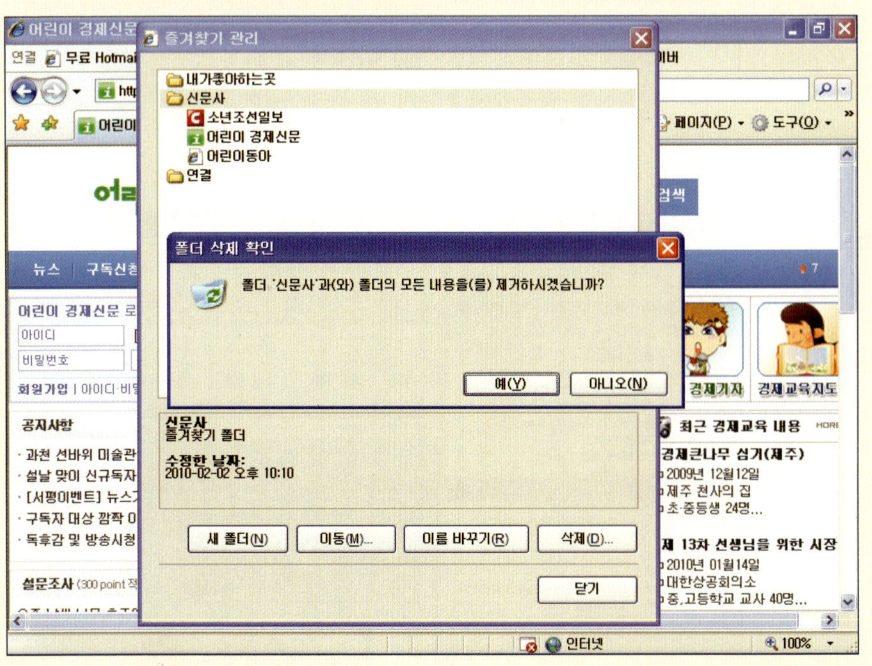

❶ [즐겨찾기]–[즐겨찾기 구성]에서 '소년조선일보' 삭제하기
❷ '신문사' 폴더 삭제하기

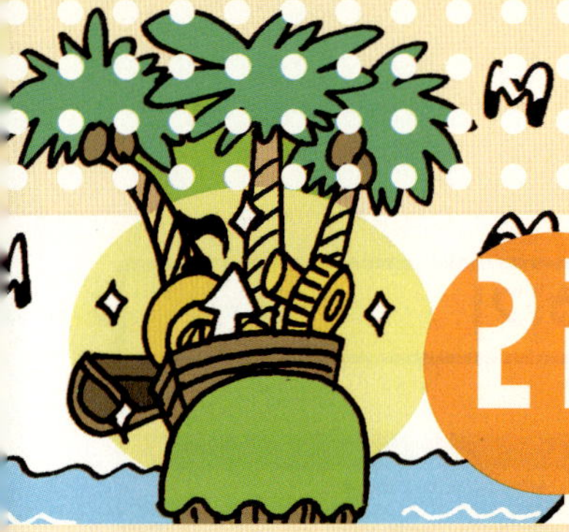

22 압축? 아~하 다이어트!!

▶ 압축 프로그램을 다운로드 받아 보자.
▶ 압축 프로그램을 사용해 보자.

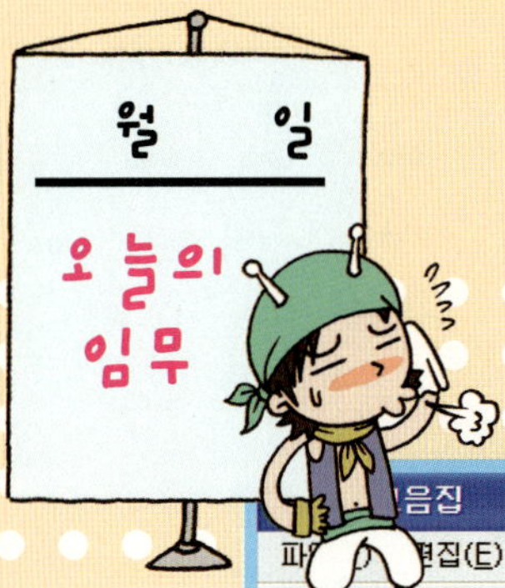

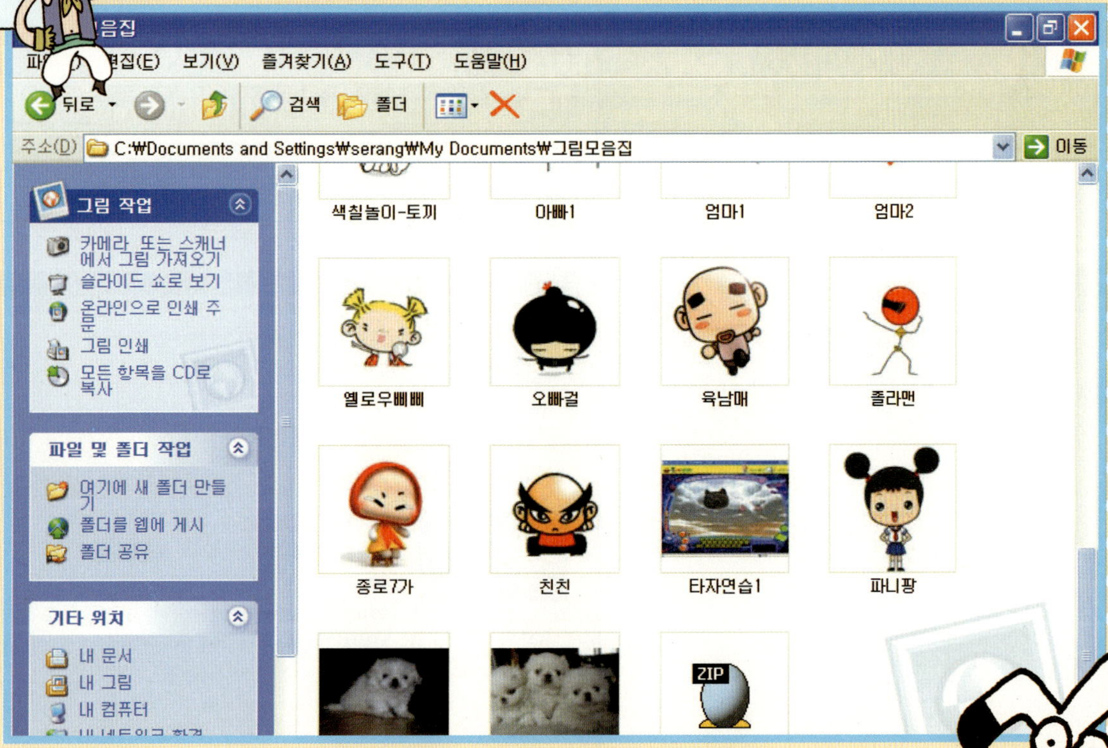

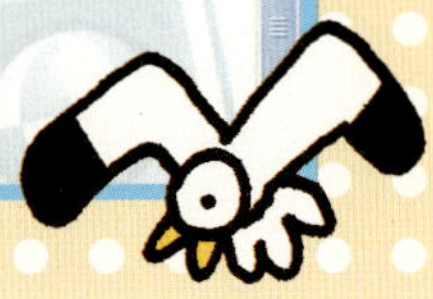

❶ 압축 프로그램을 다운로드 받아 설치하기

01 심파일 사이트(http://simfile .chol.com)에 접속하여 검색란에 "알집"을 입력하고 [검색]을 클릭합니다.

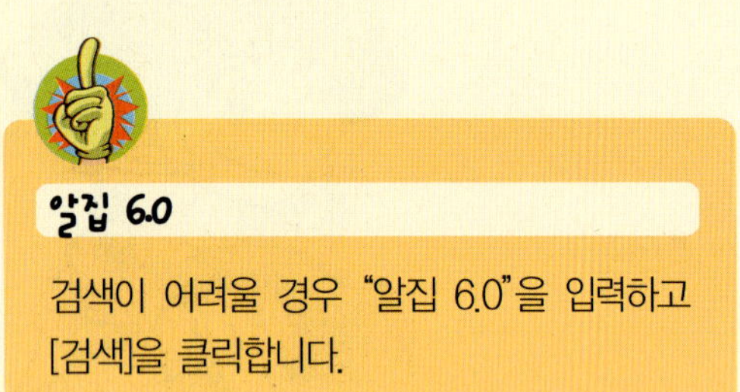

알집 6.0

검색이 어려울 경우 "알집 6.0"을 입력하고 [검색]을 클릭합니다.

02 알집 프로그램의 여러 종류가 검색되었군요. 목록 중에서 '믿을 수 있는 압축 "알집(ALZip)" v8.0 Beta2'을 선택합니다.

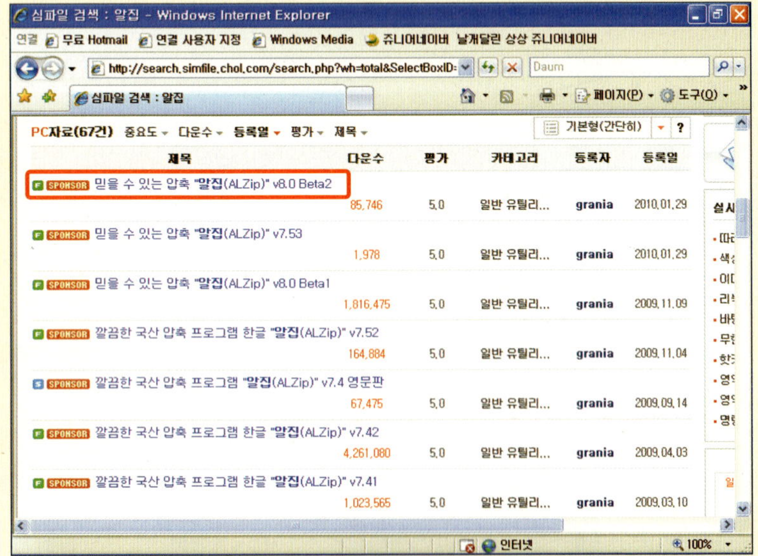

03 프로그램의 설명과 사용법 등이 나타납니다. 내용을 읽어본 후 [Download NOW]를 클릭합니다.

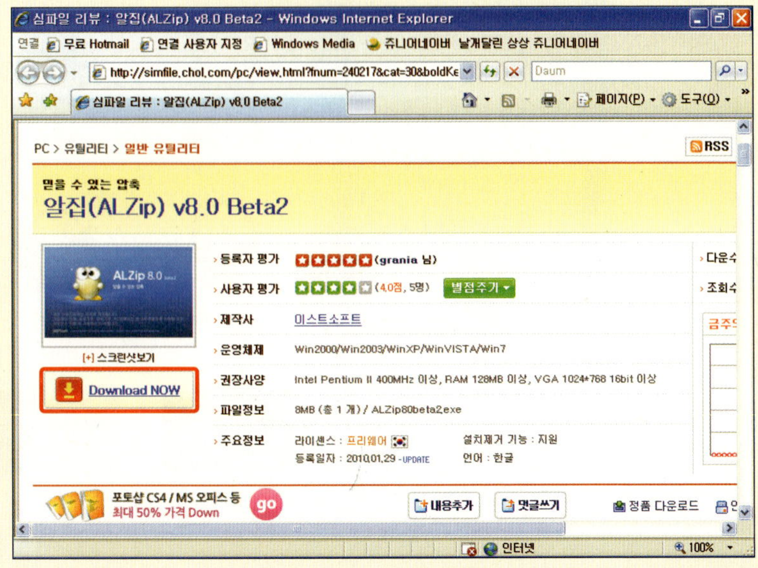

04 로그인 창에서 [로그인없이 다운로드 받기]를 클릭합니다. 저장 위치는 '바탕 화면'으로 지정하고 [전송 시작]을 클릭하여 프로그램을 다운로드받습니다.

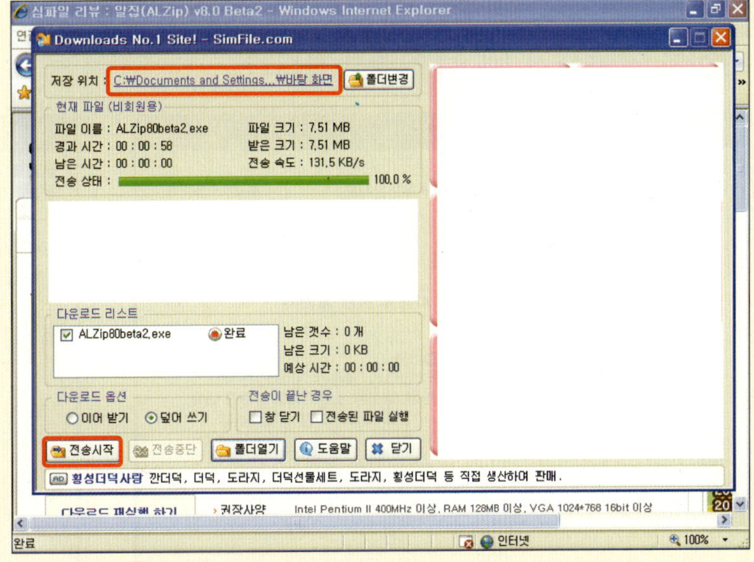

05 바탕 화면에 다운로드받은 'ALZip80beta2' 아이콘이 생성되어 있는 것을 볼 수 있습니다. 'ALZip80beta2' 아이콘을 더블 클릭하여 프로그램을 설치합니다.

06 알집 설치 프로그램이 실행됩니다. [다음]을 클릭합니다.

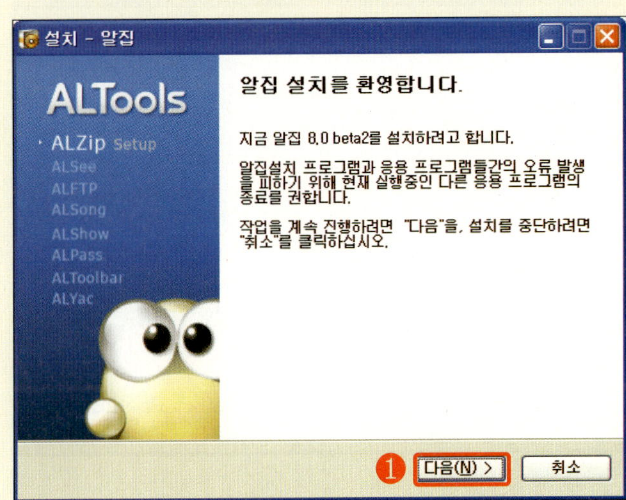

07 라이선스 계약 동의 창에서 '동의함'을 선택한 후 [다음]을 클릭합니다. 설치할 폴더를 확인하는 창에서 [다음]을 클릭합니다.

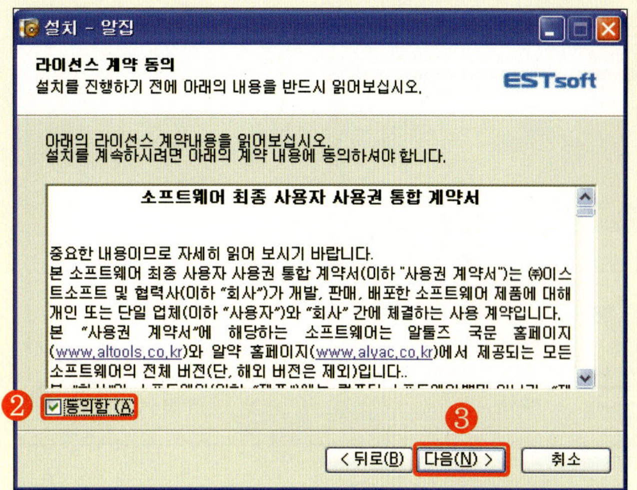
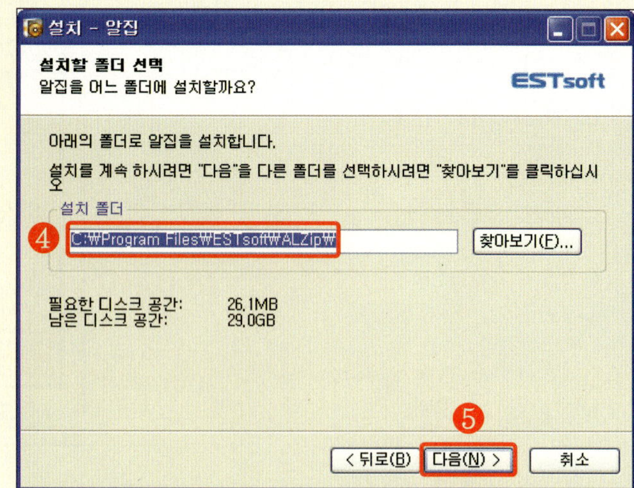

08 각 단계를 확인하면서 [다음]을 클릭한 후 설치 준비 단계에서 [설치]를 클릭하여 설치를 시작합니다.

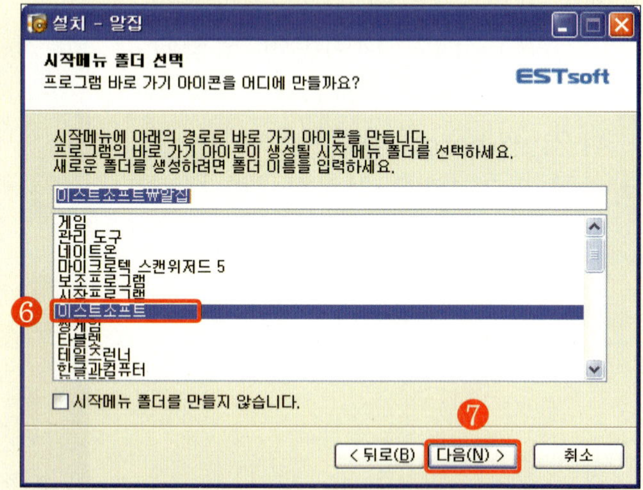

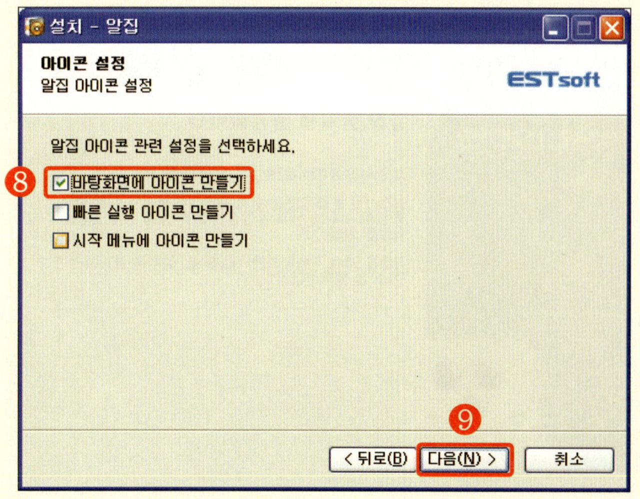
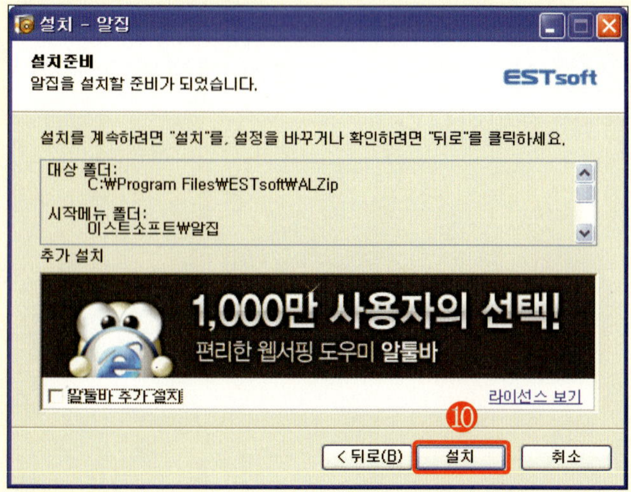

09 프로그램 설치가 끝나면 알집에 대한 정보가 보입니다. [다음]을 클릭한 후 재부팅 여부를 묻는 대화 상자에서 [아니오]를 클릭하여 설치를 끝냅니다.

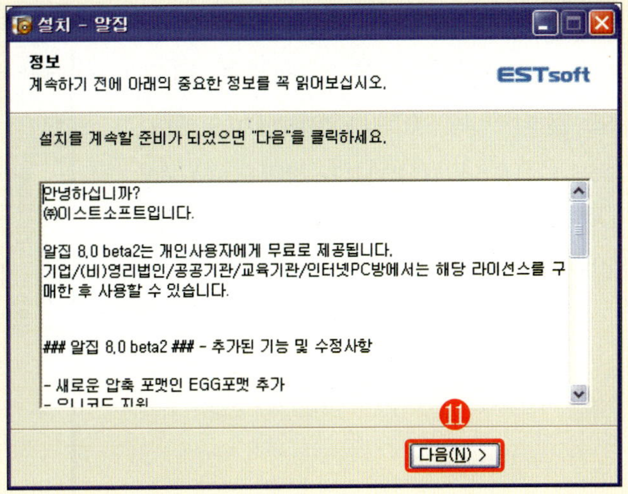

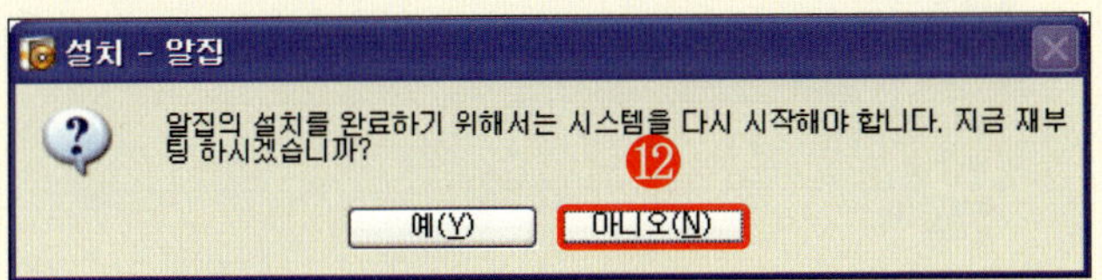

❷ 압축 프로그램 사용하기

01 'Windows 탐색기'를 실행한 후 [내 문서]–[그림모음집] 폴더로 이동합니다. 그림을 모두 선택한 후 마우스 오른쪽 단추를 클릭하고, [그림모음집.zip으로 압축하기]를 선택합니다.

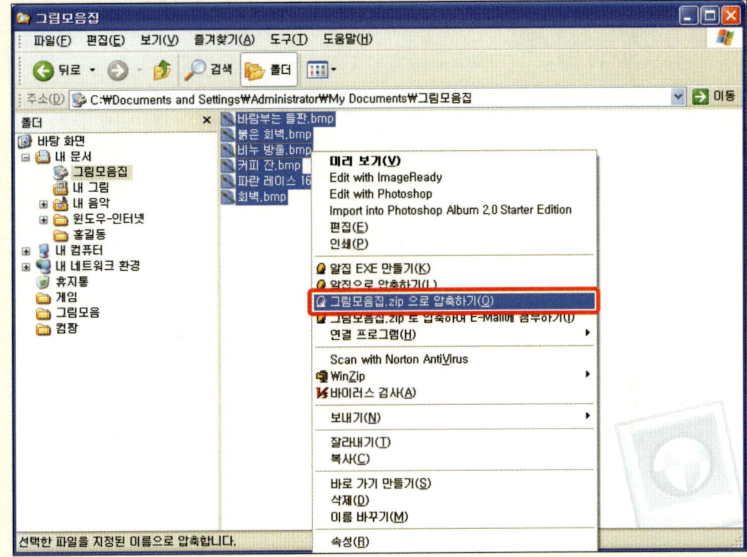

02 그림 파일이 압축된 '그림모음집.zip' 파일이 생겼습니다.

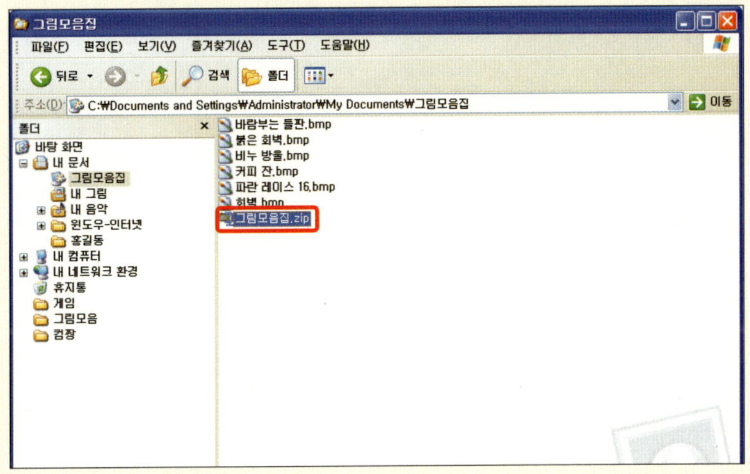

03 압축을 다시 풀어 보려면, 압축된 아이콘을 마우스 오른쪽 단추로 클릭하고 'C:\Documents and Settings\Administrator\My Documents\그림모음집\그림모음집\에 압축풀기'를 선택합니다.

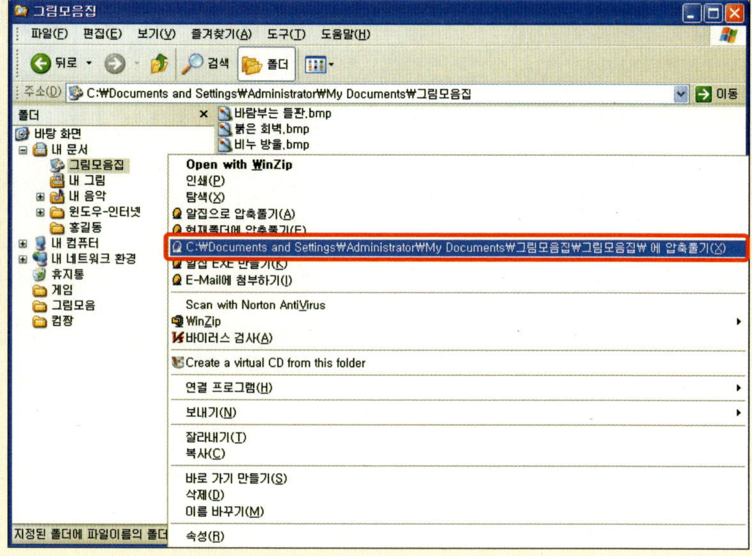

04 압축이 풀리면서 새로운 폴더가 하나 더 생겼습니다. 새로 생긴 [그림모음집] 폴더를 더블 클릭합니다.

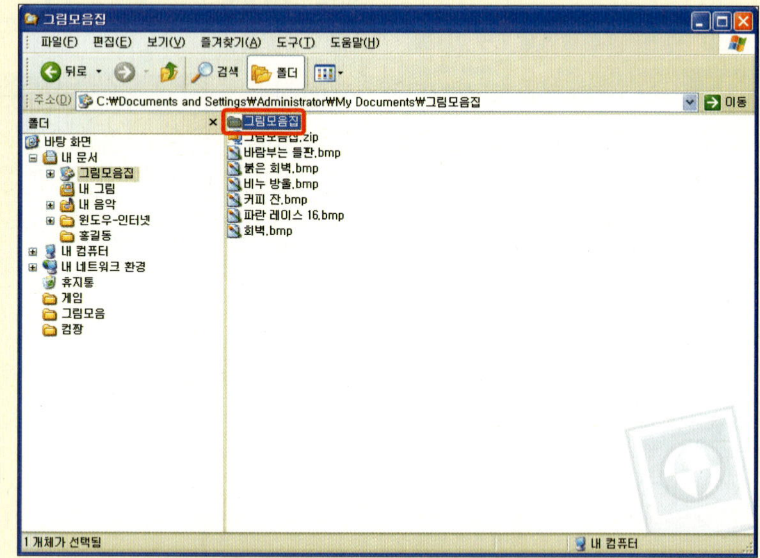

05 '그림모음집' 폴더 안에 아까 압축했던 그림들이 있는 것을 확인할 수 있습니다.

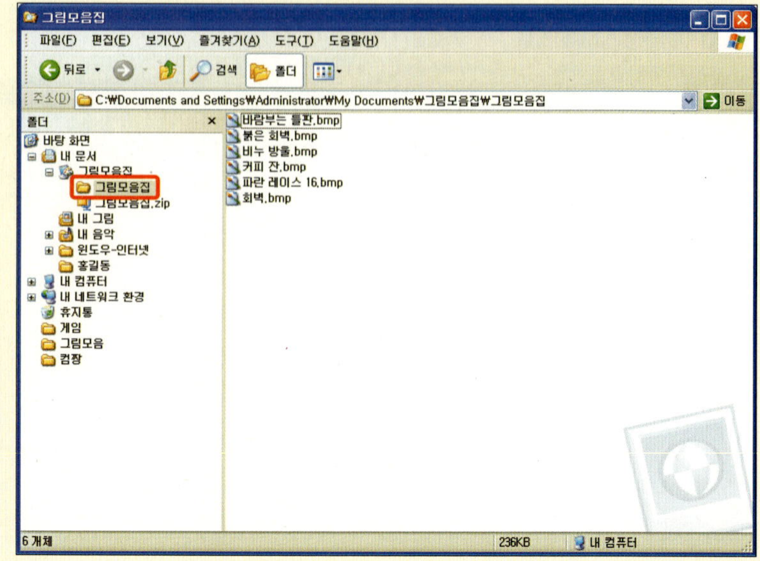

1. 소리 파일에 암호를 지정하고 압축하기

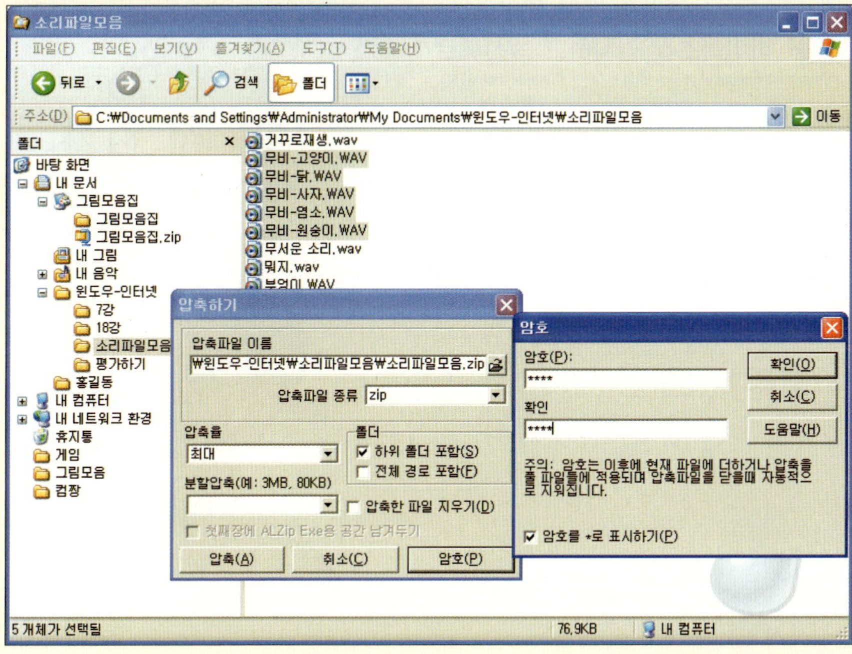

❶ [내 문서]-[윈도우-인터넷]-[소리파일모음] 폴더에서 '무비-고양이', '무비-닭', '무비-사자', '무비-염소', '무비-원숭이' 파일 선택

❷ [암호]를 '1234'로 지정하고 압축

2. 암호가 지정된 압축 파일 풀기

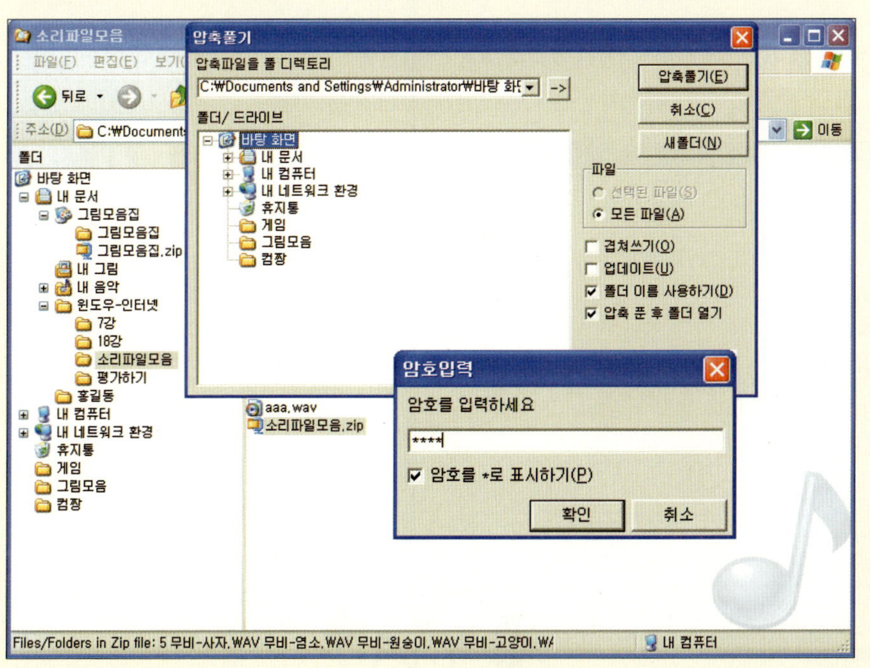

❶ 압축된 '소리파일모음' 파일을 바탕 화면에서 압축 풀기

❷ 암호를 입력하여 압축 풀기

23 나도 튼튼 컴퓨터도 튼튼

▶ 디스크 정리를 배워 보자.
▶ 디스크 검사를 배워 보자.
▶ 바이러스를 검사하고 백신으로 치료해 보자.

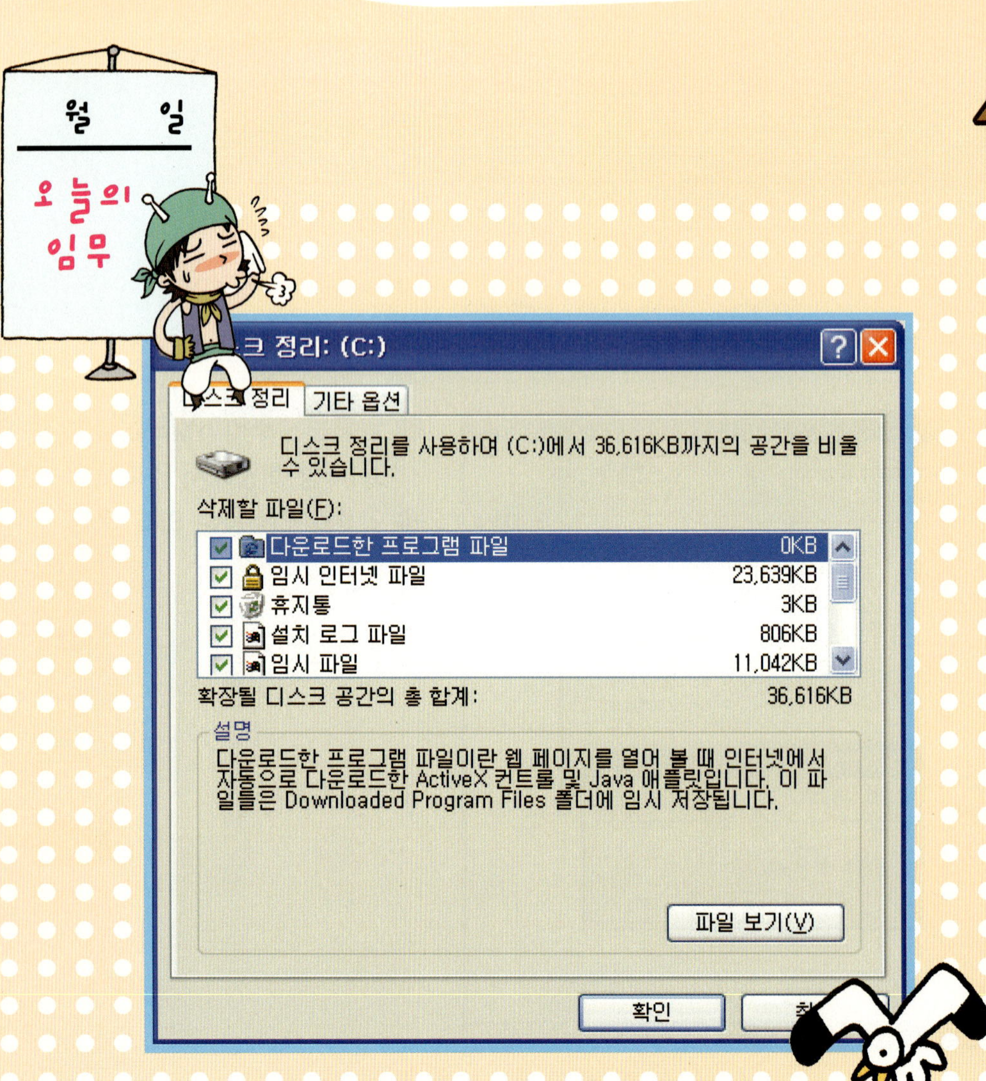

❶ 필요 없는 파일 삭제하기

01 [시작]-[제어판]을 실행하고 [성능 및 유지 관리]를 차례로 클릭합니다.

[디스크 정리] 실행하기

- [시작]-[모든 프로그램]-[보조프로그램]-[시스템 도구]-[디스크 정리]를 선택하여 실행할 수 있습니다.
- [내 컴퓨터]를 열고 디스크 정리를 할 드라이브를 마우스 오른쪽 단추로 클릭한 후 [속성] 메뉴에서 [디스크 정리]를 선택하여 실행할 수 있습니다.

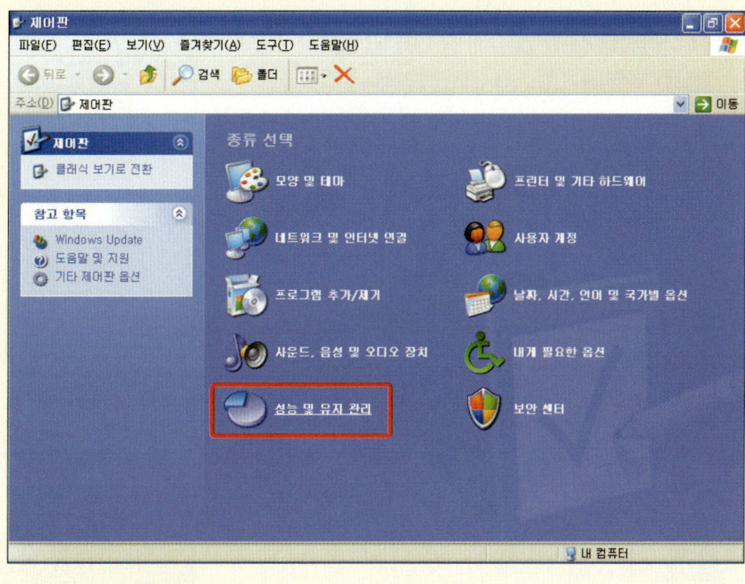

02 [하드 디스크 공간 늘리기]를 클릭합니다.

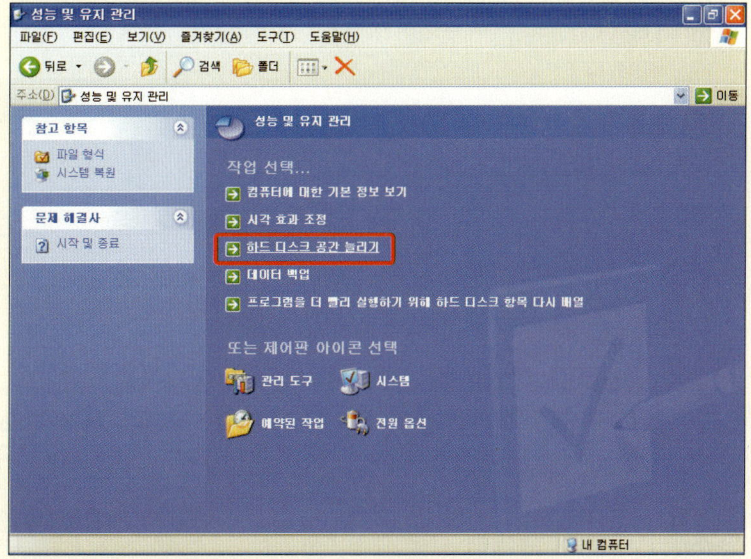

03 [드라이브 선택] 대화 상자에서 'C:'를 선택하고 [확인]을 클릭합니다. 그러면 디스크 정리를 통하여 얼마만큼의 공간을 비울 수 있는지 계산하는 창이 나타납니다.

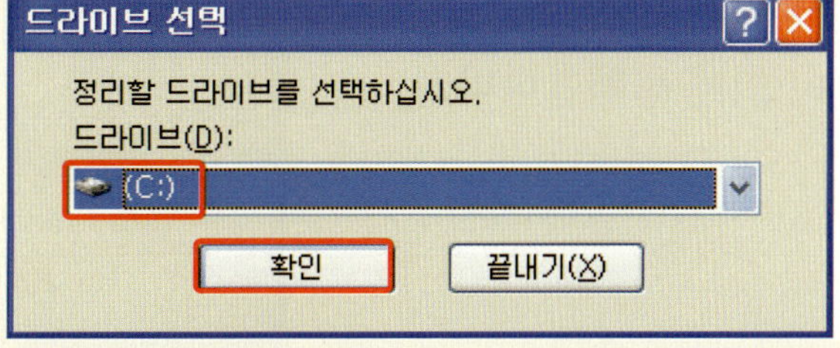

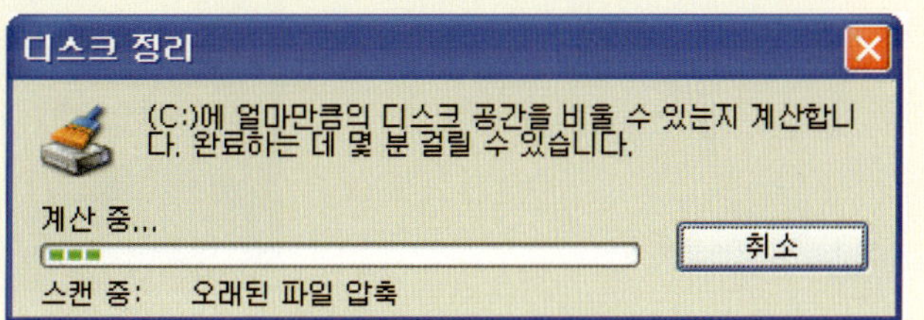

04 계산이 끝나면 [디스크 정리] 대화 상자에 삭제할 파일들의 크기가 보여집니다. 삭제할 파일들을 체크하고 [확인]을 클릭합니다.

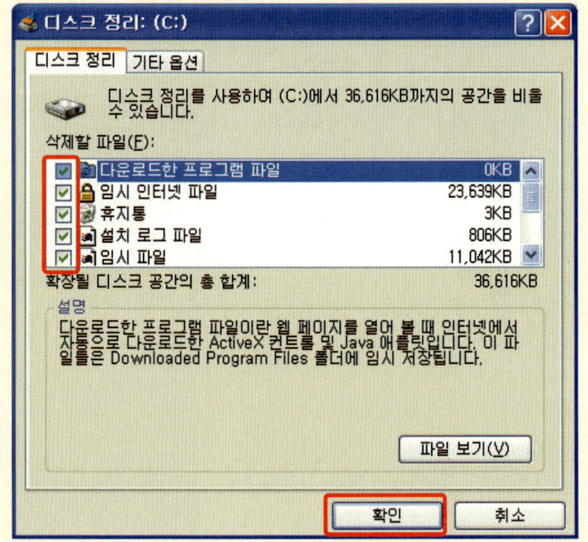

05 작업을 수행할 것인지 확인하는 창이 나타나면 [예]를 클릭합니다. 디스크 정리가 진행되는 상황이 보입니다.

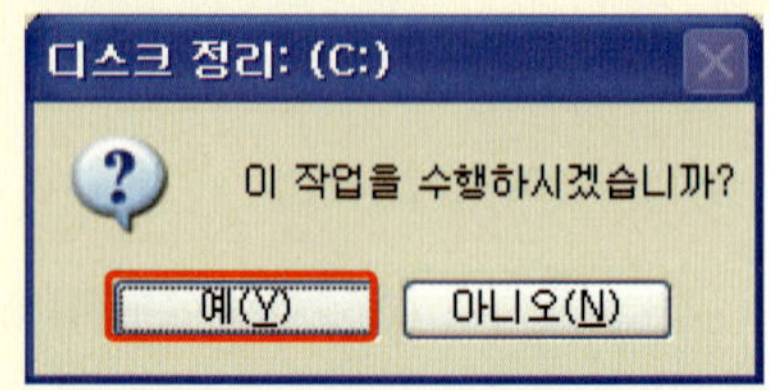

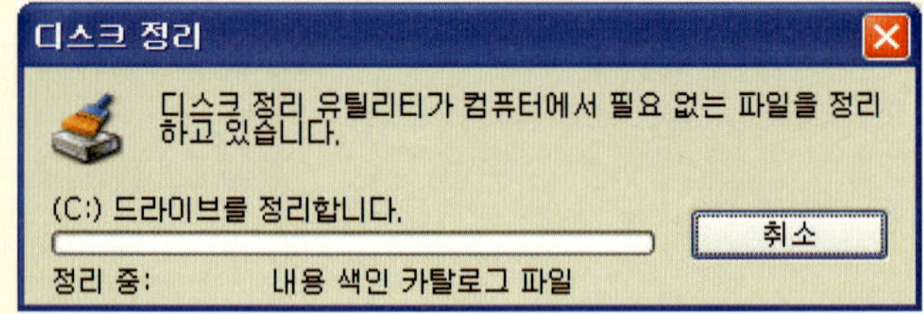

❷ 컴퓨터에 오류가 있는지 검사하기

01 바탕 화면에서 [내 컴퓨터] 아이콘을 더블 클릭하여 실행하고 '로컬 디스크C:'를 마우스 오른쪽 단추로 클릭하여 [속성]을 선택합니다.

02 [로컬 디스크 등록 정보] 대화 상자에서 [도구] 탭으로 이동하여 [지금 검사]를 클릭합니다. [디스크 검사 로컬 디스크] 대화 상자가 나타나면 [시작]을 클릭하여 디스크 검사를 시작합니다.

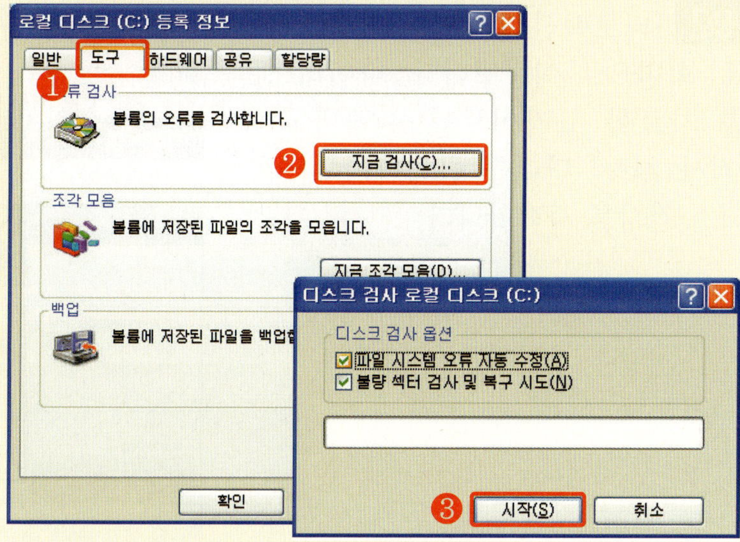

03 디스크 검사 진행 상태가 얼마 동안 보여집니다. 검사가 끝나면 창이 나타나서 검사가 끝났음을 알려줍니다. [확인]을 클릭하여 대화 상자를 닫습니다.

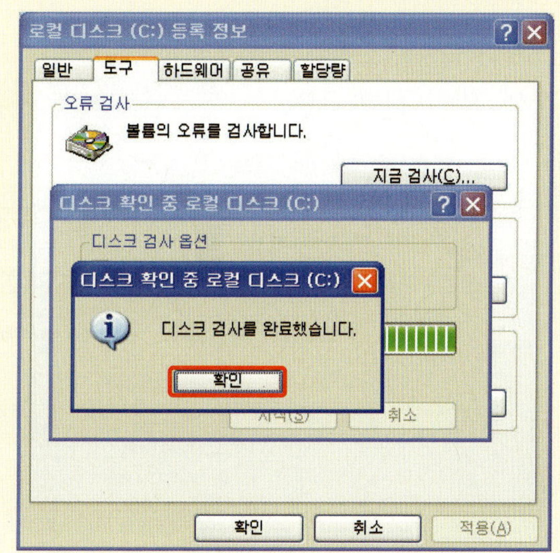

❸ 바이러스 검사하기

01 인터넷을 실행하여 에브리 존 사이트(http://www.everyzone.com)에 접속하고 회원 가입을 합니다. 로그인을 한 후에 [개인Zone]-[터보백신서비스]-[터보백신온라인]을 차례로 클릭한 후, [무료온라인 검사&치료]를 클릭합니다.

02 [터보백신 온라인 바이러스치료] 화면으로 이동됩니다. 바이러스를 치료할 드라이브를 선택하고, [검사 시작] 단추를 클릭하여 바이러스 검사를 시작합니다.

03 바이러스 검색 창이 실행되면서 검사 진행 정도를 알려줍니다. 바이러스에 감염된 파일이 있으면 아래 목록에 보여줍니다.

04 검사가 끝나고 바이러스가 발견되지 않았음을 알려줍니다. [확인] 단추를 눌러 창을 닫습니다.

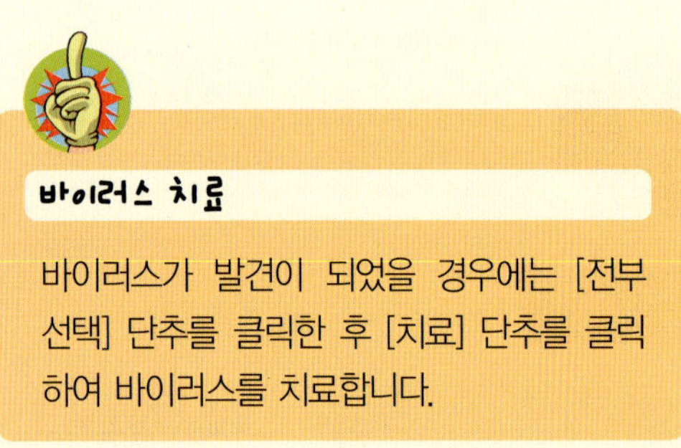

바이러스 치료

바이러스가 발견이 되었을 경우에는 [전부선택] 단추를 클릭한 후 [치료] 단추를 클릭하여 바이러스를 치료합니다.

1. 사용하지 않는 Windows 구성 요소 정리하기

❶ [시작]–[제어판]–[성능 및 유지 관리]–[하드 디스크 공간 늘리기]를 실행
❷ [기타 옵션] 탭에서 [Windows 구성 요소] 항목의 [정리] 클릭

2. 바이러스 감염 증상 알아보기

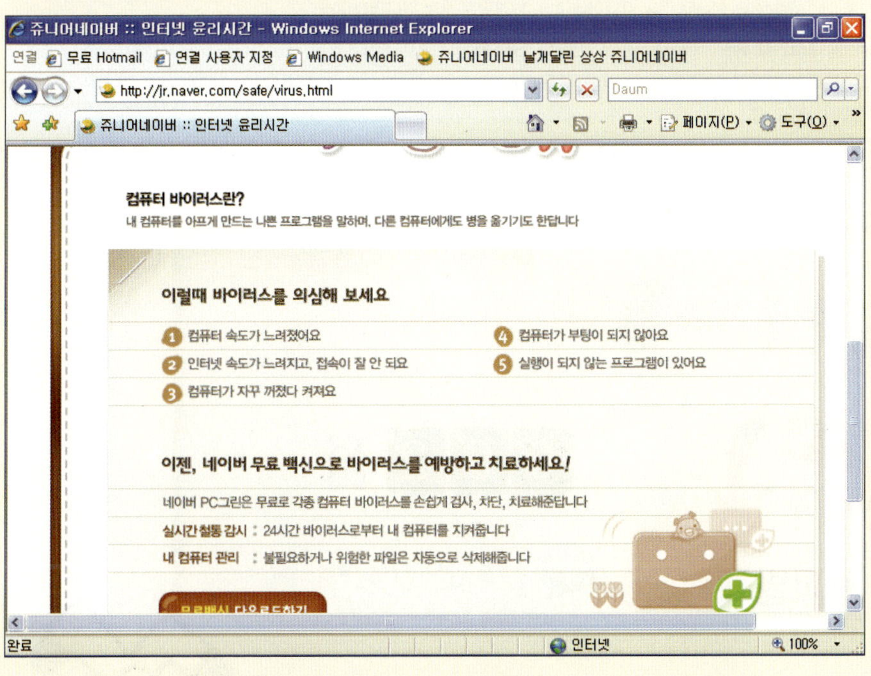

❶ 쥬니어네이버 인터넷 윤리시간(http://jr.naver.com/safe)에 접속
❷ 수업시간표에서 [바이러스]를 클릭

▶ 네티켓의 의미를 배워 보자.
▶ 상황에 맞는 네티켓을 지켜 보자.

윤리교육 공간-CEFY - Windows Internet Explorer

연결 Hotmail   연결 사용자 지정   Windows Media   쥬니어네이버   날개달린 상상 쥬니어네이버

http://www.cefy.org/study/quizEle2.asp   Daum

인터넷윤리교육 공간-CEFY   페이지(P) ▾ 도구(O) ▾

인터넷 학교에서 신나는 인터넷 사용에 대해 많이 배우셨나요? 도전! 퀴즈왕을 통해 지식을 뽐내보세요.

도전! 초등학생 퀴즈 왕   내가 퀴즈왕!

092점

결과발표

축! 공부를 많이 하셨군요.
높은 점수 짝짝짝 축하드려요

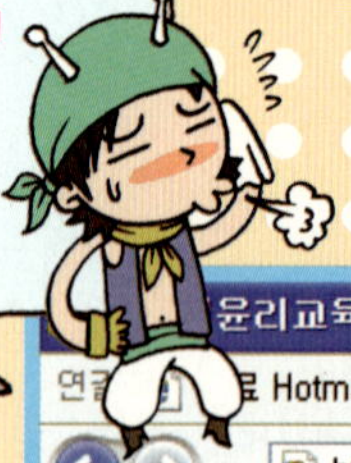

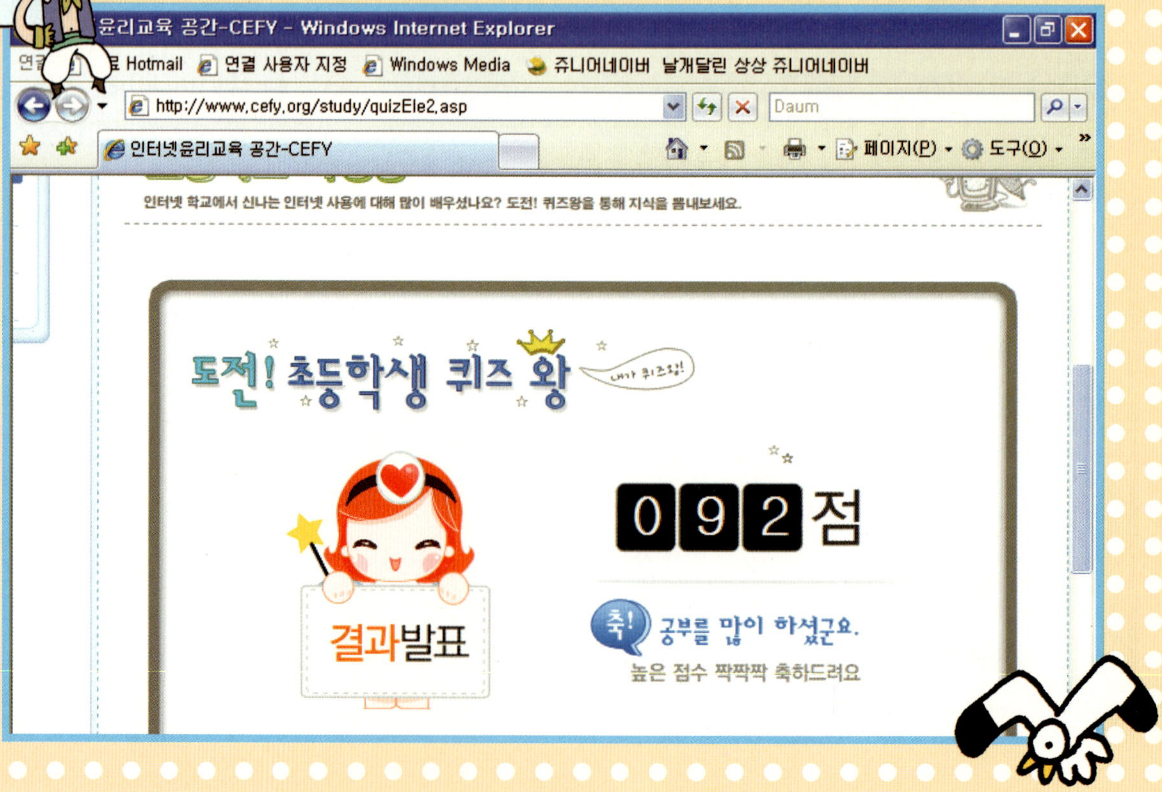

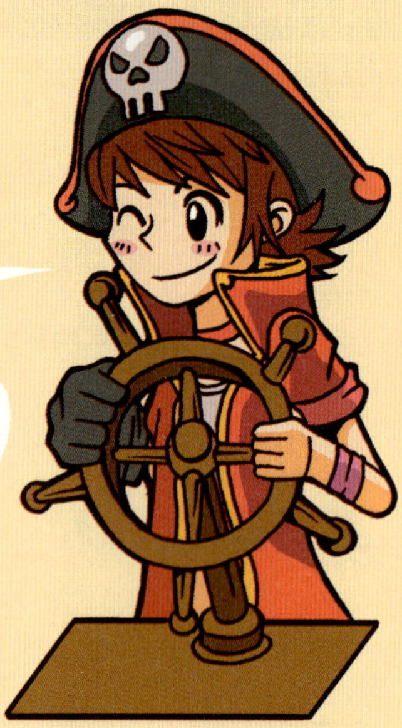

❶ 네티켓에 대해 알아 보아요

01 쥬니어네이버 사이트(http://jr.naver.com)에 접속하고 '인터넷 윤리시간'을 클릭합니다.

02 인터넷 윤리 시간의 계획표에서 '네티켓'을 클릭합니다.

03 아래쪽에서 네티켓의 의미와 예절에 대한 설명을 볼 수 있습니다. 상황에 따라 지켜야 할 네티켓을 읽어봅니다.

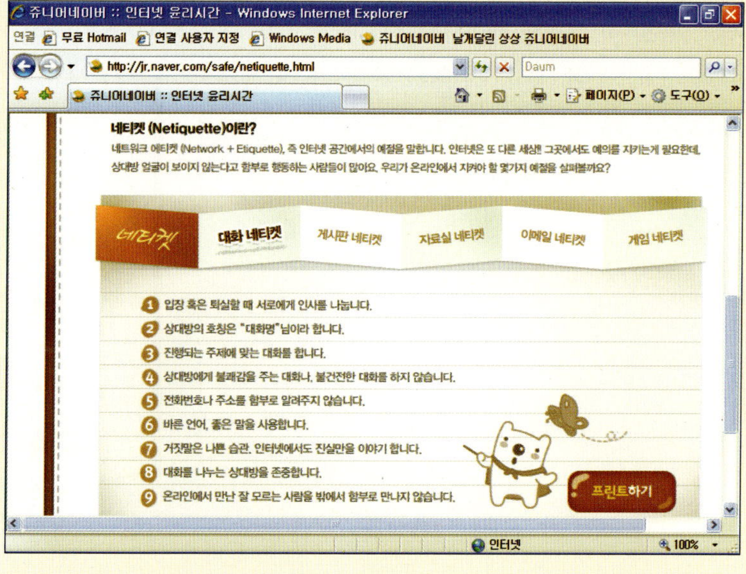

04 상단에서 [게임 중독]을 선택하여, 중독의 정도를 스스로 진단해 봅니다.

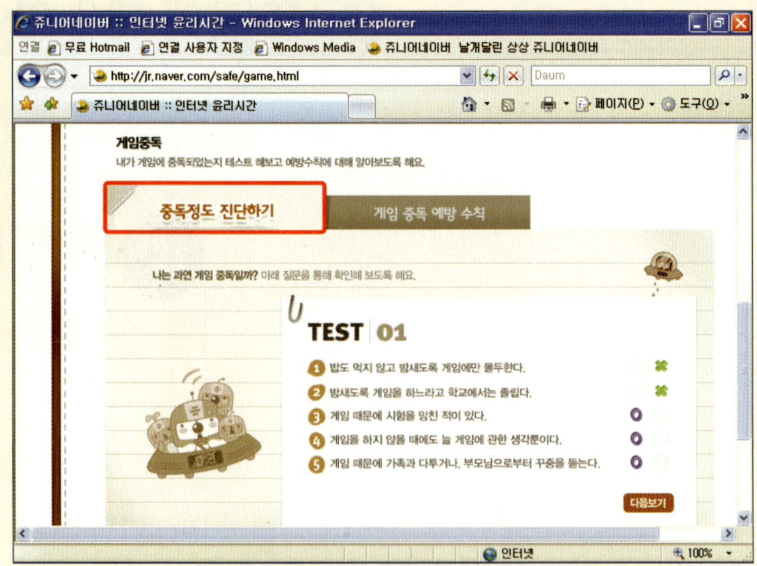

05 [게임 중독 예방 수칙]을 선택하여, 게임 중독에 빠지지 않기 위해 해야할 일들에 대해 알아봅니다.

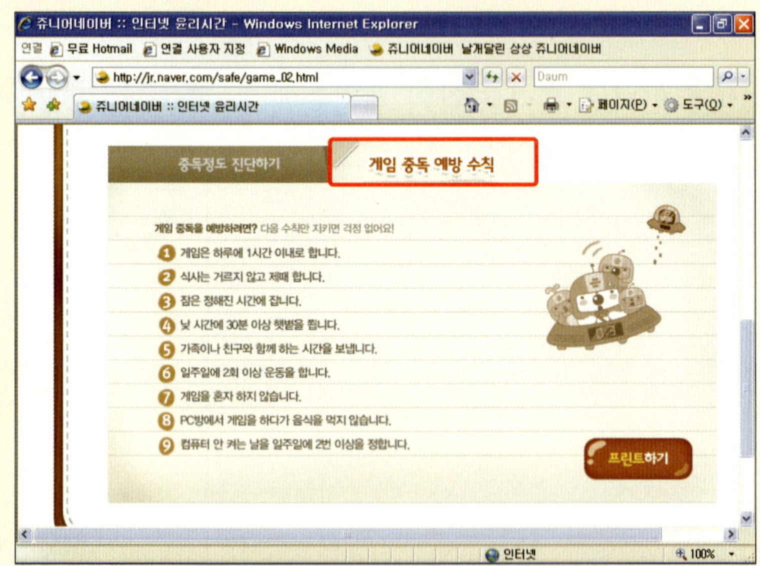

06 인터넷 윤리 시간의 계획표에서 '저작권 침해'를 클릭합니다. 인터넷상에서의 도둑질을 '저작권 침해'라고 할 수 있습니다.

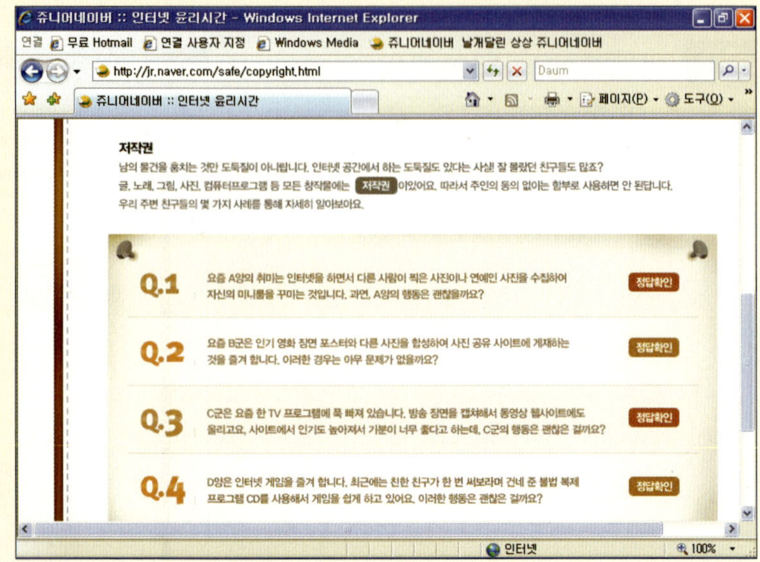

07 지켜야 할 저작권에 대해 문제에 대한 답을 생각해 보고, [정답 확인]을 클릭하여 본인이 생각한 답과 맞는지 비교하여 봅니다.

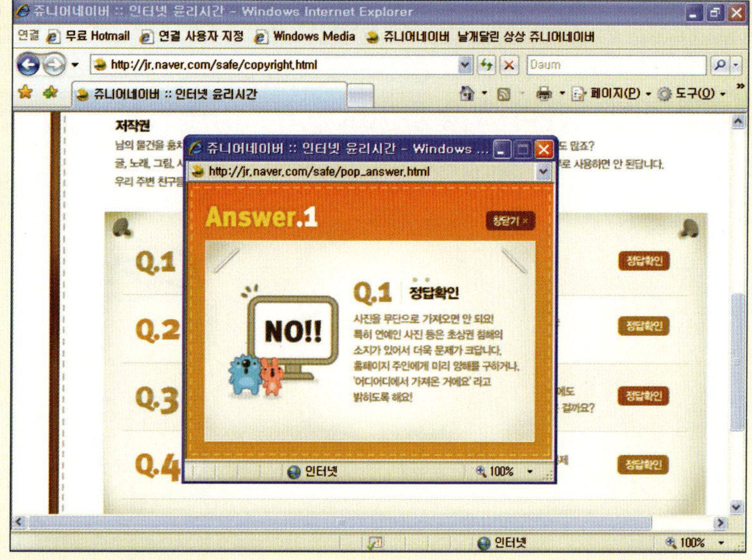

08 상단의 윤리 시간 계획표에서 '윤리 십계명'을 클릭하여, 인터넷 윤리 십계명을 읽어봅니다. 윤리 십계명은 꼭 지켜야겠지요? 종이에 출력하기 위해서 [프린트하기]를 클릭합니다.

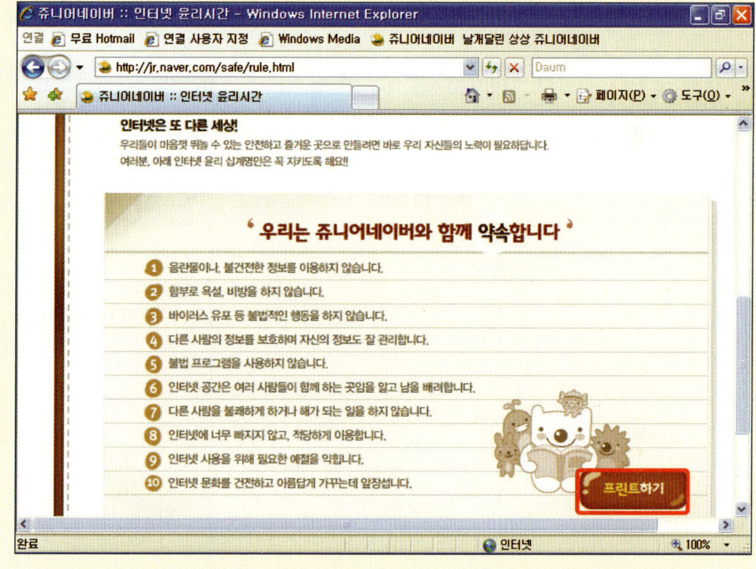

09 [윤리 십계명]의 미리보기와 함께 [인쇄] 대화 상자가 열립니다. [인쇄]를 클릭하면 인터넷 윤리 십계명을 출력할 수 있습니다. 출력하여 컴퓨터 옆에 붙여넣고 꼭 지키도록 합니다.

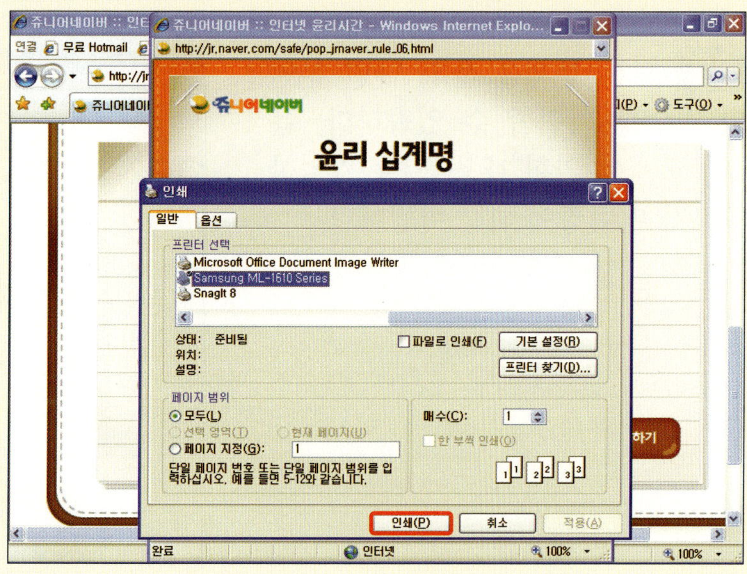

01 인터넷윤리 교육공간(http://cefy.org) 사이트에 접속하여 로그인을 합니다.

02 인터넷 윤리학교를 클릭하여 내용을 읽어본 후, [신나는 공부방]을 선택하여 퀴즈왕에 도전해 봅니다.

03 모든 문제를 풀고 나면 본인의 점수를 확인할 수 있습니다. 윤리학교에서 익힌 내용을 잘 기억하였다가 매너짱이 되길 바랍니다.

혼자 수련하기

1. 인터넷 윤리 시간 수료증 발급받기

❶ 쥬니어네이버 인터넷 윤리시간 사이트(http://jr.naver.com/safe)에 접속

❷ 아래에 있는 [수료증 발급하기] 클릭

❸ [테스트하기] 클릭

❹ 문제에 맞는 [네], [아니요]를 클릭하여 문제 풀기

❺ 합격을 하였으면 '프린트하기' 클릭

❻ 수료증을 클릭하여 인쇄

2. 네티켓 원칙 10가지에 대해 알아봅니다

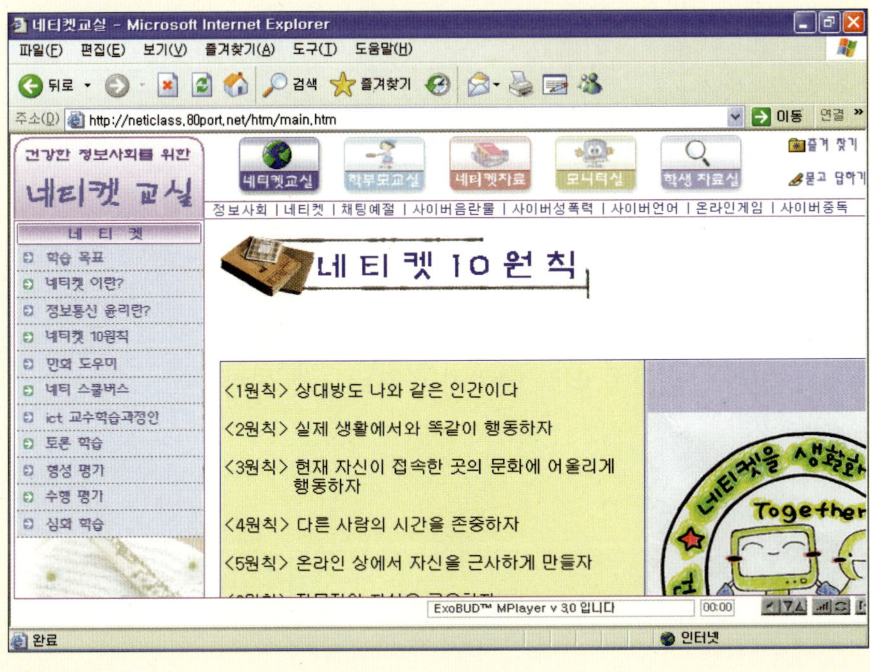

❶ 네티켓 교실 사이트(http://neticlass.80port.net)에 접속하여 [시작하기] 클릭

❷ [네티켓 교실]−[네티켓]−[네티켓 10원칙] 메뉴를 차례로 선택하여 내용 확인하기

① 메신저 프로그램을 다운로드 받아 설치해 봅시다.

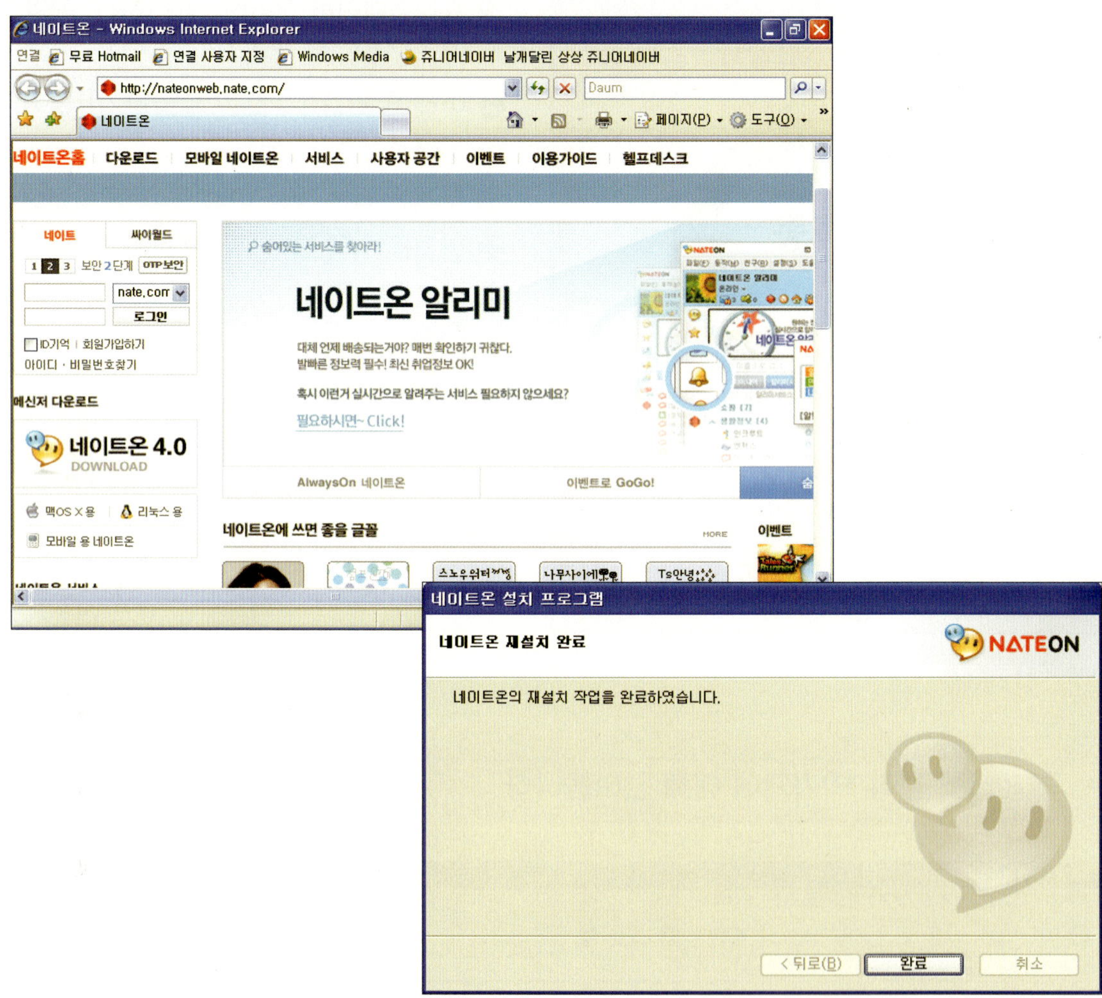

❶ 네이트온(http://nateonweb.nate.com/) 사이트에 접속하여m [네이트온4.0 DOWNLOAD] 클릭

❷ 저장 위치는 '바탕 화면', 파일 이름은 'NATE40'으로 저장

❸ 바탕 화면에 다운로드 받은 아이콘을 더블 클릭하여 프로그램 설치

 획득 아이템

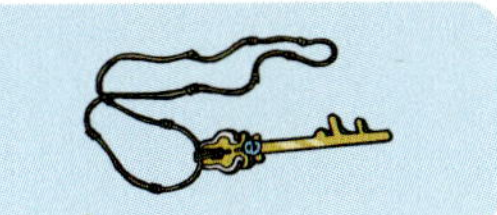

 풀이 시간 ① 분 ② 분

② 인터넷을 너무 오래 사용하는 것은 아닌지 진단해 봅시다.

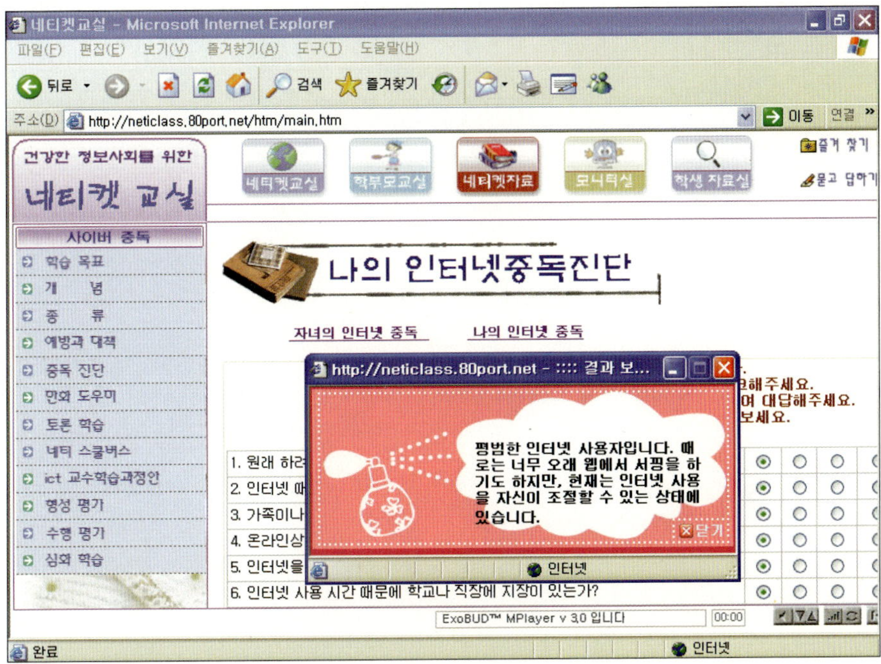

❶ 네티켓교실(http://neticlass.80port.net)에 접속

❷ [네티켓 교실]–[사이버 중독] 메뉴 차례로 클릭

❸ [중독 진단]–[나의 인터넷 중독]을 차례로 클릭

❹ 문제에 맞는 해당 항목을 클릭하여 선택

❺ 클릭이 끝난 후 [점수 계산하기] 클릭

❻ [결과 보기] 대화 상자에서 나의 인터넷 사용 상태를 점검하기